eye

守望者

——

到灯塔去

# Not Just Jane

重现改变英国文学的
七位传奇女作家

Rediscovering Seven
Amazing Women
Writers Who Transformed
British Literature

不只是简·奥斯汀

〔美〕谢莉·德威斯 著

史敏 译

Shelley DeWees

南京大学出版社

图书在版编目(CIP)数据

不只是简·奥斯汀：重现改变英国文学的七位传奇
女作家／(美)谢莉·德威斯著；史敏译. —南京：
南京大学出版社，2019.7(2020.1 重印)
书名原文：Not Just Jane：Rediscovering Seven
Amazing Women Writers Who Transformed British
Literature
ISBN 978 - 7 - 305 - 21830 - 9

Ⅰ.①不… Ⅱ.①谢… ②史… Ⅲ.①作家—列传—
英国 Ⅳ.①K835.615.6

中国版本图书馆 CIP 数据核字(2019)第 061210 号

江苏省版权局著作权合同登记 图字：10 - 2017 - 455 号

出版发行 南京大学出版社
社　　址 南京市汉口路 22 号　　　邮　编 210093
出 版 人 金鑫荣

书　　名 不只是简·奥斯汀：重现改变英国文学的七位传奇女作家
著　　者 [美]谢莉·德威斯
译　　者 史　敏
责任编辑 顾舜若　陈蕴敏

照　　排 南京紫藤制版印务中心
印　　刷 江苏苏中印刷有限公司
开　　本 880×1230　1/32　印张 12.125　字数 281 千
版　　次 2019 年 7 月第 1 版　2020 年 1 月第 2 次印刷
ISBN 978 - 7 - 305 - 21830 - 9
定　　价 68.00 元

网　　址 http://www.njupco.com
官方微博 http://weibo.com/njupco
官方微信 njupress
销售咨询 (025)83594756

# 目　录

# 女性写作的雪泥鸿爪（代序）

黄　梅[①]

　　谢莉·德威斯的《不只是简·奥斯汀》（后文简称《不只是简》）娓娓讲述了七位英国女作家的人生故事。普通中国读者尚不熟悉她们的名字，不过，经过 20 世纪中后期女性主义运动带来的冲击和改变，她们在英语国家却不再是无名之辈，其中多数已经名列新版《牛津英国文学指南》（*The Oxford Companion to English Literature*）。

## "革命时代"的女儿

　　七位"女主角"都曾在英语文学史中留下独特的一笔。其中有三

---

①　黄梅，1950 年生。1957—1968 年在北京上学。1968 年底从北京赴山西雁北"插队"。1973—1989 年间先后在山西大学外语系、中国社会科学院研究生院外国文学系和美国新泽西州罗格斯大学英语系学习，获得硕士、博士学位。曾任中国社会科学院外文所研究员，现已退休。论著有《灰姑娘梦的演变》（英文，在美国出版）、《不肯进取》《推敲自我：小说在十八世纪的英国》《双重迷宫》《起居室里的写者》等；编著有《现代主义浪潮下》；译著有《浪漫派、叛逆者和反动派》（与陆建德合译）等。

人是简·奥斯汀的"前辈",即夏洛特·史密斯、海伦·威廉斯以及玛丽·鲁滨逊。她们的青少年期正值被视为"革命年代"的 1760—1790 年间。由于各自的私人经历,也由于时代风云际会,三人都成了同情、支持法国大革命的浪漫激进派。她们在后来一个多世纪里遭到贬低甚至抹杀,政治态度是一个重要原因。

夏·史密斯本姓特纳,出身上层士绅家庭,在乡村大宅度过安宁快乐的童年岁月,六岁时即显露诗才。母亲早逝后父亲破产,1764 年她十五岁时由已经再婚的父亲安排嫁给了富商史密斯(东印度公司联席董事之一)的长子本杰明。像当时众多女性一样,夏洛特婚后以每一两年一个的速度生养孩子。那是一段漫长而锥心的历程——从起初的懵懂、新奇、欢快到渐渐清醒,意识到笼罩家庭命运的阴影,看明白比自己年长八岁却早被惯坏的本杰明是多么任性无能而且酒色无度、赌债累累。即便如此,当后者 1783 年底被人追债时,刚产下第十一个孩子的夏洛特仍陪伴他住进了债务人监狱。她在臭气冲天的牢房里开启了写作生涯。1784 年 6 月即本杰明被捕仅六个月后,夏洛特的处女作《哀歌十四行诗及其他随笔》付梓。她的诗作笔调自然清新、哀婉动人,与正在激荡汇聚的浪漫主义诗风声气相通,出版后大获成功。由此,史密斯夫妇得以偿还大部分债务并顺利出狱。

然而噩梦并没有结束。不久本杰明再度因债务失去自由并逃往法国。又一次身怀六甲的夏洛特带着众多子女赶去与他会合,结果却衣食无着地困在了一处破烂的废弃庄园。夏洛特终于下定了决心。考虑到当时女方离婚极端困难,她于 1785 年春撇下本杰明独自带孩子们返回英国。1788 年,她的第一部小说《古堡孤女埃米琳》面世。小说采用时髦哥特故事的奇诡氛围和叙事框架,讲述了三名女性人物如何相惜相助,为自己争得了正当权益和立足之地。"我有自己的思想，"小说的同名女主人公毫不含糊地说，"可以通过诚实劳动自力更生……这比那种男人……能带给我的好处强太多了！"

如果说《不只是简》中另一位"传主"，即名演员玛丽·鲁滨逊是在充任王位继承人（即后来的乔治四世国王）情妇的起伏跌宕生涯中产生了对上层社会和国家体制的愤恨与怨怒，夏洛特则是因为在绝望婚姻中长久挣扎而意识到一己之不幸与广大妇女地位问题密切相关。她认识到父亲的败家和丈夫的堕落有不可忽视的共性，即都标志了男权的溃坏。她自立谋生后仍然受困于当时的法律体制，频频遭遇本杰明窃占她的写作收入及子女难以继承家族遗产等诸多侵扰。私怨渐渐转化为"公愤"。多年后，当她把父亲在婚姻市场上的操作明确定义为组织"合法卖淫"，她的思想已经抵达那个时代的"激进"前沿。

《埃米琳》等小说的出版，为家人提供了生活保障，也使年届不惑的夏·史密斯在文人圈里赢得了尊重，更结识了一批渴盼社会革新的志同道合者。1791年她亲赴法国考察大革命现状，促生了包含大量政治辩论场景的小说《德斯蒙德》(1792)。另一方面，法国革命日益激进化造成一系列白热冲突甚至大规模杀戮，又使持温和改革立场的夏洛特不禁感到某种迟疑和困惑。她的最后一部小说《老宅》(1794)虽然仍以世界重大历史事件为背景，却不再直接涉及法国时政，而是回到了通过个人悲欢传达社会思考的叙事传统。

夏洛特在法国结交的朋友包括海伦·威廉斯。后者出生在伦敦，年仅三岁时父亲猝然离世后随家人迁居北方小镇。她自小受清教徒价值观熏染，并幸运地得到了良好教育和长辈亲友的精心照拂。1781年，年仅二十一岁的海伦出版了叙事诗《埃德温与艾楚达》并引起了不小反响。或许多少因为父亲的职业（威尔士军官），海伦笔下年轻的恋人们并没有在婚姻中"从此过上幸福生活",却经历了战争岁月的磨难——社会冲突无情地切入并搅碎了私人"小确幸"梦想。

海伦常常突破当时女性写作的边界并在作品上签署自己的真名。《埃德温与艾楚达》《美国故事》《和平颂》和《秘鲁》等诗表达了对美国革命的声援以及对面临殖民者入侵的美洲原住民的关切。她还在《关于为限制奴隶贸易而通过的法案》一诗中直抒胸臆地发表政见。

海伦的欣赏者包括当时最著名的文化大师塞缪尔·约翰逊博士、初入诗坛的华兹华斯、富有上流社会名媛兼文艺赞助人伊丽莎白·蒙塔古以及聚集在后者身边的一众"蓝袜社"才女。海伦的朋友圈还包括曾帮她推出《双卷诗》(1786)的早期赞助商和相识于 1785 年的莫妮卡·杜·福塞等——前者是伦敦革命社(London Revolution Society)中人脉甚广的成员,后来更是成了海伦的人生伴侣;后者遭法政府驱逐后一度暂居英伦,与她的交往使海伦真切感受了大革命爆发前后海峡彼岸涌动的革命情绪并深度参与了相关的热烈讨论。1790 年,应已返回法国的杜·福塞夫妇邀请,海伦·威廉斯访问了风起云涌的法兰西。

她抵达巴黎时正值法国国庆日即攻陷巴士底狱一周年。那天的庆典或许是欧洲有史以来最盛大的活动,参与群众达一万五千多人,全法国都"处于欢欣鼓舞之中"。远非"激进"的英国女作家汉纳·莫尔当时都不禁心生憧憬:"这场胜利让人们满怀期待,这世界上最伟大的国家之一很快就会成为世界上最自由的国度。"海伦·威廉斯更是激动万分:"在这个时刻,只要拥有人类最基本的情感,就能成为世界公民中的一员……我永远不会忘记这一天的震撼感受。"她记述说,现场"人群发出一阵呼喊声、尖叫声、欢呼声",表达对新法国的欢呼和支持;随后在一片寂静中突然间"太阳冲破云层,发出万丈光芒"。这些及其他许多亲身感受聚成了《法国来信》系列的第一卷即《法国来信，1790年夏》。她饱满的乐观主义和迎向新世界的万丈热情，令人联想到青年时代的华兹华斯们。那些天真的理想主义展望，也许注定要经历曲折和幻灭，但又何尝不是包含着人类创造最美好未来的思想种子？

为法国革命摇旗呐喊的海伦再没能够回到英伦家乡。随着法国形势的快速演进，在激进的罗伯斯庇尔治下以及后来拿破仑·波拿巴称帝期间，海伦及其家人的处境远非平顺，有时甚至人身安全堪忧。然而，她对革命初衷的坚定信念从没有动摇。一卷又一卷新的《法国来信》及其他文章从这位现场"记者"笔端淌出，为英国和世界及时报道变化中的法国。她认为自己是在为没有发言权的人们说话。有人斥责她对在革命中受到伤害的贵族们缺乏同情之心，海伦针锋相对地反问道："难道因为我没有和那些丢掉部分巨额财富的人一起哭泣，却为受压迫的人得到保护、被冤枉的人得以昭雪、被俘虏的人重获自由、贫穷的人得到面包而庆贺，就该断定我心理扭曲、麻木不仁吗？"


## 艰难开拓

几位女作家也都是举步维艰的拓路人。

前文提到，夏·史密斯曾果断地"破"婚突围。实际上，结婚后不久（不迟于1770年），她已在致友人信中明确地表达了失望："我的思想越开阔，就越清楚地意识到我所受到的奴役；我的理解越深刻透彻，与这个注定要共度一生之人就越疏离；在新获得的洞察力烛照之下我越来越真切地看出，我无意中跳进的这个深渊多么恐怖。"她无意将本杰明们妖魔化。相反,《埃米琳》中女主角的堂弟兼狂热追求者被塑造成某种浪漫的性情中人——他无意于谋财逐利,拒绝安排门当户对的婚姻,却一味放任自己胡作非为并无休无止地纠缠着依恋着孤女埃米琳。那位堂弟可说是门第体制以及不良教育生产出的"废品",却并非本性邪恶。

史密斯们或许有过少年夫妻的纯情相悦。他们之间肯定有一大群孩子构成的血肉联系。从认清丈夫的品格弱点到断定他无可救药,是另一段百转千回步步伤心的苦涩经验。本杰明因负债入狱时夏洛特的陪伴之举,表面看是嫁鸡随鸡,实际却是坚毅女性深思熟虑的一步先手棋。不出所料,男人的表现毫无改进。夏洛特则在狱中推出了诗集处女作,紧接着在风雨飘摇的一两年里编译了两部法语作品,并在离开丈夫三年后紧锣密鼓地出版了第一部长篇小说。这些一气呵成的"动作"显然是早有腹稿,只待择机尝试实施。她早已认识到必须摆脱丈夫,但自立之路肯定形格势禁,她必须以退为进尽可能争取社会同情。而万一那男人尚有星点良知和意志,能够洗心革面,以仁至义尽的方式与贤妻角色告别也算给过他最后的机会。曾经养尊处优的夏洛特久经磨砺,至此具备了钢铁般的强韧和周密筹谋的能力。她勇于决断、不辞辛苦,又恰逢天时地利,居然在短短数年间从绝境中拔身,靠写作为自己和孩子们拓出一方天地。

然而,《不只是简》中更让人触目惊心的或许却是温顺女萨拉·柯勒律治一次看似死水微澜的出行。

萨拉是著名浪漫诗人塞缪尔·柯勒律治的女儿。父亲长期与情人在外同居,萨拉极少得到来自父亲的看顾,却享受了同为湖畔诗人的姨父骚塞以及华兹华斯等人的关爱。她不能如兄长那般入名校读书而只在家中受教，却被长辈们认为是"聪颖过人"。萨拉通晓六种语言，在十九岁至二十五岁期间曾翻译、出版了两部有学术难度的著作，即《阿比坡尼族的历史》和《巴亚尔骑士的事迹》。她自幼体弱多病，长期被抑郁症缠身。有证据表明，早在婚前她已像当时不少英国人（包括她父亲及其朋友德·昆西，还有玛丽·鲁滨逊等）那样求助于鸦片酊缓解病痛。

萨拉二十一岁时接受了堂兄亨利的求婚，然后等待身为律师的未婚夫先立业再成家。四年后婚期临近，仍在为译书做收尾工作的萨拉写信向哥哥抱怨等着她的那"一大堆针线活儿"，还表示：

> 以我的趣味、脾性和习惯，如果我是你那性别的人，我会幸福得多，而不会像现在这样无助。在这个世界上，最适合我的职业莫过于做乡村牧师——我会因修习这个职业所必需的知识而感到快乐，而且肯定不会厌烦……牧师的职责……我不会结婚。

然而，萨拉自幼身处的"后革命时代"与曾经令玛丽·沃斯通克拉夫特（当然还有夏·史密斯或海·威廉斯）们意气风发的岁月大不相同。她在保守的精神氛围中长大，对结婚生子的命运并无坚决的抗争之心，也不曾参与抵制社会不公或剥削压迫的活动。多少出于这个缘故，在后世女权斗士们重写文学史时，萨拉仍相对受到忽视。

本书前三章讲述革命时代女作家时，字里行间流露出热切的赞赏。不过，作者没让有关革命和保守的认知僵化为非黑即白的判断。尽管她对英法两国历史处境的差别以及英式保守主义登场的必然性等似乎尚未及深思，对当年充斥坊间的女性操行指南文字的贬斥也过于断然，但是，当她面对萨拉一类循规蹈矩的"淑女"留下的真实生活足迹时,却仍能设身处地,心怀充分的理解甚至是浓浓的敬意。

婚后十年中萨拉七度怀孕,多次流产,两次产下不足月并很快夭折的病婴。在那些旧病添新伤的难挨时日里,阅读和书写是她的避难所。为孩子们写就的《诗歌教育课》等给萨拉带来了精神支撑和不错的经济收益。父亲1834年过世后,她与丈夫共同肩负起整理、出版遗作的劳务。坐冷板凳"编辑塞缪尔·泰勒·柯勒律治五花八门、支离破碎、杂乱无章的"手稿常让萨拉感到无比沮丧,但她仍旧孜孜矻矻坚持不辍地一部一部推出父亲的著述。她在"家中的天使"和"出书女强人"两种角色之间切换,过着双重生活。与后世的弗吉尼亚·伍尔夫相仿,她的精神病态反复发作。在投身写作和学术研究的同时,她与抑郁症和毒品依赖长久缠斗着。

1836年春,萨拉家所在地区发生了大流感。全家人里她病得最重,长时间卧床不起,编辑工作暂停了,孩子们也被送走。熬到秋天,到了她每年去亨利家乡拜望公婆的时节。亨利不允许萨拉破例,她迫不得已辛苦奔波前往婆家度过了病恹恹的几周时光。

10月中萨拉启程返回伦敦。出乎所有人意料,旅途第一天她便在伊尔切斯特镇停下,宣布自己病得太重,无法继续上路。孩子们和保姆返回婆家,而她本人则在陌生小镇上滞留下来:

> ……我真的不能赶路了。昨天……情况更糟了——到了歇斯底里的境地,夜晚又一次失眠了。今天我本想出发,但发现实在做不到……我从来没像过去的二十四小时这样难受过。亲爱的,请不要责备我,写信到伊尔切斯特来吧……我能忍受疼痛,但疼痛太可怕了,我又疲惫到了极点。如果在这里静养,我会慢慢恢复,但如果开始赶路,我就无法恢复了……

　　萨拉在小旅舍楼上房间里度过了与世隔绝的五个星期。关于这五周，有大量她与家人的往返书信被保留了下来。每天早上萨拉都给丈夫写信，一次次地抱怨身体不适。症状的出现和消退大抵与亨利的表态有关：只要他给她定下动身日期，病情立刻加重；反之便会减轻。她时而流露出消沉绝望的情绪；时而又因给家庭增加开销并"造成诸多伤害"而内疚。有一次她还怒气难遏地把强加于她的旅程比作邪恶"黑鸷"，说自己被"利爪钳制，倾倒在地"，"不能自主呼吸、自由活动"，甚至表示要挣脱、驱走那"恶魔"，用尖齿叉子迎击它！

　　耐人寻味的是，萨拉写过每日晨信并匆匆吃罢早饭后，没有卧床休养，却埋头工作。她抵达伊镇时携带着一叠草稿，而到离开之际那部名为"幻想"的长篇小说已经修订完毕。那是一部"以昆虫世界为主题的喜剧性儿童故事"，情节天马行空，充斥着异想天开的奇异角色。她在该书自存本封面上曾手写一首小诗，其中有"缥缈梦幻乃是神圣的职责"等字句，重视之心可见一斑。

　　频密的家书与《范塔斯敏》彼此发明，揭示了却也仍遮蔽着许多内情，构成交叠的谜题，让有缘与萨拉相识的追怀者们思绪万端，萦回反复。生活中感受到的伤人猛禽与正在生成完善的虚构"昆虫世界"有什么关系？什么样相互抵牾、交错纠结的内在力量能逼迫这位三十四岁的温良妻子以那般毅然决然却又反复倾诉自辩的姿态争取有限的独处时间？是抗拒一切干扰投入原创写作的狂热？是神游太虚、欲罢不能的精神失控？不论《范塔斯敏》的文学成就到底几何，也不论它是否有资格成为奇幻文学的开山之作，仅是它的诞生，便值得纪念。因为那是一名家庭主妇倾尽全力在妇道囹圄内凿出小小裂孔、为自己经营出五周全职创作"假期"的产物。

　　之后，忙于工作的亨利终于亲自赶来接妻子回家。萨拉经历了更多的怀孕和流产，一如既往地编辑、校注、出版父亲的遗作，为后者确立杰出哲学家兼诗人的地位起了关键作用。亨利1841年病逝。萨拉缅怀说他们夫妇情深。此话虽不能全信，但他们肯定也绝非一般意义上的"怨偶"。羁旅伊镇期间那些让男方极为尴尬的书信被完好地保存下来，不可能完全出于懵懂不察或对"精神失常"妻子的消极包容。其中无论如何也包含公道之心和不容小看的珍视与敬重。

萨拉孱弱的躯体担当了多少历史与人生的必然和偶然！她的病、她的苦、她的怀才不遇不能仅仅归咎于一个具体时代和一名大约中规中矩的维多利亚男士。基于西方社会生产力发展及中等阶级处境改善等诸多原因，18、19世纪之交受到较好教育、有能力从事各类专业工作的女孩大大增多，然而，即使经过革命风暴的撼动，总体来说社会为她们安排的出路仍只有结婚持家一途。萨拉是人类社会中注定学非所用的第一批"量产"女性知识分子中的一员，她学养富厚、体质羸弱而又极度敏感，因而最痛切地感受了个人禀赋与家庭妇女角色之间的巨大冲突。

然而，群体的普遍困境（比如过多过密的妊娠和生育给妇女带来的压迫和伤害；比如在家庭内外重新调整女性的社会角色）不能只靠某些人冲冠一怒或一时汹涌的社会运动冲破，还要靠经济、科技发展以及许多不起眼的尝试和抗争日积月累、水滴石穿。时移世易，今日多数国家的女性都自然而然享受了远比萨拉们要多得多的权利和选择。蓦然回首，我们不能不百感交集地意识到：历史中灯火阑珊处的那些女人曾以怎样泣鬼神的努力为后来人扩宽了生活和事业的空间。

## 随流扬波？

说来，本书的女主人公们能在一两百年前的英国文坛打拼"立腕儿"，肯定个个都是善于随流扬波的"时代英雄"。她们对政治文化风向以及市场需求都非常敏感。夏·史密斯不仅借了哥特小说和浪漫诗歌的"东风"，还和海·威廉斯和玛·鲁滨逊等同道者一起为法国大革命爆发前后风起云涌的社会改造思潮推波助澜。她们其中有不止一人曾涉足新兴儿童文学写作并取得可观成绩；凯·克罗几乎与美国的爱伦·坡同时写出了最早的畅销侦探小说；黛·克雷克则毫不忸怩地参与市场运作，与出版商谈判版税收入，甚至亲自上街推销自己的作品。

不过，其中最善于在出版市场纵横捭阖的恐怕要算玛丽·布雷登。她由演员改行转战文坛时，已是维多利亚时代鼎盛期。经过多年文化建设，种种社会规范和道德律条逐渐严谨完善，但同时日显僵硬、压抑。与之对应，打破禁忌、以情欲和犯罪等为题材的惊悚小说（sensation novel）开始大行其道，玛·布雷登便是得风气之先的人之一。她的故事常以男性第一人称视角讲述，情节曲折，语言生动，女主人公貌似讨人喜欢的淑女，骨子里却没有半点循规蹈矩、逆来顺受，不在乎伤风败俗，也不惮于步入各种各样的冒险和阴谋。她的代表作《奥德利夫人的秘密》成为当时最畅销的英国小说。不少人认为，玛·布雷登的写作呼应了读者内心的渴望，甚至宣告着既存生活方式的终结。

通俗与"高雅"从来不是判然两分。莎士比亚戏剧诞生于一线演出实践，富含草根影响和俚俗养分。狄更斯是畅销作家。只是 18、19

世纪里书刊出版业的进一步发展和新受众的形成使布雷登们有了"肆无忌惮"的勇气和真正致富的可能。到 19 世纪末,社会的总体宽容度已经大不相同。布雷登虽然仍难逃流言蜚语和各种舆论压力,却不仅可以在虚构作品中塑造大胆突破社会常规的人物,还可以一边公然与已婚男友同居并养育众多子女(顺便说,她虽然也频繁生育,却没有像萨拉·柯勒律治那样身心受到重创),同时一部又一部地推出小说作品,赚取版税。

反复思忖市场发育为社会地位较低者提供的机遇,细细掂量布雷登式实践的积极意义,我们也不能不生出很多疑惑和忧虑。时至今日,全心追求收视率点击率的影视产品和网络文学如海啸扑来,几乎没有人还能小看"通俗文化"。受追捧的流行文学中肯定有(经时间大浪淘沙后成为经典的)佳作,它们的叙事套路、表达手段及其所体现的受众取向和欲求不可忽视,值得进行相关文艺学以及社会学、心理学、人类学的研究。但这不等于我们可以无视流行文化中的大量低水平复制、快餐式消费和"娱乐至死"的倾向等。夏·史密斯们表达心目中理想人际关系的作品固然借用并改造了流行元素,但这毕竟与重点聚焦于情色、犯罪或一味求"爽"的写作之间有某种本质的差异吧? 在市场经济社会中写作不可避免涉及利益,然而,如果没有某种(或多种)对峙力量和追求与之平衡并拮抗,无限追逐商业利益会把人类文明导向何处?

值得一提的是,本书作者德威斯在一定程度上也是"随流扬波"者。从序言讲述的成书经历等我们可以了解到,她读研究生时修习的专业是民族音乐学。在"后硕士"生涯中她因奥斯汀小说而进入文学世界,成为痴迷的爱好者,努力争取各种机会进行更广泛深入的研读和探究，并热心地在互联网上分享心得。

最终由知名"大"出版社推出的《不只是简·奥斯汀》包含许多网络写作特征。七篇小传写得非常流畅，笔调亲切，充满感情，爱恨分明。德威斯一方面将自己融入书写对象的视角，另一方面直接与"亲爱的读者"直接互动。读者能真切感知，书中不少记述和内容打动了自己，是因为它们在作者心弦上拨出了绕梁不绝的回音。可以说，这是凝集着多重生命体验的心血之作。

德威斯也难免年轻网络写手某些常见的弱点，行文有时会略显粗率、顾此失彼，比如在断断续续地介绍、分析 18 世纪中期以降百余年间英国社会方方面面的情况和变迁时，偶尔会有偏狭之言；又如，为了彰显某些激进或"出格"的女写家，太过简单地声称奥斯汀、勃朗特等人的作品呈现了"浪漫而多情的英国"，散布了"让许多人沉醉的（婚姻）幻想"；此外，全书叙事安排和行文措辞侧重展示女作家的挣扎和奋斗，便或多或少暗示各种社会关系和社会责任都是应该冲决的束缚，而这显然并非无可争议的"真理"；等等。

尽管如此，《不只是简》仍值得有缘相见的人静下心来慢慢品读。它没有学术论文的八股格式，却不乏知识含量和正义情感。作者曾尽可能详尽地搜寻、阅读资料并提供了大量注释。研读和书写使她的视野和认知不断得到拓展与刷新，为自己和同好者打开了一扇又一扇面向现实和历史的心智之窗。一种责任感召唤着她，促使她动员更多人一道去往浅阅读之外的深幽之地勘查。如果我们说，德威斯的经验表明，曾经沧海难为水的阅读"探险"可为各式各样的有心人开启人生新境界，或许不是夸张？

献给 AJ 和索尔

# 引　言

　　非同寻常的故事往往有着稀疏平常的开头，我如何迷上了七位英国女作家的故事也不例外。故事发生在几年前的一个夏夜，那是在我和丈夫收拾好行装，从美国蒙大拿州搬到韩国教授大学英语之后。后来我回到美国明尼阿波利斯市，那天我忍着强烈的时差反应，打扮妥当，去剧场看一场晚间剧目。明尼阿波利斯市向来酷热，此刻又是在其最为炙热的热浪之中，而且在这种正式场合下，我还要穿上一条端庄的半身裙，脚踩一双极美的不漏趾浅口鞋，所以在剧场里坐下时，我已经相当疲惫而且焦躁不安了。

　　我坐在安静的剧场里，等候演出开始，周围一片黑暗，所幸剧场里装了空调。当舞台上的幕布终于升起，我看到明亮的舞台布景，才想起自己不顾热浪也要来看剧的原因：这部剧改编自《傲慢与偏见》，对于当时三十岁的我来说，这本书意义重大，我坐在剧场里，准备欣赏它在专业舞台上的再现。我竟能来到明尼阿波利斯市，恰巧还能拜访朋友——希望我的朋友们能原谅我在这里所说的话——实在是不可思议的好运气，因为这场表演恰好是这个剧目的最后一次演出。

　　当时，我认为，在我的生命中没有哪个作家比简·奥斯汀（Jane

Austen)更具影响力或更有价值了。我一遍遍阅读她的作品；我看过其作品所有的电影改编版本；我不禁向许多耐心的朋友表达对玛丽安娜·达什伍德①受到的错误教育的疑惑；指出《诺桑觉寺》(*Northanger Abbey*)中模仿哥特式小说的痕迹；我甚至喜欢上了一些以简②的作品背景和人物为基础的同人小说；我还开始为网上如饥似渴的简·奥斯汀崇拜者群体撰写书评（我热爱这项工作）。在二十几岁的头几年，为了获得民族音乐学（本质上说就是音乐人类学）硕士学位，我的生活里充斥着学术书籍、会议和研讨会，还要去遥远的亚北极地区群岛考察，而这些记忆已经模糊不清了。（这段学习过程要求关注艺术的社会和文化背景，正是在这个过程中我对文学的热情被点燃了，虽然我仍忙于音乐研究。）但是，随后在风波不断的硕士后阶段③，我和大多数研究生一样，开始思考自己是否过久地沉迷于学术舒适的怀抱，这时候简·奥斯汀的小说成了混乱之地上的庇护所、未知之海上的航标。我被简·奥斯汀所吸引，或许你会说，我迷上了简·奥斯汀。对于我来说，《理智与情感》(*Sense and Sensibility*)、《曼斯菲尔德庄园》(*Mansfield Park*)以及简·奥斯汀的其他小说是一条捷径，通往美妙的幻想之境，这里有德文郡上雾气氤氲的花园、温暖舒适的村舍；在这里可以终日读书、写作（无须思考值不值得）；在这里有这样一种婚姻，结婚对

---

① 简·奥斯汀《理智与情感》中的女主人公。——译注
② 鉴于我与简·奥斯汀、夏洛蒂以及艾米莉·勃朗特长期且亲密的关系，以姓称呼她们似乎没有必要，而且也有些生疏。因此在本书中，大多数情况下，对于这些杰出的女性，以及本书中讲述的七位知名度稍低的女性——我对她们的喜爱没有高下之分——我都会直呼其名，因为她们对于我而言是亲密的朋友，很快她们也会成为你们亲密的朋友。
③ 硕士后(post-MA)与博士后的性质类似，原则上是取得硕士学位之后才可申请的带有工作性质、有一定工资的学习性活动。——译注

象是一位富有的绅士，我是他在这个世界上唯一的牵挂，他还可以提供一处没有压力的爱巢，让我过上精致舒适的生活。这是一幅幸福的场景，我深深沉醉其中。

　　不过，尽管这幅场景很迷人，在我走出硕士后那段迷茫时期后，这种甜蜜的完美生活状态就让我腻烦了。我渴望更坚硬的东西，迫切想要读到更有威慑力、更具戏剧性的故事。因此，我沿着常走的小路，从简走到夏洛蒂和艾米莉（还有安妮，不过也不完全算得上，因为——下文我会仔细说明——安妮的写作风格与其两位姐姐的浪漫主义倾向迥然不同，在我认为逃避主义比现实主义更胜一筹的时期，安妮作品的吸引力稍显逊色）那里，在这里我找到了一个完全不同的幻境，尽管这个幻境更加幽密阴森，我还是沉迷其中。《简·爱》和《呼啸山庄》让我的脑海中浮现出一幅幅画面：大风呼啸的荒原，乌云密布的田野，昏暗、死气沉沉的宅子，摇摇欲坠的古石。我的心被一种凄凉、难以抑制的粗犷的感情所占据，这种感情抵消了简·奥斯汀世界里弥漫的丝丝暖意和精心营造的愉悦气氛。［这种悬殊的差异——狂野与静谧、恣意的激情与远观而不亵玩的爱慕之情——夏洛蒂·勃朗特（Charlotte Brontë）也曾承认过，她让自己笔下的人物去探索爱的阴暗面，探索其炽热、令人困惑并且强烈的一面——那么简是如何做的呢？夏洛蒂认为，简把自己作品中的小姐和绅士围在“一个悉心培育的花园之中，周围小心翼翼地筑上围墙，花园的边界分明，里面还种着各式精致的花朵”，“没有空旷的郊野——没有新鲜的空气——没有蓝色的山岗——没有欢快的溪流”来侵扰这精心安排、平静和谐的情节。[1]］

　　我就在这里住下，和简、夏洛蒂以及艾米莉相伴，每与她们接触一次，我心中幻境的架构就愈发明晰。在将近十年的时间里，无论我在某个特定时刻选择研究何种英国文学（不管我是想昂首阔步地走在花丛中,还是蹲坐在苔藓上),我脑海中的这个幻境就像在其中发生的故事一样震撼人心。每次重读《雪莉》(*Shirley*)或《劝导》(*Persuasion*),就好像又一次回到了充满美和诗意的安全港湾。只需翻开书页,我就能轻而易举地住进这个虚构的英国。这种感觉只能自己体会,它是如此浪漫,如此亲切。狄更斯(Charles Dickens)笔下英国荒凉的景象、夸张的讽刺,以及萨克雷①所描写的英国,根本不能与我的这些女作家相提并论。

如果没有那个酷热难耐的夏夜,如果我没有去那个装着空调的剧场,我应该还会待在她们所描绘的英国,与世隔绝。随着幕布升起,我的心跳到了嗓子眼。我想象中的幻境生动地展现在面前,这会是多么美妙的场景:村舍和蕾丝花边,优雅的象征!而且停下工作,从 6200 英里之外的公寓赶到这里,刚好赶上这场演出——我还能更幸运吗?

可能你已经猜到了,事情根本不是这样。这次观剧就是一场灾难。幕布刚退到台口,管弦乐队便奏起了急促轻快的吉格舞曲,五个姑娘从后台冲了出来,发出一阵阵尖利的笑声。贝内特家的姑娘们——伊丽莎白、简、玛丽、基蒂和莉迪亚在舞池里旋转,窃笑,发出咯咯的笑声,叽叽喳喳地说着闲话,她们以手掩面,低声耳语,而那些适婚的单身汉则在她们面前殷勤地跳着舞。只需十分钟,我便看出来了:这是一种甜腻的愚蠢,与我所期待的截然相反。优雅的姿态去哪儿了?微妙而深邃的感情以及与之相辅相成的客厅里温和机智的对答——这些给简的小说平添智慧光芒的东西去哪儿了?

看到我心爱的《傲慢与偏见》快要变成英版的《再见伯迪》(*Bye*

---

① 威廉·梅克比斯·萨克雷(William Makepeace Thackeray,1811—1863),与狄更斯齐名的维多利亚时代英国小说家,代表作有《名利场》。——译注

Bye Birdie)①,我的嗓子都气冒烟了。朋友轻轻碰了碰我的胳膊,想
要引起我的注意,好像在说,太棒了谢莉,是不是? 这难道不就是简的
小说吗? 但是那一刻,我的脑海中思绪万千,激动的心情让我没法做
出回答,因为这一刻我猛然清醒地意识到:我在阅读简的小说时幻想
出的世界,不过是我自己的主观构想,是我自己心目中的形象。它们
并非《傲慢与偏见》的组成部分,只是我个人的阅读体验罢了。而且,
很快就能清楚地看到,这种体验不具备普适性。我在小说里看到的是
广博的学识、妙不可言的智慧以及静谧的乡村风光,而这出剧的导演
看到的不过是调情和嬉闹罢了。

　　在剧场里的这个夜晚,在这种意识的重压下,我的奥斯汀“空中楼
阁”[这个词萨拉·柯勒律治(Sara Coleridge)——本书所谈到的被遗
忘的女作家之一——也曾使用过]坍塌了,临近的勃朗特宫殿也未能
幸免。这一切的发生都是因为我真正应该看到的东西出现了。倘若
简、夏洛蒂和艾米莉没有提供某种英伦“情感”[这种内涵丰富的概念
会引发我们的怀旧(以及向往)之情,并将自己的需求投射在这个概念
之上,根据自己的性情、情绪和想象适时调整,尤其是在纷扰的时代],
我,我们还会关注她们吗? 更糟糕的是,我意识到一个更为重要的紧
迫问题:如果这些女作家不再传达这种情绪,她们的作品不再具有移
情和借鉴意义,我们该如何看待她们呢?


　　两周后,我回到了首尔狭窄的公寓内,沉思过后,我沮丧地呆望着
书架,发现了一个可怕的真相:我从头至尾都是这样浅薄无知,这在我
的书架上一览无余。简的小说和艾米莉、夏洛蒂的作品摩肩接踵,挤

---

① 一舞台音乐剧。——译注

满了书架，一本《教师》（*The Professor*）堆在《米德尔马契》（*Middlemarch*）和《达洛维夫人》（*Mrs. Dalloway*）之上。此时，我感受到这个令人不悦的真相正盯着我：我几乎不知道《傲慢与偏见》和《简·爱》两部作品之间还有哪些作品；也不了解《简·爱》和《米德尔马契》之间有哪些作品；更不知道《米德尔马契》和《达洛维夫人》之间有哪些作品（最后两部作品的作者是我仅有的真正了解的其他英国女作家）。

简、夏洛蒂、艾米莉（以及安妮）三姐妹、乔治·艾略特［George Eliot，原名玛丽·安·伊万斯（Mary Ann Evans）］，还有弗吉尼亚·伍尔夫（Virginia Woolf）都是天赋异禀的作家，她们的作品往往具有很大的社会颠覆性，给英国文学传统带来的变革也毋庸置疑——这些无须多言，本书也并非为了贬低这些作家的天赋和成就。不过，剧场里的那次经历，以及随之而来不断滋扰我的疑问，让我意识到，这些作家以及其他一些出类拔萃的作家（她们或是教学大纲上的常客，或有作品被改编成美国公共电视台《名著》迷你剧）只是英国文学史上的冰山一角。在英国文学史上，一定还有其他女性作家笔耕不辍，著作等身。我决定探寻她们是谁，她们写了什么，以及为何我的书架及我们的文化课程中缺失了她们的作品。

自18世纪后几十年起，直至20世纪初，英国的女性文学创作活动一直处于前所未有的蓬勃发展之中。18世纪初，人们的生活质量提高——很大程度上源于启蒙运动带来的革新以及缓慢到来的工业革命：杰思罗·塔尔（Jethro Tull）发明了谷物条播机；安德鲁·米克尔（Andrew Meikle）发明了脱粒机；托马斯·纽科门（Thomas Newcomen）发明了蒸汽机，众所周知詹姆斯·瓦特（James Watt）又对其进行了改良，后来用于汽轮制造［汽轮可以靠约翰·坎贝尔（John

Campbell)发明的六分仪驾驶];爱德华·詹纳(Edward Jenner)发明了天花疫苗;塞缪尔·约翰逊(Samuel Johnson)编纂了词典;乔治斯·勒萨热(Georges Lesage)发明了电报机;理查德·阿克赖特(Richard Arkwright)发明了纺纱机;埃德蒙·卡特赖特(Edmund Cartwright)发明了动力织机。因此,各个家庭有了额外的时间和金钱,让他们的女儿接受除传统女性"技能"和持家本领之外的教育。这些进步也推动工人阶级走出耕作的田地,进入日渐增多的富裕家庭中从事家务劳动,这样一来整个英国妇女阶层都不需承担家务劳动了。因此,在18世纪,一位典型的上流社会女性,除了需要接受舞蹈、缝纫、绘画和音乐教育外,还会获得阅读、写作、算数、法语、历史、地理方面的指导,权贵之家的女性还能学习拉丁文和希腊语——如果不学习这些的话,这些上流社会女性几乎无事可做。不过,没有哪个女性的学识会威胁到其兄弟和父亲在才智方面的优势(男性学习的课程还包括苏格拉底式的批判性思维、哲学、修辞学和法律)——肯定不会这样,因为当时有一种广泛接受的观点:女性教育的目的不在于运用,而在于吸引优秀的(或者说,富有的)配偶,并为子女树立良好的榜样。

一旦这个目标——女性应有的唯一目标——实现之后,不管资质或天赋如何,年轻女性都要放下学业,把生活重心放在丈夫身上,并开启成为温柔、深情,重要的还是无条件服从之人的征程。根据18世纪到19世纪间各阶层家庭中流行的行为指南作品和指导书籍,在真正的和谐婚姻中,这种"对丈夫意志的温顺服从"永远是女性赢得男性之爱最有效的方式,也是"控制其内心激昂情绪"的最佳办法。[2]因此,阅读、写作和其他智力活动则被排除在新婚妇女"适宜"的工作清单之外。她或许可以随处提上一首优美的小诗,不过大家都明白,这些文学追求不能减损女性存在的真正目的。关于这个目的,伊丽莎白·盖斯凯尔（Elizabeth Gaskell）在《夏洛蒂·勃朗特的生平》（*Life of Charlotte Brontë*）中曾做过精彩描述：女人"受到指命填充"房子和家庭里的"特定位置"。她们不能放弃"作为女儿、妻子或母亲的应尽职责"，匀出时间读书，甚至"运用超凡的天赋"也不可以。[3]同时受到阻止的还有交朋友（尤其是与未婚人士的友谊）、旅行以及轻率的言辞，因为任何带有诙谐或讽刺意味的俏皮话都可能"招致一场家庭纷争"。除非妻子生性活泼，每天兴高采烈，从不闹脾气、发牢骚，否则"除了死气沉沉的家庭生活外，还能奢求什么？"[4]

这赤裸裸地说明了已婚女性完全是关系产物——也就是说，她们是配偶的延伸，仅仅是用于传承财产和金钱所需的"扩大生产的产物"[5]。不过虽然她们放弃了一切，这种牺牲也并非毫无回报。已婚女性信守温顺谦和、忠贞不贰的准则，这是世人眼中"女性至高无上的荣耀和品质"，作为回报，她们会得到女性这一群体在社会中可获得的最高奖赏。她放弃了年轻时的追求，远离父母和兄弟姐妹，甚至几乎不能公开展现自己的聪明才智、表达自己的身体需求。但作为交换，她享受到了社会的赞赏和保护，社会地位得到提升，还能对丈夫施加一点微小却关键的影响，她获得了舒适而典雅的生活环境，感受到因愉悦感增强以及安抚家庭成员的情绪而带来的平静的满足感。

根据当时行为指南中的说法，女性在这种婚姻生活中必然会觉得怡然自得——这些"奖赏"足够满足她们一生的幸福。但实际上，几乎无一例外，这种生活都是糟糕透顶的。新婚女性从原先的家里搬出来，和家庭成员断了联系，不能表达自己的想法，也没有任何休闲活动（或者说没有可自由支配的钱财用于这些活动），她们常常饱受无聊和孤独的侵袭，陷入绝望之中。在怀孕生子、养育孩子的过程中，这种煎熬可能会有所缓解，婚外恋情、私下写书可能也有同样的效果（我们接下来会看到，许多女性选择了其中一种方式，或两者兼有），但不计其数的案例表明，这种痛苦势头汹涌，难以排解。伊丽莎白·瓦萨尔·福克斯（Elizabeth Vassall Fox）是一名辉格党政客的妻子。这位名声显赫的女主人曾在日记中写到自己结婚七周年的纪念日，想起"那个毁灭性的日子"——那一天，十五岁的她，"一个正当花样年华的纯真少女，被交到一个人手中，自我的一生交付于他的那一刻起，他就让我憎恶自己的生命"。在极度痛苦之中，她甚至想过自杀：

> 我的心陷入了极度的狂喜之中，这种心情迫使我想要满腔怒火地采取行动，我的愤怒源于内心的澎湃和深深的绝望，这已经超出了我在心平气和之时所能控制的范围。在昏沉的午夜，我常常想要减轻自己的痛苦，若不是一阵莫名的战栗袭上心头，我就要采取这个鲁莽的举动了。[6]

当时的已婚女性需要彬彬有礼、沉默寡言，还要像歌德（Goethe）在小说《威廉·迈斯特的漫游时代》（*Wilhelm Meister's Travels*）中描述的那样，过着"大门不出二门不迈的日子，这种生活没什么故事可讲，因为生活里本就没有故事"[7]。尽管女性在婚后要忍受身体和才智方面的双重压抑，更糟糕的是她们还要遵守严格的妆容和饮食规范（禁食、净化、束紧腰带以及其他强化女性柔弱形象的方式），但独身并不是一个更好的选择。[8]在女性结婚之前，她每天的绝大多数时间都在努力逃离无聊的侵扰，而这种百无聊赖的生活一直是她如影相随的伙伴。她可能会去参加集会，去剧院看剧，打打牌，采采花，喂喂鸟，和女伴一起访友，或者为即将到来的伦敦社交季做点准备。这些活动或许有趣，但它们所带来的乐趣只是暂时的，对于任何一位有头脑的女性来说,这样的生活都是无法忍受的。她过人的才智有何用武之地？她已经参加过九次伦敦社交季,第十次就近在眼前,这样的生活还能给她带来什么刺激的体验呢?[9]

幸运的是,受过教育的女性确有一个排解之计。17 世纪末 18 世纪初,英国发生了许多激动人心的变革,其中不仅有图书印刷和发行方面的进步,还包括公众拥有了在安静的房间中独自阅读书籍的机会。在此之前,阅读是一项集体活动:一家人坐在一起,由一个人大声朗读一本小集子,这本小集子可能只有两三卷,在邻里间相互传阅。随着启蒙时代的到来,一些突破性进展使得书籍能够以相对低廉的价格大规模生产。1683 年,印刷大师约瑟夫·莫克森(Joseph Moxon)出版了第一本全面的印刷指南《全面印刷技术机械训练》(*Mechanick Exercises on the Whole Art of Printing*),介绍了由约翰内斯·古腾堡(Johannes Gutenberg)改进的活字印刷术,让所有想要使用这门技术的人了解其使用方法。但是古腾堡的活字印刷术仍然需要雇用大量工人,而且花费高昂。在页面排版时,需要准备大量单个活字,而每次印刷一个版本都需要重新人工编排。这种方法无法实现大规模生产,也不能出版足够多的书籍,满足科学和文学日新月异的发展需求。随后在 18 世纪初,一种新的印刷工艺——刻板印刷术诞生了。在刻板印刷术中,将整页活字浇铸成模具,制成可重复使用的印刷版。有了这种技术,不同地区的出版社就可以印刷相同的内容,印刷新版本时,也不需要重新排版,因而成本得以降到最低。[人们普遍将刻板印刷术的发明归功于苏格兰金匠威廉·格德(William Ged),但这种技术的起源同样与法国紧密相关;不可否认的是,18 世纪末,似乎是法国人在不断改进这一技术。[10]]

手里有了价格低廉的印刷书籍,床边又点着同样价格低廉的鲸油蜡烛(这得益于18世纪晚期蓬勃发展的捕鲸业)①,女性读者便可以走出公共休息室,在自己的私人空间里享受读书的乐趣。而在隔壁,她的父母和兄弟姐妹也在做着同样的事情。家家户户对图书需求的大幅增加,催生了出版业的极大繁荣,那时的出版物包罗万象,有小说、科学、哲学作品,还有游记和历史书籍。当时,图书印刷成本低廉、价格便宜,于是借阅图书馆大批涌现,准备在这一新潮流中分一杯羹。[威廉·莱恩(William Lane)创立的密涅瓦图书馆(Minerva Library)便是其中之一,馆内藏书两万余种。[11]在这种情况下,人口整体文化水平迅速提高,尤其是那些受过良好教育的年轻未婚女性,她们终日无所事事,有大把的空闲时间。

　　英国早期的女作家绝大多数都是出身名门的单身女性,这一点也不奇怪。她们每天的生活就是不断进行自我提升,而这样做仅仅是为了充实、完善自己以便将来觅得佳偶。但是,凭借其受过教育的头脑,她们在受到限制后,完全能够意识到自己所受到的限制,至少在某种程度上可以意识到(这是一种精神上的成就,其重要性再怎么强调也不为过)。对于一位聪慧伶俐却无处施展才能的英国女性来说,认识到自己可能比同时代的大多数男性作家更优秀,这只是时间问题。

　　这样的女性不是个例。实际上,面对别无选择的无聊生活,许许多多的女性选择执笔写作,这让我在为本书甄选主题人物时,不由得产生并提出了这样的猜想——女性选择从事写作是件简单的小事。

---

① 鲸油,从抹香鲸头部采集的白色蜡状物质,自18世纪早期开始一直被用于制作蜡烛,不过用于家庭照明较为昂贵(相比之下,动物油脂制成的蜡烛虽然有异味且光线昏暗,但是极为便宜)。人们对更清洁、明亮的照明材料的需求是捕鲸业兴起的原因之一。随着捕鲸业的发展,19世纪初期,鲸油蜡烛价格下降,开始进入寻常百姓家。

16、17世纪,简·怒火(Jane Anger)、玛丽·善谈(Mary Tattlewell)和琼·击中他要害(Joan Hit-Him-Home)突破重围,用这些犀利的笔名,出版了一系列内容尖锐的小册子,为女性辩护,要求获得权利以公开讨论女性所受到的不公才智压迫。接着,诗人温切尔西伯爵夫人安妮·芬奇(Anne Finch, the Countess of Winchilsea)登上舞台,她慷慨陈词,抗议女性身份的"错误":"他们告诉我们,我们忘了身为女子及行其所宜;良好的教养,行事方式,跳舞,打扮,嬉戏/这些才能乃是我们应当追寻;写作,阅读,思考,或者探问/只会遮蔽我们的美颜,枉费我们的时间,打断我们青春芳华博得的青睐。"[12]同时,剧作家兼诗人阿芙拉·贝恩(Aphra Behn)也进入人们的视线,这位新起之秀爱好游历各方,是一位开天辟地的人物。贝恩目睹苏里南的奴隶贸易后,写下了著名的《奥鲁诺克》(*Oroonoko*)。这部作品之所以有名,不仅是因为它采用了小说这一新奇的体裁,还因为它把奴隶塑造成了小说中的英雄。在创作《奥鲁诺克》之前,贝恩刚好赶上了奥利弗·克伦威尔和清教徒统治衰落的好时机。克伦威尔和清教徒统治时期,为了抵制其所谓的"淫乱",英国上上下下的剧社都被迫关门歇业。查理二世掌权后,剧院重新开业,贝恩立刻抓住了这个机会,开始戏剧创作。贝恩的戏剧堪称17世纪最成功的戏剧作品,这些作品为之后的年轻女剧作家的发展奠定了基础,离得最近的两位便是伊莱扎·海伍德(Eliza Haywood)和德拉利威尔·曼利(Delarivier Manley)。

随着19世纪的临近,英国女作家的队伍不断壮大,与此同时工业革命开始兴起。1778年,范妮·伯尼(Fanny Burney)凭借《伊芙琳娜》(*Evelina*)闯入文坛。汉纳·莫尔(Hannah More)和安·拉德克利夫(Ann Radcliffe)紧随其后,前者的诗歌及后者著名的哥特小说《奥多芙的神秘》(*The Mysteries of Udolpho*)都大获成功,这两部作品出版之时,正值法国大革命的影响波及英国,几乎给英国方方面面的生活都带来了翻天覆地的变化。玛丽·沃斯通克拉夫特（Mary Wollstonecraft）及其女儿玛丽·雪莱（Mary Shelley）,玛丽亚·埃奇沃思（Maria Edgeworth）,因为英国广播公司最近的改编剧《克兰福德》〔*Cranford*,改编自盖斯凯尔的《克兰福德》《勒德洛夫人》（*My Lady Ludlow*）及《哈里森先生的自白》（*Mr. Harrison's Confessions*）〕和《南方与北方》（*North and South*）而在当今英国小有名气的伊丽莎白·盖斯凯尔,以及克里斯蒂娜·罗塞蒂（Christina Rossetti）,简·奥斯汀,夏洛蒂、艾米莉和安妮·勃朗特三姐妹,乔治·艾略特和弗吉尼亚·伍尔夫——这些女作家均生活在汉诺威时代的君主政体之下,有些人还经历过一次（1941年去世的伍尔夫经历过不止一次）世界大战。

开拓者、革新者、女性先驱——这些女作家集三者于一身。她们同样也是无所畏惧的,因为在当时那个男性主导的社会,成为一位有出版作品的女性作家,就等同于在自己身上打上了永久的耻辱烙印。从你进入公众视线的那一刻起,这个烙印便始终如影随形,人们用它来抨击你、你的作品还有你塑造的人物。出版业是男人们较量的市场,而对于女人来说,这绝对是一个苦不堪言的行业。而且在英国,这种状况丝毫没有改变的迹象,因为让女性作家遭受不公正待遇的思想观念,已经深深植根于英国的文化当中。需要再次说明的是,在18、19世纪的英国,年轻女性不被视为独立的完整个体,而是成长中的妻子。女性的全部意义在于展现丈夫的权势和影响力（或者常常是通过自己家族的财产和关系给丈夫带来权势和影响力）,女性通过这样的方式,传承幸福的"天然"父权制度,这种制度在英国已经根深蒂固。在这项事业中取得建树的女性,压抑自我以顺从丈夫的女性,会受到赞赏并享受更高的社会地位。

相较之下，与此相悖的行为则会引发愤怒，遭到憎恶。女性的"胆大妄为"包括：自作主张，在大庭广众下表现自己的才能和强烈的情绪；宣称自己是不依附他人的个体，拥有完全自主的权利；坚持认为自己有思考、创造的能力。这一切都表明，她已将忠贞抛之脑后，而且有可能做出更加非女性化的举动，若任其发展，则会带来严重的后果，比如参与赌博，岔开双腿骑马而不是端端正正地偏坐在马鞍上，染上酒瘾，（最可怕的是）陷入婚外恋情。因此，女性出版作品就等同于性放荡、内心不安分，完全抛弃了英国的价值观念。大胆的女性是反常之人，她超越了自己的界限，拿起了不属于自己的东西。

不过，如若一位女性仍然想出版自己的作品，她就需要采取一些策略来躲避公众的羞辱，或者至少减轻自己受到的伤害——在这本书中，你将看到女性作家如何巧妙地使用这些策略。女性作家最常诉诸的手段是匿名出版。她可以加入一个庞大的女性作家阵营，在这个群体中，每个人仅在自己的作品上署"某夫人"或"某小姐"著。如果不愿意默默无闻地躲在幕后，女作家也可以从写书的缘由出发，巧妙地塑造自己的职业形象。[1] 她可以坚定地说，写书是为了解决经济上的困难，实属无奈之举，只有写书才能让刚组建没多久的上层社会家庭不至于流落街头。她可以把自己的作品当作英国波谲云诡的时代背景

---

[1] 想要了解更多关于作家身份与女性社会期待之间有趣的相互作用，参见 Mary Poovey, *The Proper Lady and the Woman Writer: Ideology as Style in the Works of Mary Wollstonecraft, Mary Shelley, and Jane Austen* (Chicago: University of Chicago Press, 1984); Elaine Showalter, *A Literature of Their Own: British Women Novelists from Brontë to Lessing* (Princeton, NJ: Princeton University Press, 1977)。

下具有道德教育功能的有益手段（汉纳·莫尔采取了这种方法，她向来保守，唯独在这件事上例外，更不用说安·拉德克利夫和范妮·伯尼了）。她可以淡化某部作品的意义，轻描淡写地称之为"一桩小事而已"或者"临时的消遣"。或者，最后一招，她也可以托称自己体弱多病，为写作活动找到合理的理由——摆脱肉体所受的囚禁。还有极少数女作家，她们拒绝做出任何可能需要进行自我贬低或被动服从的让步，只有在不加丝毫掩饰，也无须更多解释的情况下，才愿意出版自己的作品——比如玛丽·沃斯通克拉夫特——这常常会引起读者的强烈抵制，女作家们因此被迫放下手中的笔，有时甚至永久停止写作。

初出茅庐的女性作家即使采用了这样或那样的掩饰手段，施展了自己的写作才能，她们还是需要找到出版商来出版自己的作品。尽管当时女性作家出版市场方兴未艾，预期收益颇丰，但如果作品过于激进或开放，出版商就需要做好准备，应对来自公众不可避免的反对之声。尽管存在这种风险，但在 18 世纪和 19 世纪，许多出版商都极其热衷于帮助女性表达自己的想法。约翰·默里（John Murray）是其同名出版公司的创始人，这家公司至今仍是出版业的领头羊。当时，约翰·默里买下了简·奥斯汀的四本小说以及玛丽亚·伊莱扎·朗德尔（Maria Eliza Rundell）大获成功的《居家烹饪新法》（*A New System of Domestic Cookery*）的出版权，并在这些书上都印上了"某夫人著"的字眼。（朗德尔的书让默里赚得盆满钵满，他有了充足的资金买下梅费尔区阿尔伯马尔街 50 号的住宅。默里在世期间，一些响当当的文学大师常常在晚间集聚于此，交流畅谈。）约瑟夫·约翰逊（Joseph Johnson）抢得玛丽·沃斯通克拉夫特《男权辩护》（*A Vindication of the Rights of Men*）的出版权，这本书出版后引发了疯狂的热议。对女性作家最青睐有加的当属托马斯·卡德尔（Thomas Cadell）：算上接任其事业的儿子经手出版的书籍，卡德尔家族提供的出版服务可能覆盖了最为广泛的英国女性作家，包括汉纳·莫尔、安·拉德克利夫、范妮·伯尼、诗人费利西娅·赫门兹（Felicia Hemans）、历史学家凯瑟琳·麦考利（Catherine Macaulay）以及本书中两位女作家，海伦·玛丽亚·威廉斯（Helen Maria Williams）和夏洛特·特纳·史密斯（Charlotte Turner Smith）。

重重难关，层层障碍——女性的创作之路曲折迂回又暗藏危险，即使是最无所畏惧的女性，也会战战兢兢。鉴于此，如此多的女性依然选择走上创作之路实在令人惊奇——她们确实这样做了。在我的书架之外，我还发现了数百位值得关注的英国女作家。她们是一群独立自主的开路人，为了出版自己的作品，她们常常冒着各种各样的风险：失去家庭的温暖；丧失为人妻为人母的机会；还可能破坏在自己在意之人心中的形象。

这些女性全都值得赞颂，我希望有朝一日她们能获得人们的认可。从我的写作意图出发，如果想要保证这本书的可读性，就需要缩小我的研究范围——从我已找到的众多女作家中进行筛选，这是一个复杂而漫长的过程。首先，我建立了一些衡量标准，第一个是时间框架：我决定选取1760年至1910年这一百五十年作为研究的时间跨度，在这一时期，现代社会正在形成，女性写作和出版的热情极为高涨。我的检验标准——简、夏洛蒂和艾米莉就生活在这一阶段，同时诸多社会变革也发生在这一时期，这些变革使她们作品的创作和出版得以可能。此外，这一时间跨度也不仅限于这几位女作家，其跨度之长足以显示她们对英国小说产生的巨大影响。

第二个衡量标准是女性作家的知名度，也就是说越不受人关注的作家,越符合我的写作意图。或许,即使范妮·伯尼的《伊芙琳娜》没有被改编成电影,也不存在哈丽雅特·马蒂诺(Harriet Martineau)作品的同人小说论坛,这两位女性作家仍然会拥有广大的读者群,依旧是全国上下讲坛上讨论的主题。在勃朗特姐妹中,安妮·勃朗特是人们较少谈论到的一位,即便如此,她的名字还是为人所知,其作品还是为人传诵。哪些女性作家是从来没有人提到的?这些作家就是我想要谈一谈的人,即使是最狂热的简·奥斯汀崇拜者也不了解她们,她们是英语专业课程中遗漏的人物。

设立下前两条标准后,第三条也是最后一条衡量标准就自然而然地出现了。每一位候选者都要英勇无畏、胆识过人:她曾历艰难险阻,终得以出版作品,从自己的冒险中获益。(毕竟此刻我正在阅读她的作品。)不过,在那些有着坎坷经历的女性中,其故事足够令人惊叹、感人至深、让我倍加关注的女性少之又少。有些女性所经历的磨难远不止不利的出版环境、僵化的社会观念,她们经受了更为深重的苦难。女性作家走上创作之路,不仅需要敢为天下先的气魄、对大量社会传统的摈弃,还要心无旁骛,有坚定不移的恒心和无畏的自我价值认同,同时在很多情况下,还要掌握在生死存亡的关头保住自己头脑(有时就是字面的意思)的本领。正是这些女作家的沉着冷静,她们给我带来的一次次震撼,让我最终为这七位英国女作家所深深吸引。

就这样,我的研究对象一个接一个地出现了。七位手染墨迹、满怀壮志的女作家突破层层筛选,走进了我的心里,我的脑中。而我要做的就是给她们一次说话的机会。

我所写下的不是一本文学批评作品。它是一个故事,一部传记合集,一本关于人类学和历史的记述。书中的每一章都是在讲述这位作家写了些什么,而不是回顾历史事实,评判她创造了些什么。她怎样把这一百五十年的历史串联起来？她如何反映其生活的风云变幻的时代中日新月异的价值观念？当下定决心让世人听见自己的声音（尽管或许前景黯淡，或许会遭遇不快或多变的事态），她日常是如何从事创作的？

一个多世纪来，这些女性一直处于默默无闻的状态，因此在我的大部分研究中，闭门造车都是行不通的。不，我要去（必须去！）英国，在那片葱绿美丽的土地上待上数月，四处求索，寻访南北——从北部多雨的珀斯、爱丁堡到南部的多佛尔和坎特伯雷。我曾无数次带着一摞书和一支铅笔，爬进图书馆落满灰尘的小间，为一个个可能的发现激动不已。我还参观了一些名人故居——比如塞缪尔·泰勒·柯勒律治（Samuel Taylor Coleridge）、勃朗特姐妹、简·奥斯汀、托马斯和简·卡莱尔（Jane Carlyle）一家的故居——不过更多的还是目前尚无名气之人的住所。我曾在布里斯托尔迷路，被困于特威德河畔贝里克，还在福克斯通被淋成落汤鸡，但这确实是一次令人兴奋的经历：寻找这些女性并不容易，不过我最终找到她们之时，也挖掘出了一笔极为丰富的文学遗产。

夏洛特·特纳·史密斯是我讲述的第一位作家。她酷爱读书，少年时便嫁作人妇。史密斯在写作的同时，还独自抚养了十二个孩子，从这一点看，她在文人［特别是罗伯特·骚塞（Robert Southey）和威廉·华兹华斯（William Wordsworth）］中获得声誉就更是了不起。她不仅在家庭和写作之间游刃有余，还在浪漫主义兴起的过程中发挥了重要作用。（简是史密斯的忠实爱好者。）

海伦·玛丽亚·威廉斯是和史密斯同时代的人，她同样引起了华兹华斯的注意（更像是挚爱之情），甚至当时的英国学术界领袖，鲜少称赞别人的塞缪尔·约翰逊博士,也对海伦·玛丽亚赞赏有加。在玛丽亚因为激进观点受到新闻界的谴责之时,约翰逊的赞赏对她来说可能是一种莫大的安慰。有些人认为女性在政治领域没有容身之地,海伦·玛丽亚无法忍受这种观点。她在战乱中的法国四处奔走,逐一记录自己的经历,最终创作出了一部非同寻常的作品,这部作品成为记载法国大革命的第一手资料。

与此同时,返回英吉利海峡另一边,年轻的玛丽·鲁滨逊(Mary Robinson)正利用自己超凡的美貌和机智,获得了无人能及的地位:王位继承人的情妇。她是时尚的偶像,是至高无上的名流,但是作为一位具有天赋的畅销书作家,玛丽·鲁滨逊也是当时摇摇欲坠的社会制度敏锐的观察者。

几年之后,法国大革命的热潮逐渐褪去,一位名叫凯瑟琳·克罗(Catherine Crowe)的神秘女子凭借小说《苏珊·霍普利历险记;又名旁证》(*Adventures of Susan Hopley; or Circumstantial Evidence*),掀起了一场自己的革命,小说所使用的情节策略催生了一种全新的文学体裁——侦探小说。[有人认为《苏珊·霍普利历险记》是埃德加·爱伦·坡(Edgar Allan Poe)《莫尔格街凶杀案》("The Murders in the Rue Morgue")的前身,英国第一位惊悚小说家威尔基·柯林斯(Wilkie Collins)也从这本书中获取过灵感。[13]]1848 年,凯瑟琳·克罗出版了关于唯灵论运动的专著,获得了更大的成功。当时唯灵论运动正席卷英美,而凯瑟琳·克罗也是唯灵论早期的信奉者。接着,几乎是必然地,凯瑟琳·克罗的古怪之处展现无遗后,她成了英国关注的焦点,而这些关注并非出于好意(同时也成了查尔斯·狄更斯龌龊的流言加工厂里的原材料)。

然而,萨拉·柯勒律治却从未被如此关注——在其人生的大部分时间里,她都在父亲塞缪尔·泰勒·柯勒律治沉重的阴影下工作着。维多利亚时代的礼数规范使得萨拉处于这种默默无闻的境地,也让她囿于妻子和母亲极为狭隘的角色之中。尽管如此,萨拉还是通过努力让自己为人所知——她创作了英语世界第一本奇幻小说《范塔斯敏》(*Phantasmion*,书中展现了对构建虚拟世界前所未有的特殊关注)[14],并且重新整理了父亲的作品,让他的思想精髓得以流传至今。

最后,正当工业革命在英国上下轰轰烈烈地展开之时,黛娜·马洛克·克雷克(Dinah Mulock Craik)也在为英国日益壮大的独立单身女性群体奔走呼告。黛娜认为,女性不是附属品,而是独立自主的完整的人。她运用出众的商业才能,促进了其作品中思想的传播,按照现在的分类标准,这些作品本质上都是自救论著或小说。黛娜凭此过上了非常惬意的单身生活,这在那个年代是不可思议的。看到自己的作品成为"继狄更斯的作品之后得到最广泛阅读的作品"[15](一位评论家曾这样说道),她一定非常享受,更不用提在 1863 年的畅销书榜单上,她的小说仅排在《汤姆叔叔的小屋》之后。[16]

然而,我们如果仅以收益来衡量一位女作家成功与否,那么我们的最后一位主题人物——玛丽·伊丽莎白·布雷登(Mary Elizabeth Braddon)就是毫无争议的女王。布雷登的两部作品《奥德利夫人的秘密》(*Lady Audley's Secret*)和《奥罗拉·弗洛伊德》(*Aurora Floyd*)先后登上畅销书排行榜。她用这两部作品及其连载的短篇故事和诗歌所获得的收入,为自己和家人在萨里郡买下一栋豪宅。每次在这种情况下,丑闻就会随之而来——布雷登与一位已婚男士(他的妻子是一个疯女人!)有了私生子——不过她手中多产的笔总能在她需要的时候给予她支持。因此,在维多利亚时代后期的文化中,玛丽·伊丽莎白及其近百本丰富多彩的小说获得了不可动摇的地位。

以上这些女性,我读过并研究过她们的故事,然后爱上了这些故事。在研究她们生平的时候,我始终感到疑惑不解:为何一位坐拥百万资产的畅销书作家,或者某种体裁的开创者,抑或一位战地女记者,竟然一直为人们所遗忘? 既然当时她们具有声望和财富,具有勇气、智慧和谋略,为何长期以来我们偏偏对这七位女作家一无所知? 简·奥斯汀的作品均是匿名出版的,勃朗特姐妹几乎没有什么公众曝光度(夏洛蒂还有一点儿,艾米莉和安妮则完全没有),而这些生活在耀眼的聚光灯之下的女性竟然为人们所遗忘,这似乎难以想象。

不过,事实是她们一直处于被遗忘的状态。如今她们的作品藏在市场上最不见天日的角落里,以低廉的价格出版,而且毫无美感可言——这还算好的,毕竟她们的作品还在出版。现存关于她们的传记寥寥无几,而且大多是五十年或上百年前过时的记录。其作品的批评研究也被封锁在学术界的围墙之内:掩藏在晦涩的语言之下,要付出昂贵的代价才能看到,除了最孜孜不倦的学者之外,对其他人没有丝毫吸引力。《牛津国家人物传记大辞典》、JSTOR 期刊数据库甚至维基百科这些包罗万象的互联网资源中,关于这些名噪一时的女文人的介绍也少得可怜。她们没有被人们记住,她们没有被奉若神明。为什么会这样? 为何这七位理应得到赏识的女性获得的认可微乎其微,甚至完全没有得到认可,而那群深居简出、信手涂鸦的牧师之女却能名垂青史?

我逐渐意识到,首先,这场名垂千古的游戏本身就是不公平的。美学标准及相伴而生的评判对于我们来说至关重要——我们总是想要迫切地知道哪些是我们应该读的书,哪些是我们应该略过的书,哪些是我们应该假装读过的书[列夫·托尔斯泰、威廉·福克纳、大卫·

福斯特·华莱士（David Foster Wallace）的作品］，还有哪些是我们应该"忘记"曾读过的书（比如斯蒂芬妮·迈耶①、丹·布朗②以及 E. L. 詹姆斯③的作品）。我们不停地寻找伟大的著作，总是随时准备丢掉那些不够伟大的作品，不过在做出这些决断时，天分所起到的作用微乎其微。

以简·奥斯汀为例。毫无疑问，简·奥斯汀是一位天赋异禀的作家，曾创作出多部伟大的著作。如今她家喻户晓，被视为英国女作家的典范。不过在她生活的年代，她的职业发展却大不相同——事实上，当时她的成就与本书中的七位女作家相比，显得黯淡无光。简一生中通过写作获得的收益微不足道（《理智与情感》赚得 140 英镑，《傲慢与偏见》赚得 110 英镑，而《诺桑觉寺》仅赚得微乎其微的 10 英镑，按照今天的货币价值计算，分别约等于 9000 英镑、7000 英镑和 640 英镑④）。同时，很大程度上因为她使用了"某女士"这个令人恼火但又可以理解的署名，简在当时并未赢得广泛赞誉，仅获得了评论界极少的注意。那么，这位居住在乡村的女作家怎么会成为人们必读的作家？

---

① 斯蒂芬妮·迈耶（Stephanie Meyer，1973— ），美国作家，畅销小说《暮光之城》系列的作者。——译注

② 丹·布朗（Dan Brown，1964— ），美国作家，小说《达·芬奇密码》（*The Da Vinci Code*）的作者。——译注

③ E. L. 詹姆斯（E. L. James，1963— ），原名埃里卡·伦纳德（Erika Leonard），小说《格雷的五十道阴影》（*Fifty Shades of Grey*，后被改编成电影《五十度灰》）的作者。——译注

④ 在过去的两百年间，货币的价值发生了剧变，因此换算过程比较麻烦。不过由于相对价值常常是个有趣的话题，因此，在此处以及后面的章节中涉及数额的部分，我使用了 MeasuringWorth.com 以及 http://www.ex.ac.uk/~R-Davies/arian/current/howmuch.html 上的多种资源进行估算。在接下来的阅读中，需要带着这样一种认识：为了充分理解货币的经济价值，需要进行一些解释；同时，在货币换算这方面，我并没有遵照惯用的严谨原则。如果需要更为精确的价值换算，请参阅这些网站。

简从"属于评论家的小说家——得到高度赞赏却鲜有人阅读其作品"——变成家喻户晓的作家,这段传奇历程的发生并非仅仅因为其作品独具特色。(实际上,在这场追名逐利的比赛中,如果天分是唯一的决定性因素,那么如今图书馆的书架上就会发生不少变化。)[17] 相反,正是由于一些人的努力,简才从被人忽视的深渊中走出,走进我们心里,成为"重要的"小说家。简去世后持续不断却不温不火的赞扬之声,其侄子 1869 年出版的、恰逢其时的《简·奥斯汀回忆录》(*A Memoir of Jane Austen*),1883 年哈佛大学一部关键性论文《简·奥斯汀:文学遗产批评》(*Jane Austen: The Critical Heritage*),都起到了作用。但是,真正让简超越其他作家,并为其去世之后经久不衰的名气奠定基础[18] 的是罗伯特·威廉·查普曼(Robert William Chapman)编纂的五卷本简·奥斯汀小说集。合集中挑选小说最具吸引力的部分(展现了文雅的英伦"情感",比如马车和派对,而不是驴子或者穷人的画面,这让我们欲罢不能),配以华丽的插图。简自身固有的价值毋庸置疑,但是她能达到今天的地位,借的正是他人的一臂之力。

查普曼对简·奥斯汀作品一丝不苟的重塑表明,这种英伦"情感"大受欢迎。简、夏洛蒂和艾米莉·勃朗特(尽管角度略有不同)都在作品中反映了许多人向往的英国,在那里,女主人公们都善良大方,洞察力超群,而且能够承认自己的错误(如果她们有的话,比如这在夏洛蒂·勃朗特塑造的女主人公中就很少见)。因此,这些具有善良、温和品质的女性理应受到奖赏,那就是和一位男性的结合,这位男性自愿在这样的女性温柔的照料下,完善并改造自己。而没有道德的人则会受到应有的惩罚。任性的威洛比先生①被迫接受一段不幸福的婚姻;

①　简·奥斯汀的作品《理智与情感》中的人物。——译注

狡诈的威克姆先生和他轻率的新娘莉迪亚·贝内特也是如此;简·爱冷酷的舅妈里德太太在痛苦和羞愧中死去;而玛丽亚·伯特伦①则为了自己犯下的罪恶,从繁华的人世间遁迹,开始苦修的生活。不过,这些小说的结尾总是平静而安稳的,尽管书中也涉及了一些更为黑暗和有争议性的主题(比如饥饿、死亡或女性在社会中受限的角色)。

对于当时的争议性话题,简、夏洛蒂和艾米莉在作品中采取了回避的态度,没有直接讨论,这便让读者在小说结尾处得到了安慰。这里,为了清晰地阐明我的观点,我们可以回过头来看看安妮·勃朗特的作品,安妮·勃朗特大概是三姐妹中最没有名气(同时文学影响力最弱)的一位了。安妮以阿克顿·贝尔(Acton Bell)为笔名,出版了《阿格尼斯·格雷》(*Agnes Grey*)和《荒野庄园的房客》(*The Tenant of Wildfell Hall*)两部小说。如今这两部作品都得到了人们的认可(1996年《荒野庄园的房客》被翻拍成电视剧后大获成功),但是与两位姐姐相比,安妮的读者群还是相当之小。夏洛蒂和艾米莉是"忧郁沉思、暴躁残虐的拜伦式英雄"的拥趸,这类人物往往极有可能得到救赎,只要他遇见了那个对的女人——当然他必定会遇到——而安妮则"拒绝美化暴力、残暴的男性形象"。②19想想艾米莉《呼啸山庄》中的希思克利夫,再想想安妮《荒野庄园的房客》中的弗雷德里克·劳伦斯和吉尔伯特·马卡姆。希思克利夫恫吓怀有身孕的妻子,迫使她逃走;而弗雷德里克却在女主人公海伦出走时出手相助,帮助她逃离家庭专

---

① 简·奥斯汀的作品《曼斯菲尔德庄园》中的人物。——译注

② 以《听! 流浪汉》(*Hark! A Vagrant*)闻名的凯特·比顿(Kate Beaton)在其热门漫画《勃朗特姐妹品评男人》("Dude Watchin' with the Brontës")中淋漓尽致地展现了这一点,参见:http://www.harkavagrant.com/index.php?id=202。

制的囚笼。当海伦拒绝吉尔伯特的求婚时,吉尔伯特还是如绅士般彬彬有礼;这与希思克利夫被凯瑟琳拒绝后的表现形成鲜明对比(他被拒绝后极为失态)。再举一个例子。安妮的《阿格尼斯·格雷》和夏洛蒂的《简·爱》都讲述了女家庭教师的经历,但这两个故事却大不相同。简从悲惨的童年中幸存下来后,收获了一份相当不错的工作,尽管阁楼上有个疯女人。费尔法克斯太太充当了母亲的角色,让简体验到从未感受过的母爱。女学生阿黛尔在她的悉心照料下发生了令人惊叹的改变。而小说激烈的高潮部分,尽管带来了痛苦,却最终让简和罗切斯特先生走入了婚姻的殿堂。

在安妮的《阿格尼斯·格雷》中,女主人公阿格尼斯的童年比简·爱幸福得多,她主动提出担任女家庭教师——因为她深爱的家庭陷入了窘迫的境地——不过阿格尼斯的经历和简·爱的经历大相径庭。阿格尼斯在两个家庭担任家庭教师时,都遇到了不听话的学生——有时甚至到了残忍的地步——而且与阿黛尔不同,他们也不愿意接受阿格尼斯的教导,改变自己的行为。除此之外,阿格尼斯的经历与简·爱还有不同之处。阿格尼斯最终没有和任教家庭里富有的男主人结婚(她已经成功地驯服了他野蛮的行事方式,也安抚了他饱受折磨的心灵),而是选择了一位善良、谦和的牧师。学者萨莉·沙特尔沃思(Sally Shuttleworth)认为"相比之下,简·爱是非常幸运的"[20]。

1924 年,爱尔兰批评家乔治·穆尔(George Moore)在其《埃伯利街谈话录》(*Conversations on Ebury Street*)中"要求为安妮正名"。得益于乔治·穆尔的努力,安妮才勉强从夏洛蒂和艾米莉的阴影中走出来,进入公众视野。[21]不过,她仍然是"被遗忘的勃朗特小妹妹",其中有一部分原因在于,就像一位敏锐的评论家所说的那样,她"不愿带上玫瑰色的眼镜①".²²安妮"在对待天性和疯狂的痴迷方面……比艾米莉更诚实,也比夏洛蒂更坚定……但这其中缺少了浪漫的爱情故事或温馨的电视翻拍剧的构成要素"。困难就在于:安妮的小说缺乏天真浪漫的情结,而这种情结正是两位姐姐的作品更适合建造我们心中空中楼阁的原因。我们可以把夏洛蒂、艾米莉和简的小说背景作为庇护所,让疲惫的灵魂得以栖息,可以让长满常春藤的墙隔离纷扰,也可以在风景如画的英格兰开一家小店,那里有一间间漂亮的小屋,还有一群美丽的女主人公(即使她们自己不这样认为,比如简·爱——当然,她们一点儿也不自负)。在这样的英国,连贫穷也是不失尊严的,通常以不曾明说的"债务"形式出现;好人终会有好报。磨难?这里也有,不过磨难只是对道德品质的考验——它证明了那些身处困境却坚韧不拔、毫无怨言之人的价值。在这片土地上,还有乔治·艾略特笔下沐浴在阳光中的田园风光;也是在这片土地上,艾略特笔下的人物不可动摇的"道德分类法""可作为生活的向导"。²³("一战"结束后,这种幻想的力量才呈现上升的势头,这是由于1914—1918年"一战"期间,英国的生活状况发生了不可逆转的变化。在弗吉尼亚·伍尔夫的《达洛维夫人》中,女主人公克拉丽莎曾回忆起自己的童年,想起在英国乡间小镇伯顿度过的美好时光,也陷入了不可自拔的幻想之中。)这就是众多读者所向往的英国,虽历经动荡,但田园牧歌般的精神内涵长存。这个英国,也是夏洛蒂、艾米莉以及一群好心的编辑、插画家和电影制片人一心想要为我们构造的。

的确,这是一个迷人的地方,但实际上,1760—1910年间的英国并

---

① 指乐观地看待事物。——译注

非如此。现实中的英国正卷入不少争议之中（其中最为突出的问题包括奴隶制的废除、法国大革命以及工业革命）。此时的英国并不完美，但它确实引人注目，当时的社会历史环境为一些引人入胜、和浪漫完全不沾边的书籍提供了创作背景，而我们中的大多数人都不曾读过这些书籍。

　　本书记述的七位女作家，她们的小说、诗歌、游记和非虚构作品，与简、夏洛蒂以及艾米莉·勃朗特的作品很不一样，因为她们不想描绘一个不存在的、充满浪漫气息的英国。相反，她们与安妮·勃朗特相呼应，纷纷运用写实手法，记录动荡的时局，为读者呈现了真实世界中澎湃激烈而发自肺腑的情感。例如，玛丽·鲁滨逊的半自传体小说《梵森泽；又名轻信的危害》(Vancenza; or the Dangers of Credulity)讲述了女主人公受到威尔士王子的引诱却最终遭到背叛的故事，小说扣人心弦，初版在发行当日就被抢购一空，使之成为当时空前受欢迎的由女作家创作的小说。[24]黛娜·克雷克在《模范绅士约翰·哈利法克斯》(John Halifax, Gentleman)中记述了 19 世纪 50 年代中产阶级奋斗和崛起的历程，这本书让克雷克成为社会变革的声援者（同时也成了富有的女性）。

　　这些书籍不是我们的庇护所——不是所有的结局都皆大欢喜，也不是所有松散的故事线索在最后都被系成了一个华丽的蝴蝶结。书中的女主角有的狡猾，有的奸诈，她们的道德观念自由散漫，行为处事也与当时社会所定义的适宜的女性气质相悖。她们喝酒、骑马，通奸的妇女在第二段婚姻中找到了幸福，甚至女杀人犯也能博得读者的同情。她们身处一个动荡不安、战争不断、问题频出的英国，不过渐渐地，这个国家也显露出好转的迹象：社会进步，奴隶制等不公正现象得到废除，女性也享受到其他地方无法获得的自由。这与我们所生活的世界十分相似：动荡不安，难以预测，而又处于不断的发展变化之中。这些女作家笔下的英国不是逃离现实的工具，而是窥视历史的窗口，透过这窗口，宏大汹涌的壮丽史篇一览无余。

但是，这本书并非想要贬损简、夏洛蒂及艾米莉·勃朗特小说中让许多人沉醉的幻想，也不是想弱化我们从中获得的愉悦感受。她们所创造的浪漫而多情的英国（尽管并非全是理想的乐土，但总体上看，比我们生活的环境要安静祥和）始终是不可或缺的，因为时至今日它仍能引起我们的共鸣，激发我们强烈的渴望，这是其他作家很难实现的。但是，这本书的写作也让我对英国女作家群体产生了全新的认识：我的视野变广阔了，书架上的书变丰富了，对于历史的认知也变得更加敏锐了。所以，在我们探索这段未知旅途的过程中，亲爱的读者，不要担心简、夏洛蒂和艾米莉以及其他类似的作家会丧失她们的魅力。当你回过头来，她们的世界，那一整片如诗如画的风景，依然等候着你。

第一章

夏洛特·特纳·史密斯

(1749—1806)

*Charlotte Turner Smith*

18世纪，以流浪汉和无赖的冒险事迹为题材的故事成为英语小说的主流：故事的主角是一位高大魁梧的年轻人，他往往品质恶劣，恶作剧一个接着一个。这些故事的主人公与亨利·菲尔丁（Henry Fielding）1749 年畅销作品《汤姆·琼斯》（*The History of Tom Jones, A Foundling*）中的同名主人公十分相像，他们四处游荡，到处留情，纵情玩乐。这些主人公有的参军入伍，有的自己做生意（通常不是常规的买卖），不过他们差不多都会干些违法的事，甚至和死神擦肩而过。他们在英国四处游走，搞大了几个女仆的肚子，跟当地人喝酒玩乐，最后终于安定下来，过上了体面的日子，就像汤姆·琼斯一样。

　　若是让18世纪的女性来写这样的故事，就算抛开女性的行为规范不谈，也是绝对办不到的事情。在实际生活中，女性对自由的生活一无所知（对旅行、危险、商业经营、顽皮淘气和道德上模棱两可的事也是如此），因为和兄弟、丈夫以及父亲相比，她们生活的世界极为封闭。女性不能在乡野间漫无目的地游荡、探险，不能想睡在哪儿就睡在哪儿、想和谁一起就和谁一起，甚至都不能在无人陪同的情况下踏出家门半步。当女性每天都把心思花在穿着打扮和无聊的琐事上，当她们日常说话的对象屈指可数，她们是无法参与到 18 世纪流行小说创作的现实背景中的，甚至对这种生活一无所知。女性是一种微不足道的存在，渺小到几乎无法容忍，而又无力改变，用当时一位女作家的话来说就是"平淡而无趣"："早上我们醒来，梳洗打扮，然后出门买东西或是拜访朋友，最后毫发无损地回来，接着做和前一天一样的活计或是消遣，而接下来的一天很可能也是如此。"[1] 她们还能写出些什么？

对于 18 世纪的女性来说，有一件事是她们非常清楚的，所有人都再清楚不过了，那就是用尽一切办法找到一位如意郎君，这是她们人生当中的重中之重，也是自她们出生以来就如影随形的任务。这同样是她们活着的唯一理由，因为如果不嫁得一位如意郎君，女性就永远不能达成完整的女性角色（温顺、逆来顺受、温和的母亲形象与正直的品行）。于是，在那个时代，许许多多的少女终日苦恼其追求者会不会邀请她跳舞，会不会向她求婚，而她又该不该接受求婚。在《诺桑觉寺》中，凯瑟琳·莫兰曾说过，"结了婚的夫妻永不分离，必须一起保持家庭完整"，出于这个原因，女性必须付出艰苦卓绝的努力来探明潜在伴侣的内在品质。[2] 他生气的时候会不会变得粗野暴力？他是不是鲁莽冲动？他是个酒鬼吗？他是不是挥霍无度？他有足够的钱财维持自身以及未来家庭的开销吗？还有最重要的一点，他的爱慕之情是否仅仅因为垂涎她的嫁妆？

年轻女性选择如意郎君时，其母亲和朋友可以给些意见。经过宣誓步入婚姻后，年轻女性需要经过百般磨炼才能成为一名好妻子，在这个过程中，她们也能帮上忙，不过若想要了解更为严苛的细节，年轻女性还是要查阅行为指南来获得一些最佳指导。起初无一例外，这些行为指南都是由男性出版的，其目的是向女性灌输适应日趋保守的社会所必需的价值观念和行为举止，帮助她们为完成自己的"使命"——

成为温柔、善良、讨人喜爱的妻子和母亲——做好准备。当时的社会期待她们成为理想的女性,处理起家庭事务得心应手。为了满足这样的期待,每个体面的家庭至少要有几本行为指南,这一点至关重要。詹姆斯·福代斯(James Fordyce)的《闺范训话》(*Sermons to Young Women*)和约翰·格雷戈里(John Gregory)的《父亲的赠女遗言》(*A Father's Legacy to His Daughter*)都是教育上流社会淑女的畅销行为指南(从其多次再版可见一斑)。除此之外,还有托马斯·吉斯伯恩(Thomas Gisborne)的《论女性之职责》(*Enquiry into the Duties of the Female Sex*),书中认为"在智力深度和广度上与卓越的男性"相匹敌的女性是自然状态下的生物变异,"没有继续发展的必要"。[3]相反,根据当时的行为指南,一位优秀的女性应该投身于家庭事务和优雅的爱好,同时培养"敏锐的情感"和"主动的善心"这些能吸引(并随后取悦)相称夫君的品质。

想想在寻找如意郎君这件事上,18世纪和19世纪的女性受到了多少条条框框的束缚(书里、家里,还有学校教育中),就会明白当时的女作家不难选择创作主题:爱情,各种各样的爱情——从单方面掠夺性的吸引,到真正的、持久的、令人感到舒适的爱恋。很快,随着女作家的笔触悄悄靠近社会边缘,一种全新的文学传统应运而生。

范妮·伯尼1778年的作品《伊芙琳娜》标志着女性文学的兴起,随后不久,她在1782年和1796年分别出版了《塞西莉亚》(*Cecilia*)和《卡米拉》(*Camilla*)。接着,玛丽亚·埃奇沃思于1801年出版了《贝琳达》(*Belinda*),简·奥斯汀于1811年出版了其挚爱的作品《理智与情感》。这几部小说都以女主人公步入婚姻的历程为主要内容,情节跌宕起伏,充满两难的选择和情感上的折磨。不过,在小说结尾,一旦女主人公决定让爱慕之情和尊重之意战胜对财富的追求，所有的问题就都迎刃而解了。（但是，这位未婚夫往往已经十分富有。在这个时期的作品中，几乎没有女主人公必须在爱情和赤贫间做出抉择①。）她心甘情愿、开开心心地步入了婚姻的殿堂，迅速开始享受她所在阶级想象中最美好的生活状态：为人妻。

故事情节相当完美：一位英俊富有的男子突然出现，让女主人公的幻想变成了现实。每个人都有了称心如意的结局，没有哪个美好的灵魂遭受冷遇。善良的人得到了他们想要的东西，无耻之徒一无所获。尽管这样的故事就像美妙（却不太可能实现）的幻想，但它还是出现在这些女性的笔端，值得注意的是，这些女作家在创作这些作品时都是未婚状态。简·奥斯汀、范妮·伯尼和玛丽亚·埃奇沃思可能对浪漫的求爱过程非常了解（毕竟，通过各种行为指南和求爱小说，这些浪漫故事已经深深融入了她们的生活之中），但是除了二手描述外，她们丝毫没有为人妻的实际经验。（简和玛丽亚自始至终都没有。）因此，所有的故事都在婚礼的圣坛上戛然而止，因为这就是女作家认知的极限了。

当然，真实的生活远远比这些珍贵的浪漫事件广阔得多，而在这一点上，几乎没有哪个女作家比命运多舛、痛苦不堪、承受巨大压力的夏洛特·特纳·史密斯理解得更透彻。夏洛特和所有上流社会的淑女一样，在成长过程中，她一直都知道自己终将告别舒适的童年生活，走进一场利益主导的婚姻。她需要放弃家族在伦敦的住宅和广阔的庄园——比格诺庄园（Bignor Park），这里靠近今天西萨塞克斯郡的南唐斯国家公园。这不是一笔微不足道的损失，因为夏洛特出生在一个

---

① 原文如此。但按逻辑来说，似乎应该是在爱情和财富间做选择。——译注

富足兴旺的家庭。但是在夏洛特看来,她的书和手稿才是最珍贵的东西。夏洛特自小就展现出过人的创作天分,其父尼古拉斯·特纳(Nicholas Turner)是一位诗人,他也鼓励夏洛特进行创作。年仅六岁时,她便写出了一组诗歌,并把这一处女作寄给了《女性杂志》(Lady's Magazine),尽管这组诗歌未能发表,但它们足以说明夏洛特超出常人的创作天赋。(想想今天六岁的孩子们,大多刚学会从二十开始倒数。)

夏洛特度过了愉快的少年时期,但很快她就坠入一片混乱之中:母亲死于分娩并发症,这促使父亲尼古拉斯·特纳离开英国,开始了长达数月挥霍无度的饮酒狂欢,耗尽了所有的钱财。在这段时间,夏洛特留在家中,由一位姑妈照顾,因此得以避免目睹父亲的落魄景象。不过父亲返回伦敦后,她还是感受到了父亲的所作所为造成的影响。家财散尽后,尼古拉斯·特纳不得不采取非常措施重新填补自己的腰包。他出售了多处房产,并开始向新未婚妻——切尔西区的一位梅里顿(Meriton)小姐献殷勤,这位富有的小姐名下有两万英镑的财产,但这还是不够偿清他的债务。

现在只剩下一个办法了。尼古拉斯·特纳回到家后发现,自从他无情地把夏洛特扔在比格诺庄园以来,女儿已经发生了翻天覆地的变化。此时夏洛特已出落成一位美丽动人、体态优雅的姑娘,她求知欲极强,又操着一口流利的法语——恰恰契合父亲所挑选的追求者的要求。很快便有消息传出,尼古拉斯·特纳代其十五岁的女儿接受了本杰明·史密斯(Benjamin Smith)的求婚。史密斯是东印度公司一位联席董事的长子,家境优渥,想来前途一片光明。而夏洛特则要立即与之结婚。

多年以后在一封信中,夏洛特将父亲的这种行为比作组织合法卖淫,不过在那个时代,这种安排并不罕见。[4]当时,很多上流社会的少女未满十三岁时便已经定下婚约,而她们常常与自己的未婚夫毫无相似之处,更为常见的情况是,他们甚至素未谋面。这样的婚姻自然让新妇沉浸在痛苦和折磨之中,而她们唯一的指望,正如哈利法克斯勋爵(Lord Halifax)在其 1688 年的行为指南《告女忠言》(*Advice to a Daughter*)中赤裸裸地指出,就是接受"你的性别劣势"[5]。因此,女性有时会尽可能推迟结婚时间,甚至选择终身不婚以避免成为豪门之间交易的筹码。[①] 但是,对于大多数女性来说,她们根本没有拒绝这种命运安排的自由。由于没有谋生的技能,女性只能任凭掌管钱财之人摆布:她们的父亲、兄弟,最后是她们的丈夫。英国女权主义者玛丽·阿斯特尔(Mary Astell)是彻底躲开为人妻命运的少数幸运儿之一,她曾向公众讨过说法:"假使婚姻真是一种愉悦的生活状态,那你说说,为什么幸福的婚姻少之又少?"[6]

夏洛特没有自己的收入,因此如果想要远离专制的父亲和他新婚的妻子,勉强过上像样的生活,她就必须嫁人。因此,在为这场包办婚姻做准备时[如玛丽·沃特利·蒙塔古(Mary Wortley Montagu)所描述,"每日都在为走向地狱做准备"[7]],夏洛特疏通了和未来公公的关系,并竭尽全力让这场身份转变舒服些。就在夏洛特做出这些努力之时,她对自己所面临的真实情况毫不知情:二十三岁的本杰明·史密斯曾承诺接管家族事业,而实际上他对此丝毫不感兴趣,并且已经开始沉迷于酒精。她也不知道本杰明已有不少私生子,对他堆积如山的

---

① 除简和玛丽亚外,还有许多著名女作家终身未婚,如因《小妇人》而闻名于世的路易莎·梅·奥尔科特(Louisa May Alcott),勃朗特姐妹中的艾米莉和安妮,艾米莉·狄金森(Emily Dickinson),以及维多利亚时期大受欢迎的小说家玛丽·科雷利(Marie Corelli)。

赌债更是一无所知。

　　在新婚的前几个月里,夏洛特确实非常快乐。[8]她沉浸在年少的纵欲生活中,对宽敞的公寓也非常满意。夏洛特和许多任性的少妇一样,也觉得婆婆非常讨厌,她还在一封信中向一位朋友发泄了自己的不满。这封大胆无礼的信件也是夏洛特为人所知的最早的文字:

　　　　我几乎每天都和这个病恹恹的老女人待在一起,但我一点儿也不受她待见。有人告诉过她我没受到过什么教育(家务训练)——我恐怕确实如此——她问了我一些问题,老实说,我确实不怎么答得上来。她说,没有女人比巴巴多斯(Barbados)的小姐们(的女佣)有资格做家族的女主人。她总是拿她们娴熟的家务技巧跟我的无知做比较,并且不幸的是,我所涉猎的内容在她那里没有半点优势……我一点都没觉得她们有什么优秀品质值得我羡慕。[9]

　　比起对家务一窍不通的夏洛特,女佣娴熟的家务技巧得到了婆婆的赞赏,这让夏洛特愤懑不已。不过随着时间的流逝,这样的抱怨渐渐成为她最不值一提的烦心事。新婚的热情消散后,夏洛特发现本杰明无法长时间集中精力做任何事,而且每每感到焦躁或无聊,他就会表现出愠怒的小孩脾性。除此以外,他还是个懒惰之人,和工作相关的事一件也办不好,在财务方面也是粗枝大叶。

　　尽管本杰明比夏洛特年长八岁,但很快夏洛特就清楚地意识到,自己远远比丈夫成熟。孤立无援之感慢慢将她吞没,她渐渐明白自己所犯下的错误的严重性:

　　没有什么苦难能比得上我所遭受的一切；我的思想越开阔，
就越清楚地意识到我所受到的奴役；我的理解越深刻透彻，与这
个注定要共度一生之人就越疏离；在新获得的洞察力烛照之下我
越来越真切地看出，我无意中跳进的这个深渊多么恐怖。[10]

　　还有孩子的事。结婚后没几个月，夏洛特就怀孕了，随后生下一
个儿子——这再正常不过了。接着，生下第一个孩子后没多久，她又
怀孕了，接着再次怀孕，此后五度怀孕——到二十五岁时，夏洛特已生
下了八个孩子。夏洛特的第一个孩子因病夭折，后来她又先后生下本
杰明、威廉（William）、夏洛特·玛丽（Charlotte Mary）、布雷思韦特
（Braithwaite）、尼古拉斯（Nicholas）、查尔斯（Charles）和安娜·奥古斯
塔（Anna Augusta）。（在那个时代，平均每位英国妇女一生会生下六
到七个孩子——其中至少有一个未到成年便已夭折——不过许多女
性生子的数量是这个数字的两倍甚至三倍之多。）夏洛特整日被孩子
纠缠，苦恼不已，繁重的责任压得她喘不过气来，心中慢慢酝酿出一股
愤恨之意，这种情绪最终让她采取了行动。[11]

　　不过，当时她所面临的现实困境就是接二连三的怀孕和分娩。
简·奥斯汀向姐姐讲述女性生产时，曾提到一位女性一直"处在麻烦
之中"[12]——先后分娩十三次；还有一位迪兹夫人（Mrs. Deeds）一生中
总共生养了十九个孩子。对于可怜的迪兹夫人，奥斯汀给出的建议很
简单——"分房睡"[13]，在那个没有生育控制的时代，这个办法非常明
智。但是，鉴于衡量一场婚姻（不管是包办婚姻还是自由恋爱）成功与
否的标准是生育子女的数量，顺理成章地，女性一生中将有一半的时
间处于怀孕状态。怀孕和恢复（九个月的怀孕期加上一整月必不可少

的卧床休息)这种无休止的循环几乎成了年复一年的常态。[14]

在夏洛特的故事中,到 1775 年时,他们在伦敦的公寓已经无法容纳快速扩大的家庭。因此,一家人搬到汉普郡(Hampshire)一个名叫利斯农场(Lys Farm)的乡间小院,这让夏洛特兴奋不已。她和孩子们可以漫步田间地头,畅游水塘之中,而且现在夏洛特还有了一个花园。但是,本杰明对利斯农场风风火火的改建,按照玛丽·海斯(Mary Hays)在《英国公众人物》(*British Public Characters*)中的说法,“受到欲望而非理智的支配”[15]。土地买下来了;一无用处的改造完成了;珍贵花草买来也种下了;债台也筑起来了——就在这时夏洛特意识到自己又一次怀孕了。

移居汉普郡一年后,女儿露西出生,随后夏洛特又生下儿子莱昂内尔。莱昂内尔是夏洛特生下的第十胎,此后五年内她都未曾受孕。这五年的断层可能是因为夏洛特年龄渐长导致受孕困难,但这也极有可能说明夏洛特对丈夫的厌恶之情与日俱增。在两人这段共居生活中,本杰明花钱越来越大手大脚,火暴脾气也愈发肆无忌惮。他对夏洛特施以暴力,对她拳打脚踢。1804 年,夏洛特曾向埃格雷蒙特伯爵(the Earl of Egremont)诉说自己的一次遭遇:本杰明“无端发怒”[16],甚至把一大块硬面包砸在她头上。

尽管如此,从某种程度上看,夏洛特仍然担负起了妻子的责任。1783 年 12 月,本杰明最终没能逃过警察上门追债的命运,刚刚产下第十一个孩子哈丽雅特的夏洛特陪伴他来到伦敦萨瑟克区(Southwark)臭名昭著的王座法庭监狱(King's Bench Prison)。没有人能说清楚夏洛特为何要这样做。或许是因为丈夫要求她同行;或许是因为骄傲如她,不愿在这个最合适的时机抛弃本杰明;又或许是因为怜悯与担心交织在一起,让她不忍离开。[17]每场婚姻的内情都很难为外人所知,但是考虑到两人摩擦不断的过往,而且夏洛特也有充分的理由不必陪在本杰明身边——孩子们还寄养在弟弟的比格诺庄园中(父亲尼古拉斯·特纳去世后,其弟继承了此处房产)——夏洛特和本杰明之间的故事着实令人费解。不管怎样,出于某种原因,夏洛特还是来到王座法庭监狱和本杰明一起度过了这段寒冬岁月。

王座法庭监狱和当时的大多数监狱一样,里面污秽不堪,暴乱和打斗的声音无时无刻不萦绕在耳际。后来,夏洛特在小说《艾思林达;又名湖边隐士》(*Ethelinde, or the Reduse of the Lake*)中写到"监狱看守凶狠严厉的脸"常常入梦[18],让她心神不宁。她躺在床上,万念俱灰,沉郁的重量一股脑儿全压在心头,这幅场景想想就让人心痛。孩子们,包括刚刚出生的哈丽雅特,都不在她身边,而春天的时候,她又一次怀孕了(庆幸的是,这是最后一次)。丈夫一点用处也没有;所有的钱财都已散尽。尽管夏洛特心生悲哀,或者说因为她心生悲哀,她在监狱的这段日子成了其人生的重要转折点:身陷囹圄为夏洛特提供了正式从事创作的动力。

对于这位聪慧过人、胸怀抱负的女作家来说,离开王座法庭监狱重获自由的方法非常明确:她要开始写作,写出足够支付债务的好作品,而且她现在就要开始写。[19]于是,夏洛特在散发着恶臭的黑暗中开始了写作。1784年6月,仅在本杰明被捕六个月后,夏洛特就出版了自己的处女作诗集。


《哀挽十四行诗及其他随笔》(*Elegiac Sonnets, and Other Essays*)所代表的杰出成就不言而喻。一位毫无名气的女性,一位地址还写着王座法庭监狱的女性,竟然初试牛刀便引起了出版商的注意,这着实令人惊奇,但夏洛特在如此短的时间内就完成了这部诗集,难道不更让人吃惊吗？甚至现代人，了解了这部作品背后难以置信的着眼点和动机后，也会惊讶不已。夏洛特也很勇敢，她选择以真实姓名出版作品，不过为了掩盖自己当时的状况，她没有使用当下的地址，而是小心翼翼地在名字后面加上了儿时旧居的地址。这本新书的作者栏上印着"夏洛特·史密斯于萨塞克斯郡比格诺庄园"。当时，经济丑闻几乎等同于社会形象的坍塌，所以夏洛特需要暂时保守秘密，不让公众知道自己的现状，但是她内心深处的痛苦终得以释放：

> 银弓女王！——借着你的灰白之光，
>
> 我孤身沉思，欣喜游荡，
>
> 看着你的影子在溪流中荡漾，
>
> 或盯着浮云在你身旁徜徉。
>
> 我凝视你温和静谧的光芒
>
> 照温柔平静于我烦扰的心房；
>
> 我常想——夜空中皎洁的行星，
>
> 在你那里，可怜人可能已安息：
>
> 尘世间的受难者，因死解脱，
>
> 也会去到你仁慈的怀里；
>
> 还有悲伤又绝望的孩子
>
> 在这里，忘却，痛苦的记忆。
>
> 哦！我很快就会来到你这祥和之地，
>
> 疲惫的旅人——在这艰难的世界里！[20]

诗歌语言中流露的疼痛以及诗歌的浪漫情感，正是当时流行的文学风格，因此这本诗集大获成功实属意料之中。实际上，《哀挽十四行诗》出版后立刻大受欢迎，当年便加印，这部作品的收入也让夏洛特有能力支付本杰明欠下的债务，本杰明在接受判决仅七个月后就出狱了。夏洛特如释重负，她坐着马车奔向比格诺庄园，那里孩子们正等待着她，马车一路欢快地颠簸着，她写下了"夏日清晨轻柔纯净的空气，呼吸着带着露水的青草香"，这和过去七个月里"悲惨、罪恶甚至恐怖的场景"简直是天壤之别。眼前的一切让夏洛特应接不暇：

> 故乡的山终于又出现在我眼前。我又一次看见了那片我度过人生最美好时光的田野，某块田间铺满了散发着清香的草皮，置身其中，我欣喜地看到了那群阔别已久的挚爱之人，他们的命运始终是我不变的牵挂……历经千辛万苦后，我开始期盼，或许我可以安享生活，或者至少能在不幸的遭遇中稍事休息。[21]

遗憾的是，夏洛特获得的也仅是短暂的平静。她出书获得的收入足以支付本杰明欠下的大部分债务，让他离开监狱，却不能偿清所有债务，而且本杰明出狱后继续无所忌惮地挥霍，仅仅几个月之后，律师要求再次逮捕本杰明。这一次，本杰明用尽了所有的资源，托遍了各种关系，最终还是未能保住在英国的合法居住权，只得去法国寻求庇护。此时夏洛特还怀着身孕（第十二胎），她心中苦闷，愤恨不平，手指因长时间写作而酸痛，又有一大群不依不饶的追债人让她焦头烂额。为了挨过这段痛苦的日子，她带着孩子们来到法国。到法国后，事态更是每况愈下。

在夏洛特和孩子们出发之前，本杰明只身前往法国为一家人寻找容身之处，而他找到的地方却是一处破败不堪的庄园——经由一个在赌场刚认识没多久的牌友介绍[22]。这座颓败的庄园坐落在鲁昂和迪耶普之间道路旁的一片荒地上,由内而外散发着腐败的气息。本杰明甚至没想到要为妻子和孩子们预留出空间。经过劳顿的旅程,再加上晕船几乎要了她的性命,夏洛特抵达法国时已是精疲力竭,紧接着她发现自己和几个孩子竟然没有床铺和被褥,许多窗户甚至连玻璃都没有。这年恰逢这一地区最为寒冷的严冬,木材和食物供应严重短缺,更何况离庄园最近的市场远在十二英里之外。

夏洛特最终被逼到崩溃的边缘,这样的结果毫不意外(尽管在我们看来可能还出现得晚了些)。她已经做了所有能做的事情,也成了每位谎话连篇、行为不端的丈夫梦寐以求的好妻子,而如今她却让孩子们陷入如此困难的境地。夏洛特所做的一切对于本杰明·史密斯来说似乎一点也不重要,哪怕她曾与他共守铁窗。本杰明依旧不停地挥霍,不停地赌博,也不停地陷入麻烦之中(现在他的罪状里又多了一条挪用公款)。两人的婚姻简直是一场闹剧,此时夏洛特骨子里的骄傲已经不允许她再蒙受任何屈辱,即使结束这一切意味着将所有的社会期待抛于脑后。尽管两年多以后,在 1787 年,两人之间的纠葛才尘埃落定,但此时此刻,夏洛特就已经明白,他们的婚姻已经走到了尽头。[23]

尽管本杰明脾气暴躁,对婚姻不忠,也未尽到父亲的责任,但让人沮丧的是,夏洛特能够解除婚姻关系的方式非常有限。唯一合法的离婚方式须经过提请教会法庭以及通过议会私人法案两大程序,而且在 1700 年至 1857 年间,这种离婚途径花费高昂,仅有三百人曾以这种方式要求离婚(这些人几乎全是男性)。[24]而另一种方式则是抛弃丈夫,谋杀丈夫,或者等待他自然死亡——这似乎需要相当漫长的时间。夏洛特选择了抛弃本杰明。1785 年春天,夏洛特带着孩子们回到英国,把

本杰明一人扔在法国。当时《泰晤士报》正大肆报道另一起离婚案的
种种细节，在夏洛特做出这一重大人生抉择之时，这起案件引起了她
（实际上还有整个英国公众）的极大关注。

　　1777 年，故事的女主人公玛丽·埃莉诺·鲍斯（Mary Eleanor
Bowes）嫁给了一位名叫安德鲁·鲁滨逊·斯托尼（Andrew
Robinson Stoney）的英俊男子。斯托尼风度翩翩，自称上尉军衔，但玛
丽很快发现事实并非如此。斯托尼只是一个小小的中尉，他还暗中写
了一些诽谤玛丽的文章发表在报纸上，然后明面上和报刊编辑舌战，
以博得玛丽的欢心。斯托尼发现自己行迹败露后，把玛丽囚禁在她家
中，对她实施身体和精神上的双重折磨。斯托尼对玛丽脚踢、鞭打、掌
掴；用火烧她的头发和脸；强暴她和家里的用人；当着她的面和妓女们
鬼混；无数次威胁要她的命。但是，尽管斯托尼残暴的行为罄竹难书，
玛丽仍然需要做出艰苦卓绝的努力才能从这段婚姻中解脱。仅仅是
让法庭受理此案件，玛丽就需要找到目击证人（自己的仆人和雇来的
帮佣，他们和玛丽一样遭到拘禁）证实所发生的一切。最后，一位律师
同意无偿代理她的案件，玛丽才得以向法庭起诉斯托尼。

　　法庭对玛丽一方表示支持后，斯托尼又提出上诉。随后一天中
午，斯托尼将玛丽从伦敦一条街上掠走，用枪指着她，对她进行恫吓，
还不给她饭吃，一个多星期以后玛丽才被解救出来。不过，在斯托尼
随后提出的两次上诉中，玛丽还是占据了上风（斯托尼一共提出了三
次上诉，在其罪行昭昭的情况下，很难想象法庭竟然同意接受其上
诉），最终，法庭判处两人离婚。玛丽的财产和孩子悉数归还与她，斯
托尼被关进监狱（他在监狱里和另一个可怜的情妇又生了五
个孩子）。

　　玛丽·埃莉诺·鲍斯的经历让夏洛特心中的火焰熊熊燃烧起来，但是因为没钱请律师，夏洛特明白抛弃本杰明是她唯一的选择。这种选择意味着她要放弃自己的写作所得、嫁妆以及所有的财产权利。即便如此，夏洛特还是愿意付出高昂代价以结束目前的生活。因此，尽管需要面对社会和经济上的后果，夏洛特还是在结婚二十余年后抛弃了本杰明。显然这是一种反简·奥斯汀的行事方式（没有"从此过上幸福生活"，也没有美妙的幻想），这种行事方式自然催生了与简·奥斯汀风格不同的作品。

　　夏洛特在法国时百般无聊，为了给自己找点事做，她曾翻译过两本书：小说《曼侬·莱斯科》(*Manon Lescaut*)和法庭判例合集《著名趣味案件》(*Les causes célèbres et intéressantes*)。对于这样的消遣，夏洛特非常感激："在如此庞大的家庭中，受到打扰是不可避免的；在这段时间里，我可能没有足够的精力专注于自己的创作；而翻译别人的作品让我感到愉悦，又不至于觉得乏累，而且至少我是在做事情。"[25] 但是回到伦敦后，夏洛特就意识到译作带来的收入少得可怜，根本不够一位刚刚恢复单身的女性养活自己和孩子。她若想以写作谋生——如果范妮·伯尼以及同时代的伊丽莎白·布洛尔(Elizabeth Blower)和伊莱扎·布罗姆利(Eliza Bromley)的成功有任何借鉴意义的话——就必须创作小说。①

　　于是夏洛特立刻坐下创作了一本小说，这完全符合她的性格。这本小说写于夏洛特离开本杰明短短几个月之后，因而饱含一位女斗士

---

① 夏洛特被诬告剽窃后，《曼侬·莱斯科》被迫从出版商处撤稿。《著名趣味案件》出版较为顺利。夏洛特重新整合了这部作品并命名为《现实生活传奇》(*The Romance of Real Life*)，这本书创造了不错的收入，解决了夏洛特的燃眉之急。参见 Fletcher, *Charlotte Smith*, 82 - 86。

非凡的勇气和犀利的风格。1788 年,夏洛特以真名出版小说《古堡孤女埃米琳》(*Emmeline, the Orphan of the Castle*)。在书中,她严厉谴责了自己恣意妄为的前夫。小说取得了极大的成功,第一版发行一千五百册,半年内便被抢购一空。当时,夏洛特的出版商托马斯·卡德尔(九年后,其继任者儿子小托马斯·卡德尔拒绝了简·奥斯汀之父为简出版作品的请求,而这部作品后经简·奥斯汀修改,成为今日的《傲慢与偏见》)非常看好这本书,于是在原定稿酬基础上加价,以 200 几尼①的价格买下了《埃米琳》的手稿。沃尔特·司各特爵士(Sir Walter Scott)也对这本书赞不绝口,称之为"欢快的基调中融合着幽默,悲楚中蕴含着辛辣讽刺"。他坦言,书中的人物颇合自己心意,他们是"虚构故事创作的最高峰"[26]。

尽管《埃米琳》享有如此盛誉,但它与当时市场上的其他女性社会小说有很大不同,原因在于夏洛特跟其他女性也很不一样。她在政治和女权主义方面观点激进,也不避讳在作品中重现人们熟悉的场景,借此表达自己异乎传统的看法。比如,《埃米琳》中女主人公遭到绑架一事模仿了塞缪尔·理查森(Samuel Richardson)作品《克拉丽莎》(*Clarissa*,塞缪尔将其包装成了行为小说)中的情景。不过,夏洛特笔下的女主人公没有像克拉丽莎一样成为悲惨的受害者。相反,埃米琳成功说服了绑架者将自己释放,这一举动也反映了夏洛特对传统价值观念的摒弃。[27]此外,夏洛特作品中的人物和《傲慢与偏见》中的人物也大不相同,她们并非自始至终都天真无邪、美丽动人,她们的命运也没有极端两极分化。同时,由于这些人物出自一位快被孩子累垮的女性

---

① 几尼是英格兰王国以及后来的大英帝国及联合王国在 1663 年至 1813 年间所发行的货币。原先 1 几尼等价于 1 英镑,也等于 20 先令,金价上涨使几尼价值上升,在 1717 年至 1816 年间,1 几尼等价于 21 先令。——译注

笔下,她们的日常生活常常离不开养育子女这样的枯燥内容。虽然简·奥斯汀和夏洛特写作风格截然不同,但简却非常喜爱夏洛特的作品。简·奥斯汀曾在其少年作品中两度提到《埃米琳》(在简同时代的女作家中仅夏洛特一位):第一次是在《英格兰历史》(*The History of England*)中,第二次则是在其未完成的作品《凯瑟琳;又名凉亭》(*Catharine, or the Bower*)中。

小说同名女主人公埃米琳身世可疑,她生活在一座孤零零的古堡中,仅有一位管家相伴,如此度过了与世隔绝的少年时代。尽管埃米琳身世成谜,生活孤寂,她还是引起了堂弟德拉米尔的爱慕之情。德拉米尔"自襁褓时代起就习惯了无尽溺爱的滋味,他从未设想过自己会体味不到实现愿望的快意,如果愿望落空,他的暴脾气立刻就上来了,他可从没被教过克制这回事儿"[28]。

埃米琳根本没准备嫁给这个被宠坏了的花花公子,也没准备嫁给其他人。"我有自己的思想,"她说道,"在可以通过诚实劳动自力更生的情况下,我的思想从不退缩,这比那种男人……能带给我的好处强太多了!"[29]因此,随着德拉米尔对埃米琳越来越虎视眈眈,埃米琳逃到了更友善的地方,处于好友斯塔福德夫人的保护之下。斯塔福德夫人完全是作者夏洛特的翻版,这一点恐怕只有最愚钝的批评家才看不出来。她的经历与夏洛特如出一辙。在书中夏洛特赤裸裸地再现了私人生活细节,尽管这种行为非常大胆(随后她也为自己直率的行为付出了沉重的代价),但对于后人来说,这种揭露却是令人欣喜的,因为在这一时刻,夏洛特毫不掩饰地展现了自己的内心活动。

我们看到的斯塔福德夫人是一位忙碌的母亲,碰巧又是一位受过教育、有涵养的优雅女性。她的丈夫呢? 斯塔福德先生是个虚伪的人:暴躁易怒、出言不逊又笨手笨脚;还"总是鼓捣些疯狂的计划"[30]。

他和本杰明·史密斯一样,把大笔钱都花在了没有价值的琐事上:

> 斯塔福德先生也是个不幸之人,做生意需要的毅力和恒心他一样也没有,也别提追求高雅爱好的品位和天赋了。他总是在肤浅的小事和幼稚的消遣中寻求安慰,以解生活的烦闷。尽管他很早就步入婚姻,尽管他是一个大家庭的男性家长,斯塔福德先生却把本该投在家庭上的时间和金钱花在了收集华而不实的小玩意儿上。[31]

斯塔福德先生身上的弱点让他迷上了不少低俗的消遣活动,"恶习让妻子不得片刻安宁,诡计给家产带来了毁灭性破坏"[32]。而多年来,斯塔福德夫人一直默默忍受这一切。她不仅常常陷入忧郁之中,还时常"哀伤地望着(她的孩子们),直到两行泪沿着脸颊流下"[33],这些表现清楚地说明,为人母的责任让斯塔福德夫人身心俱疲。她瘦小羸弱,又不知所措,总是试图期待美好的事物,却往往不能得偿所愿。她向埃米琳讲述了自己愁云惨雾般的经历:

> 我跟你差不多大的时候,总是在想象以后要遭受的不幸,心中怨恨难平,因此浪费了许多本该无忧无虑的幸福时光。尽管大多数预感都不幸应验了,但在遍布荆棘的人生道路上,这些预感却从来没让我少受半点伤害。[34]

小说的副线中还有一个人物阿德利娜,这位放荡的姑娘因为和一个年轻人厮混而怀孕。写到这里,换作简·奥斯汀就会迅速略过,毕竟这是不体面的话题,她可能会把话题转移到新闻上,就像在《理智与情感》中,詹宁斯太太提到女儿产期临近时那样①,而夏洛特·特纳·史密斯则表现得相当勇敢。她以这个有污点、不洁身自好的人物为线索编织小说的次要情节,甚至还让这个堕落的女人成为埃米琳的朋友乃至知己。后来,埃米琳发现了自己清白的身世:原来她已故的父母是合法的夫妻关系,因此她得到了家族的遗产,并和自己的真爱结婚。阿德利娜的运气更是好得不可思议:她最终和私生子的亲生父亲结婚(这一情节可以解读为一种讥讽,它赤裸裸地讽刺了关于女性合法地位的悲哀事实,即这种合法地位只能通过婚姻取得)。

　　读者们震惊了,"坏"人过上了幸福生活,这样的小说结局在 18 世纪的英国几乎闻所未闻。像阿德利娜这样的小说人物竟然过上了幸福的生活,读者纷纷表示不可思议。夏洛特·特纳·史密斯非凡的勇气也让他们目瞪口呆,不过尽管如此,读者们还是如饥似渴地争相阅读《埃米琳》,推动图书销量不断攀登高峰。与此同时产生的是源源不断的收入,夏洛特知道自己找到了一条合适的道路。次年,夏洛特出版了《艾思林达;又名湖边隐士》,随后又出版了《塞莱斯蒂娜》(Celestina),这本书供不应求,很快发行了第二版,250 多英镑收入进了夏洛特的口袋(按今天的货币价值算,高达 24000 多英镑)。《哀挽十四行诗》

---

① "'你可以想象我们见到他俩有多高兴,'詹宁斯太太侧向埃莉诺,接着说道,'不过,我真不想让他们这样急赶路,路还这么远,他们因为要处理些事,从伦敦绕道而来,你也知道(郑重其事地点点头,又指指女儿)她身子不方便。今天早上我本来想让她在家休息的,可她非要和我们一起来。她太想见见你们啦!'
　　帕尔默太太笑了,说自己没什么大碍。
　　'她二月就要分娩了。'詹宁斯太太接着说道。
　　米德尔顿夫人再也忍受不了这样的谈话,她硬着头皮问帕尔默先生报纸上有没有什么新闻。
　　'没有,一点也没有。'帕尔默先生答道,然后接着往下看。"

自首次出版以来畅销不衰，先后再版四次，1789年，就在《埃米琳》出版后不久，《哀挽十四行诗》又发行了第五版，仅在当年就给夏洛特带来了180英镑收入。这笔收入是夏洛特的诗歌作品为她创造的最为丰厚的收益。[35]

1791年，夏洛特和孩子们搬到布莱顿，一来可能是为了寻找更便宜的住处，二来也是想结识"有趣的同好"。[36]当时这个南部海滨小镇刚刚建成一座奢华的皇家宫殿——英皇阁（the Royal Pavilion），因此吸引了众多时尚的社交名流以及他们的食客随从。威尔士亲王（后来的乔治四世）也常常来此与一位女子幽会，这位女子名叫玛丽亚·菲茨赫伯特（Maria Fitzherbert），后来成为其同居伴侣。（四年后，威尔士亲王将奉旨迎娶他人，那自然是一段彻底失败的婚姻。）此时，四十二岁的夏洛特·特纳·史密斯已小有名气，她一头扎进布莱顿自由的环境之中，政治、哲学以及咖啡文化中熠熠生辉的知性主义都是她的兴趣所在。

这些活动的乐趣一定让夏洛特难以抗拒。她的身边全是同好（甚至是激进分子），她也终于可以自由地阐述自己先进的观点，反对现行的社会体制。夏洛特历经种种折磨和压迫，而英国政府却始终维护男权社会体制，使她陷入孤立无援的境地，夏洛特逐渐从心底产生了对英国政府的厌恶之情。英国的体制没能给她一纸离婚判决，所以本杰明只要愿意，随时可以把夏洛特的财产占为己有。这个体制也不能顺畅地处理公公的遗产——甚至在当时，夏洛特的公公去世十五年之后，他留给夏洛特及其孩子的财产还卡在烦琐的程序中，最终达成协议时竟已耗时三十六年之久。[狄更斯《荒凉山庄》（Bleak House）中詹狄士告詹狄士（Jarndyce and Jarndyce）——一个"法庭上旷日持久、希望渺茫"的诉讼案件,与夏洛特的经历惊人地相似,因此许多学者指出,夏洛特的经历是《荒凉山庄》中故事的直接灵感来源。[37]]

夏洛特对英国的法律体系已经忍无可忍,这时机缘巧合——适逢巴士底狱发生暴乱,贵族纷纷逃离法国,人们对于自由的热情日益高涨,汇集成了革命的力量。与此同时,这种对自由的热情也像野火一般在整个欧洲大陆蔓延开来。夏洛特也对此产生了浓厚的兴趣,而且很可能不是一般的兴趣,很快她便"受到了感染"。就像妹妹凯瑟琳·安·多塞特(Catherine Ann Dorset,一位童书作家)后来所说的那样,夏洛特在布莱顿期间与"一些法国大革命激进倡导者"的交流,充实了她的头脑和想法。[38]因此,1791 年,夏洛特动身前往法国,准备亲眼见证法国的事态发展。彼时,海伦·玛丽亚·威廉斯(参见第二章)、托马斯·潘恩(Thomas Paine)、威廉·华兹华斯以及许多作家已经身在法国。尽管有关夏洛特此行的记录很少,不过可以推测这趟法国之旅收获颇丰:夏洛特回国后,立刻以非同寻常的速度和热情创作了一部新小说,明显是受到了巴黎革命力量的深深鼓舞。

《德斯蒙德》(*Desmond*)于 1792 年出版,故事的女主角叫杰拉尔丁·弗尼,她和斯塔福德太太一样,和一个不般配的男人拴在了一起。在这个故事中,杰拉尔丁的丈夫是一个表面风光的保守派人士,他有厌女情结,认为女性"毫无用处,不过是用来装点门面的"。[39]故事的主要情节与法国大革命的发展交织在一起,杰拉尔丁和丈夫的斗争就如同法国人民与君主制度的斗争:他们都是战争的因犯。奴隶制度、妇女权利、不平等以及政治代表问题都是小说讨论的主题,因此这本书堪称夏洛特女权主义色彩最浓重、煽动性最强的作品。夏洛特引以为傲的吉伦派观点集中体现在小说的序言中,这篇序言语言辛辣,极富煽动性，以至于在 1800 年之后的版本中，出版商都将此段删去了：

> 本书中出现的政治性片段，大多数都来自过去十二个月间我在英国和法国的见闻，当时我正在这两个国家从事写作，两国（尤其是后者）的政治形势成了双方街头巷尾热议的话题。我借书中虚构人物之口表达的观点，均是我亲耳所闻的两方的看法。如果其中支持某一方的观点明显占据上风，并不是因为我在陈述上有失偏颇，而是因为事实和理性具有压倒性的力量，这是无法改变或掩饰的。[40]

《德斯蒙德》并非一家之言，而是准确的记述——至少夏洛特认为是这样。不过，在一本本来就存在两派对立的书中，夏洛特以如此自信的语言开场，注定让她自此与一些朋友分道扬镳。托马斯·洛（Thomas Lowe）是夏洛特在布莱顿的一位好友的丈夫，他知道夏洛特的观点后，不愿再与她同处一室。[41]而夏洛特的妹妹凯瑟琳却把这种傲慢的反应归结为嫉妒——她写到"一大群女文士齐刷刷地反对她"，因为这种大胆直白的语言让她们感到难堪，"嫉妒产生的恶意驱使她们与夏洛特针锋相对！"[42]《德斯蒙德》中初现的政治热情也让夏洛特丧失了大批忠实读者。即便如此，一个人放下了这本书，又有另一个人捡起阅读，因为《德斯蒙德》是为新型读者而创作的，他们不仅追求小说的娱乐价值，也看重其中的社会评论内容。

《德斯蒙德》清新脱俗、不落窠臼，同样吸引了玛丽·沃斯通克拉夫特、海伦·玛丽亚·威廉斯等女性激进派的注意。当时这些女性也在创作自己的政治性作品。《德斯蒙德》的成功让夏洛特进一步融入变革家的圈子，这对她来说非常幸运。甚至在 1792 年 11 月，为法国军队祈祷鼓劲的一篇祝酒词也曾向夏洛特致意:"(为)大不列颠的女性干杯,尤其是那些在作品中支持法国大革命的杰出女性,为史密斯夫人以及海伦·玛丽亚·威廉斯小姐干杯!"[43][这两位女作家在法国相识并成为朋友,其中可能是通过两人的共同好友威廉·海利(William Hayley)牵线搭桥。[44]]

广泛的关注预示着重大变革的到来。小说正成为传播新思潮的媒介,它可以不再是不值一提的消遣读物,仅仅是为了诉说空无一物的相思之情。尽管远在数十年之后,女性才无须为创作小说抱有歉意,简·奥斯汀也无须为全家人辩白,称一家人都是"狂热的小说读者,而且不为此感到羞愧"[45],但在当时,《德斯蒙德》已是一部具有开创性意义的作品。它证明了女作家可以拥有更高的文学追求,涉猎除觅得良婿之外的话题,创作出富有女性特色、观点犀利、充满智慧的文学作品。再后来,乔治·艾略特和哈丽雅特·马蒂笔耕不辍,努力拓展"女性"小说的边界,力图摆脱其低俗的传统,不过夏洛特早已先人一步。《德斯蒙德》及下一部作品《老宅》(*The Old Manor House*)绝不仅仅是风花雪月的故事,而是为那些有见地或者希望有见地之人创作的。

政治丰富了夏洛特的创作题材,但是她对自由的热情却没有持续下去。1792 年 8 月,大批愤怒的人袭击杜伊勒里宫(Tuileries Palace),拘禁了皇室成员。成百上千人在袭击中丧生,朗巴尔王妃(Princesse de Lamballe)甚至被当众肢解。几周之后,又有约一千四百人遭到屠杀,这场杀戮后来被称作"九月屠杀"。当这些杀戮的新闻经由法国的自由之歌传播开来时,夏洛特在厌恶和反感中收敛了自己的激进思想。血腥的恐怖统治让她脑袋发蒙,更糟糕的是,也导致其下一部小说的创作历程步履维艰。

这部小说创作于一个非常有利的时机。夏洛特受邀居住在老朋友也是其赞助人威廉·海利家里，在那里遇见了诗人威廉·考珀（William Cowper）、画家乔治·罗姆尼（George Romney）等大批艺术天才。夏洛特与这些艺术天才的交流，孕育出了新的思想火花。在这段时间里，她专心写作，然后把写成的原稿拿给一群精明的观众品读，这数周时间也是她一生中少有的不被打扰的时光。在这里，夏洛特大受欢迎，她在这群艺术家中间的受欢迎程度从罗姆尼给儿子的信件中可见一斑：

> 近一个月来我都住在海利先生家，在这里我遇到了考珀先生和史密斯夫人……考珀先生是个顶优秀的人，他翻译了弥尔顿的拉丁文诗集，我觉得翻得非常好。海利正在写弥尔顿的生平故事，所以你可以想象到我们正在深入研究这位诗人；我们收集了与之相关的所有材料，而且每天都会阅读他的作品。史密斯夫人正在创作一部新小说，我认为就目前的内容而言，这是一部非常优秀的作品。我在海利先生家时，她就开始写这部小说了，已经完成了一卷。史密斯夫人每天写一章，当天晚上这一章就会在我们中间传阅，从来不需要进行任何修改。我认为她是一位有着惊人力量的女性。[46]

这部新的、"非常优秀"的作品就是《老宅》。故事围绕庄园——雷兰府（Rayland Hall）展开，庄园里形形色色的人物的生活具有宏大的隐喻意义，象征着当时的英国及英国人民的状况。在小说中，我们看到了上层人物之间拙劣的尔虞我诈；仆人们低贱卑鄙，自由散漫；还有社会底层的走私者,他们蓬头垢面,四处逃窜。甚至这座摇摇欲坠的宅子也成了英国的象征,只不过这种象征不是一眼能看穿的。只有经过对雷兰府仔细的、不间断的观察,这种象征含义才会渐渐浮出水面,而直到这段话出现,两者才真正融为一体。奇怪的是,这段话出自仆人房中的一位住户,可如此睿智的言论通常与这些人沾不上边:

> 可她曾对我说过,她这样说道——"你做完那项工作后,雅各布,我希望你能看看窗户下面的护墙板……它已经如引火的木头般腐烂,总有老鼠不停地钻进来……"她说道。她还说:"我从没见过像这样的老房子——我觉得,它早晚有一天要散架,可夫人还总是想修理它……侧厅这头的护墙板已经翘起来一百多年了。我们可以修补一下,再修补一下,但是它却不会更服帖了。在我看来,这种情况在我有生之年也不会有什么改变。"她说道。[47]

整个庄园正渐渐分崩离析,随意改建让它因受到重压而变形,而在其内部,居住者的威胁和欺骗又让它得以苟延残喘。雷兰太太和那群领主都属于贵族阶级,如果没有斗争,这群旧社会成员不会轻易搬出自己的城堡或者扔下精心维护的花园。尽管这些贵族拥护特权地位,固守礼节和传统,但他们下面的仆人却生活得很好——实际上,比他们生活得更好,因为仆人们的愿望要容易实现得多。(比如仆人贝齐安于做一个情妇,她不需要婚姻,对主人的恶意侮辱——叫她"笨女人""蠢货"等——也毫不在意,因为世故的贝齐早已习以为常,她知道这些称呼与自己的实际价值没有半点关系。)庄园的更底层是地窖,里面住着真正的社会渣滓。这群人"知道自己不会得到同情,便放弃一切希望,一心想要折腾这个抛弃了他们的社会",他们在庄园底层蠕动着,口袋里装着偷来的零星珍宝,过着高不成低不就的生活。[48]

身处这一片混乱之中,年轻的男主人公奥兰多与恋人莫尼米亚准备逃往国外,开启全新的生活。他们受够了社会的种种限制,在雷兰府里,"才华横溢的年轻人受到长者的控制"[49],这样的生活引发了两人接二连三的反抗。小说伊始,奥兰多与莫尼米亚对此的厌恶之情便显而易见。午夜时分,两人在莫尼米亚的房间(位于一座阴茎状的塔楼顶端,看起来令人发笑)偷食禁果,行为大胆鲁莽,露出不少马脚,实在算不上明智之举。这种公然违抗与法国大革命之初的反叛行为一样,给许多英国男女的内心带来了极大震撼。这种行为鲁莽而勇敢,甚至还带着些许傻气。


就在夏洛特将奥兰多和莫尼米亚的故事付诸笔端之时,英吉利海峡另一端的革命进行曲开始变调了。夏洛特和吉伦特派盟友知道法国发生的一切后,不得不修正其关于革命斗争的观点:他们仍然是改革的支持者,不过这些为实现改革目标而采取的骇人听闻的行动必须停止。

与激进的盟友相比,进行这样的调整对夏洛特来说简直轻而易举,但是当她坐在书桌前,情况就变得复杂多了。随着法国战争局势急转直下,夏洛特开始怀疑自己在《老宅》中对贵族阶层的蔑视态度是否过于激进。[50]现在看来,奥兰多和莫尼米亚已经显得鲁莽大意又自以为是,就像引发了法国暴乱的激进雅各宾改革派一样。另外,暂且不论夏洛特本人的想法,她不可能对人们的反战情绪置若罔闻——这种做法会让她失去大批读者,对于一个需要赚钱养活子女的女性来说,这是无法承受的后果。最大的两个儿子威廉和尼古拉斯要去印度担任公职,夏洛特需要给他们出路费;查尔斯参了军,这个职业花销倒是少了些(但是危险系数更高)。莱昂内尔是夏洛特的老大难,他常常在学校里惹出些代价高昂的麻烦。最终,莱昂内尔因为领导了一场声势浩大的起义(据其曾孙记述,一场"不得不召集军队"镇压的起义)而被学校开除。那天,莱昂内尔回到家中,对夏洛特说"不用担心……离开学校不过是会让他成为一位将军,而不是一名主教"[51]。这番话让夏洛特震惊不已,同时也感到如释重负——她再也不用为莱昂内尔支付学费了。后来莱昂内尔果真成了一位中将。

保险起见,夏洛特决定将小说背景设置在过去,并把具体背景事件从法国大革命改成美国独立战争,而男主人公则在此期间作为英国士兵赴美服役。在当时,这种迂回的写法更加安全,也让夏洛特的作品避开了仔细审查的麻烦。《老宅》与《德斯蒙德》不同,这次夏洛特没有描写当下的故事,所以她可以就冲突、暴政以及政治代表制度发表自己的观点,而不必担心被指责过于乐观。如果《德斯蒙德》的麻烦不再上演,她也可以留住更多的朋友,进一步巩固自己的读者群。[52]除此之外,为了保护自己,夏洛特还调整了书中主要人物的观点态度以反映更为微妙的思想内容,这种调整不露痕迹、浑然天成,充分显示了夏洛特高超的写作才能。

随着小说情节的推进,奥兰多和莫尼米亚开始怀疑他们逃亡国外、追求恣意妄为的生活的计划是否过于异想天开。如果他们循规蹈矩,会不会更幸福呢?比如,中规中矩地求婚,然后成家,继承家业,或者就像奥兰多需要去参军一样立业?于是,两人的夜夜幽会也陷入僵局,慢慢演变成了一次次索然无味的对话,语气也越来越像优雅的英国淑女和绅士了。但是,夏洛特别出心裁地将两人的幽会地点安排在雷兰府旁,那里的基石"半隐在矮灌木丛间……在茂密的常春藤掩护下,很难有人发现他们"[53]。我们无法知道这对年轻恋人周围的建筑是状况良好还是摇摇欲坠——一切都被掩盖住了。

在小说后面的情节中，随着奥兰多开始质疑尊崇传统是否让他付出了沉重的代价，他对于正统亦步亦趋的服从态度发生了动摇。奥兰多认为答案是肯定的。他准备离开，不过大自然却让他放慢了脚步，最后一次思考这个问题：

> 他在把这些想法付诸实践时，几乎已经无路可走了。一小股水流渗过乱石丛生的河岸，漫上路面，形成了一层薄冰，他的马走在冰上随时都有跌倒的危险。[54]

他不得不下马步行，这实际上也意味着反叛计划走向了终点。然后他踏上了一条更合适的道路，最终结果表明，对奥兰多来说选择这条道路是值得的：小说结尾他与莫尼米亚结婚并继承了雷兰府。奥兰多将庄园修葺一新，又重新添置家具和摆设，"急切地想要给所爱之人安静祥和的生活"，报复的念头在他心中荡然无存，这种想法只会"让他更加真切地体会到此刻的幸福"。[55]奥兰多不再具有革命精神，因而他的结局是幸福的。

夏洛特用隐晦的手法，将英国描绘成一座摇摇欲坠、孤立无援的怪房子，活像一根直立的阴茎，要靠发霉腐烂的墙壁才能支撑起来。抛开这种写法不谈，光是小说中规中矩的结局已经饱受其激进派同侪的诟病，他们认为结局给读者制造了一种挫败感，这种因顺从现实而获得的好运荒谬可笑，完全与激进派想要看到的背道而驰。但是，还有许多读者渴望法国战争平息，也有一些人并不认同夏洛特在《德斯蒙德》中狂热的政治观点，对于这些人来说，夏洛特在《老宅》中使用的策略收效甚佳。这部小说被现代评论家称作夏洛特最杰出的作品。

不过对于夏洛特的许多赞助人来说,其先前政治立场带来的损失是不可逆转的。1797 年,尽管夏洛特的小说及《哀挽十四行诗》持续带来不错的收益,新的挑战还是出现了。随着新世纪的到来,夏洛特的名气急剧滑落。她的作品差评如潮,销量不断下降。在新闻界,夏洛特对法国大革命的态度遭到保守派和自由派两大阵营的双重批判。除此之外,二十多年来,夏洛特每年都有新作发行,市场渐趋饱和;她对社会的批判一刻也没有停歇过;人们认为其作品的质量已经下降(这种观点有待商榷,但也不是完全错误)。这些因素进一步导致了其读者群的大量流失。[56]更糟糕的是,夏洛特在作品序言中坦言自己所处的困境,而且愈发肆无忌惮,更加剧了其拒人千里之外的感觉。这篇序言摘自《哀挽十四行诗》第六版,极为悲观的言辞导致其人气急剧下滑:

> 我不开心,所以下笔尽是哀伤的文字……你们知道我现在的艰难处境。我可以大言不惭地说,能长期与这种环境做斗争的女性寥寥无几。但是,由于其中涉及家庭事务以及痛苦的经历,所以我现在不会拿它们来打扰公众。但是身处这密不透风的困境中,宅心仁厚的公众必须接受我"无止无休的悲歌"——这是我现在唯一能写出来的东西了![57]

夏洛特意识到了市场的反复无常,她对差评也已司空见惯。一位批评家曾致信《晨邮报》,表达自己对夏洛特处女作小说的看法:"夏洛特,我亲爱的! 我真的伤了心/看到你的胡言乱语/你如此不遗余力/侮辱中伤你的友邻。"[58]另一位批评家赞扬了"夏洛特·史密斯夫人、英奇博尔德夫人(Mrs. Inchbald)、玛丽·鲁滨逊夫人及 &c. &c. 夫人"

的写作才能,不过又接着指出,虽然夏洛特才能出众,但她"在小说中常常不是满腹牢骚就是纵情声色,让小说中的女孩们满脑子都是不切实际的冒险"。[59]同为诗人的安娜·苏厄德(Anna Seward)也对夏洛特进行了抨击。此前有评论称赞夏洛特的诗歌比莎士比亚和弥尔顿的还要更胜一筹,而这些在苏厄德眼中却都是抄袭之作。她尖酸地讽刺道:

> 你说史密斯夫人的十四行诗非常优美——我也这么说——"优美"这个词正合适:从无数诗人的作品中拼凑而成的优美诗歌,音韵和谐却没有一点自己的东西。所有没有借鉴他人诗歌的诗行读来都疲软无力、平淡无奇。竟然有独断专行的批评家认为,这些开在树篱间的花朵,比世界上最伟大的两位诗人笔下的玫瑰和不凋花还要美丽!——真让人难过。[60]

尽管夏洛特对这些无足轻重的批评习以为常,但18世纪90年代后期,其作品在市场上的热度已明显呈现下降趋势,这让她不得不开始创作争议性较小的作品。夏洛特第一次尝试剧本创作,写下了《她是什么?》(*What Is She?*),其儿童文学作品《乡间漫步》(*Rural Walks*)和续集《再漫步》(*Rambles Further*)——青少年读者的英国历史,以及《青少年鸟类自然史》(*The Natural History of Birds, Intended Chiefly for Young Persons*)也取得了一定程度上的成功。她还创作了充满浪漫气息的童话集《孤独流浪者的信件》(*The Letters of a Solitary Wanderer*),突出简单质朴和自然世界的重要性,最后夏洛特又重拾诗歌创作,去世后诗歌作品《比奇角》(*Beachy Head*)得以出版。

　　夏洛特・特纳・史密斯不幸的婚姻以及随之而来的养育子女的责任,是影响其文学创作的两大关键因素,这种影响是多方面的。她是一位天赋异禀的女作家,更是一位职业作家。夏洛特从事写作不是为了满足自己的表达欲,而是为了养家糊口,因此在表达自己的观点时,她不得不在表面上做出让步(通过隐晦的语言或明显的态度转变),以维持公众的好感。夏洛特的妹妹曾写道,她"值得钦佩",因为她"表现出极大的热情和能量,好像(本杰明的)所作所为无可指摘似的"。不过在这个过程中,她也摧毁了自己的生活:"对于像她这样率真的人来说,因为责任的重担而不得不牺牲自己的才华,可能是一种更为痛苦的体验。"[61]到头来,夏洛特生活穷困潦倒,苦不堪言。为了避免牢狱之灾,她不得不变卖自己大部分的财产。

　　尽管历经坎坷,夏洛特仍然拥有不少值得骄傲的事迹。仅凭自己的才智,她独自将儿女抚养长大,儿女们成年后都很有作为。1806 年夏洛特去世,可能是死于子宫癌。虽然夏洛特逝世时仅有几个子女尚在人世,但他们都将经历精彩的人生。[62]威廉和尼古拉斯在印度事业有成;哈丽雅特和一个名叫威廉・吉尔里(William Geary)的先生结了婚,过上了舒适幸福的生活;夏洛特・玛丽虽终身未婚,却生活得心满意足;至于莱昂内尔,那个因引发暴乱而被开除的儿子,则成了牙买加的总督,并因此被授予准男爵爵位。第一代准男爵莱昂内尔・史密斯爵士对奴隶制度深恶痛绝,因此,1833 年《废奴法案》(Slavery Abolition Act)颁布后,他身体力行,为终结牙买加奴隶制度做出了杰出的贡献。我们可以想象,作为一位坚定的废奴主义者,夏洛特一定会为儿子的成就感到非常骄傲。

　　然而,不是所有的子女都像莱昂内尔一样幸运或发达——查尔斯在战争中失去了一条腿,露西离开丈夫,带着三个嗷嗷待哺的孩子回到娘家,安娜·奥古斯塔和乔治英年早逝。夏洛特上了年纪后,和孩子们保持着密切联系,而与其分居的丈夫本杰明则不然。他隐姓埋名,偷渡到苏格兰,随着时间的流逝,他发觉自己与家人之间的距离越来越远。夏洛特拒绝与他见面,而且理由很正当:他曾不止一次企图利用严苛的离婚法,窃取夏洛特的收入(偶有得手)。因此,夏洛特对本杰明任何一点隐藏的爱怜——不管是不是因为同情其惨状——都早已荡然无存。后来本杰明因为欠债(再次)入狱,在监狱中度过了人生的最后一段时光。他先于夏洛特八个月去世,在刊登于《绅士杂志》(Gentlemen's Magazine)的讣告上,本杰明仅被称作"著名的夏洛特·史密斯夫人的丈夫"。[63]

夏洛特在 18 世纪最重要的作家间的关键性地位一直未得到正名,这可能与她小说和诗歌的留存状况不佳有关。[64] 即便如此,夏洛特的文学成就依然得到了英国学术界的广泛认可。她甚至获得了杰出诗人罗伯特·骚塞罕见的赞赏:

> 她在作品的数量和质量上已经胜于其他女作家,而写作还不是她的全部工作——她从事写作不是为了获得赞美,发表观点也不是为了炫耀才识。人们身上最常见的嫉妒这种低劣的品质,我在她身上一点都没见到。她所喜欢的东西,她的喜爱都建立在自身的判断力和鉴赏力之上,并且她会热情地称赞它们。[65]

后来骚塞曾试图阻止夏洛蒂·勃朗特走上创作道路——"文学不可能,也不应该成为女性人生中的事业"[66]——这样看来,他对夏洛特如此热烈的赞扬实在非比寻常。除此之外,夏洛特还有许多成就为我们所忽略。她在诗歌、小说及儿童文学等多种体裁上都产生了广泛的影响。在不同体裁的创作中,她自成风格,给浪漫主义时代的后继者们带来了潜移默化的影响。夏洛特在诗歌领域的新尝试为华兹华斯和柯勒律治创造了超越已有形式和传统审美的机会,让他们获益良多。他们也从夏洛特独有的风格(将激烈的感情精心包装在复杂的结构之中)中深受启发,并践行其诗歌创作理念,即认为最上乘的诗歌源于灵光一现的独自沉思,离不开自然吞吐万方的雄伟壮丽。

实际上,对于夏洛特·特纳·史密斯来说,自然界就是艺术,而其有名望的同行们也注意到了这一点。沃尔特·司各特爵士曾说,夏洛特"笔下的风景中保留了画家的真实和精细"[67]。〔他还在其《威弗利》(Waverly)系列中借用了夏洛特颇具开创性的创作手法。〕威廉·华兹华斯对夏洛特的创作能力大加赞赏,认为她在创作时"怀有对乡土自然真切的情感,而当时的英国诗人普遍对自然不以为意"[68]。

简·奥斯汀同样认可夏洛特所做出的贡献,并深表感激。《凯瑟琳;又名凉亭》一书里,简在一场围绕书籍的对话中,巧妙融入了对夏洛特的喜爱之情,并直抒胸臆:女主人公基蒂认为《埃米琳》"比任何书都要好",并声称夏洛特·特纳·史密斯的小说让自己"兴奋不已"。"它们是世界上最好的东西。"她这样说道。[69]

第二章

海伦·玛丽亚·威廉斯

(1759—1827)

*Helen Maria Williams*

1787 年，就在夏洛特·特纳·史密斯收拾行李准备离开丈夫之时，有人以"阿修罗格斯"（Axiologus）为笔名，在《欧洲杂志》（*European Magazine*）上发表了一首小诗。当时，这首小诗的作者刚读完海伦·玛丽亚·威廉斯的《双卷诗》（*Poems in Two Volumes*），内心极为触动，他对威廉斯长久的倾慕之情也演变为难以抑制的崇拜：

　　　　她哭了——生命的紫汐开始涌漫

　　　　无力的溪流流过每根颤动的血管；

　　　　我泪眼昏暗——脉搏缓慢；

　　　　心也被珍馐般亲切的伤痛填满。

　　　　生命离开了我沉重的心，和紧闭的眼；

　　　　一声叹息唤起我心中的浪子；

　　　　生命的间歇如此亲切，这声叹息如此亲切

　　　　把浪子召唤回家，回家休憩。

　　　　那泪水借由你的美德宣告，

　　　　光明将在痛苦的午夜时分闪耀；

> 正如柔和的星辰在露重之夜诉说
>
> 光芒万丈的火焰怎样被白昼之恶湮灭，
>
> 只待夜晚的黑暗
>
> 用柔和的光亮温暖可怜的浪子。[1]

　　这首诗的题目叫作《见海伦·玛丽亚·威廉斯小姐为悲伤故事流泪十四行诗》（"Sonnet on Seeing Miss Helen Maria Williams Weep at a Tale of Distress"），而这个为海伦·玛丽亚所倾倒的作者就是威廉·华兹华斯，当时他只有十七岁。后来，华兹华斯成为桂冠诗人，创作出了19世纪最具影响力的作品《序曲》（*The Prelude*）。不过这时候，他还只是一个心怀爱慕之情的伤感少年。华兹华斯对海伦·玛丽亚的爱慕之情没有转瞬即逝，他急切地想要见到自己的爱慕对象。四年后，他决定采取行动，精心策划一场与海伦·玛丽亚的碰面。尽管海伦·玛丽亚是华兹华斯第一首公开发表的诗歌的中心人物，但她从未听闻华兹华斯之名，她一定会和这位狂热的崇拜者见面吗？此外，海伦·玛丽亚此时身在法国，而华兹华斯一直想要找个理由游历欧洲大陆——这正是个好机会。但是，为了显得合乎常规，避免表现得像一个疯狂的追星族，华兹华斯需要一封出自海伦·玛丽亚相识之人的介绍信，这个人要像桥梁一样，在这位初出茅庐的诗人和他的缪斯之间建立起联系。

　　按照这个想法，1791年11月一个寒冷的日子里，华兹华斯与夏洛特·特纳·史密斯在布莱顿见面，并向她介绍了自己的情况。尽管夏洛特与海伦·玛丽亚首次见面的具体时间不详，不过很可能就在几个月之前（当时夏洛特正在法国，为《德斯蒙德》寻找灵感），因此她对海伦·玛丽亚的印象还算比较深刻。所以，夏洛特是为华兹华斯撰写介绍信的最佳人选。为了和夏洛特见面,华兹华斯暗中求助于叔叔约翰·华兹华斯船长,他在东印度公司为夏洛特的公公工作。华兹华斯与夏洛特度过了一个美妙的下午。他言语"谦逊有度",行为举止"彬彬有礼"——正如他向他的哥哥所描述的——随后如愿以偿地得到了夏洛特的介绍信。几天后,他动身前往法国,为接下来的会面兴奋不已。[2]

在接下来的两周里,华兹华斯追随着海伦·玛丽亚的足迹,从诺曼底海岸出发,经由迪耶普和鲁昂到达奥尔良后,才发现仅仅因为几天之差,错失了与海伦·玛丽亚见面的机会。进行了数月的精心策划并忍受了几周的舟车劳顿,却未能达成自己的心愿,华兹华斯感到十分失望,后来他用"失望透顶"[3]描述自己当时的心境。不过,错失这次良机却意外促成一桩姻缘。在华兹华斯逗留奥尔良期间的那个冬天,他遇到了安妮特·瓦隆(Annette Vallon),并与之相恋。次年 12 月,安妮特为华兹华斯生下孩子。二十九年之后,华兹华兹才得以与海伦·玛丽亚·威廉斯相见,但在这期间,他始终是海伦·玛丽亚的忠实读者,并一直受到其作品的触动和鼓舞。后来他甚至借用海伦·玛丽亚的书名,作为自己随后出版的作品《双卷诗》(*Poems, in Two Volumes*)的标题(仅增加了一个逗号)。历史学家理查德·格拉维尔(Richard Gravil)这样评论华兹华斯的这部作品:"各方面均可圈可点,但最为突出的当属其对威廉斯小姐作品中特有情感价值观的忠实。"[4]

海伦·玛丽亚·威廉斯 1759 年出生于伦敦的一个重组家庭,父亲查尔斯·威廉斯(Charles Williams)是一名威尔士军官,母亲叫海伦·海(Helen Hay)。海伦·玛丽亚在家里排行第二(妹妹塞西莉亚一年后出生）。① 查尔斯在上一段婚姻中育有一女珀西斯，也跟着玛丽亚一家生活。1762年12月，本是其乐融融的一家人突遭变故，查尔斯猝然离世，留下两个牙牙学语的幼女。海伦·玛丽亚一生中几乎从未提及父亲去世一事，仅在1823年的《诗集》中写到"早年的伤心事"[5]和幼时的忧郁倾向。海伦·玛丽亚自小在严格的清教徒价值观熏陶下长大，少年时期，她是威斯敏斯特王子街长老会虔诚的教徒。[6]长老会领袖安德鲁·基皮博士（Dr. Andrew Kippis）是玛丽亚一家的老朋友，他学识渊博，和蔼可亲，后来成为海伦·玛丽亚一生中举足轻重的人物之一。

查尔斯去世后，威廉斯太太决定举家搬往英格兰最北端的小镇——特威德河畔贝里克（具体时间不详），因为这里和她的苏格兰亲戚们离得更近。关于海伦·玛丽亚早年经历的记录很少，但显而易见，尽管身处偏僻之地，她的文学天赋依旧被充分激发。虽然海伦·玛丽亚最先承认自己所接受的教育相当有限——后来她将其称为"受限的"[7]，但她仍充分利用了寒冷的贝里克郡的一切资源。尽管远离伦敦，她依然想尽办法博览群书。（从海伦·玛丽亚早期的创作中可以看出，她对当时的流行风格及趋势了如指掌。）她是贝里克郡年轻聪慧的新秀，珀西瓦尔·斯托克代尔（Percival Stockdale）牧师后来回忆道："那时候，她思想的魅力与其个人魅力一样引人注目。她温柔善良，心

---

① 关于海伦·玛丽亚的出生年份，多种资料中有不同说法。从其死亡证明与出生证明均可得知海伦出生于1761年夏；但其他资料，如《大英百科全书》，则认为海伦出生于1762年前几周。最终，我在伦敦的圣詹姆斯圣公会教堂找到了海伦·玛丽亚的洗礼记录，根据记载，洗礼仪式在1759年7月5日进行。值得注意的是，与其他资料不同，洗礼记录中还准确记载了海伦·玛丽亚父母的姓名，根据该记录，海伦的出生日期是1759年6月17日。《牛津国家人物传记大辞典》也证实了这一点。

思细腻,是一切规则、道德、文明和修道士的挚友。"[8]从斯托克代尔显眼的斜体字可以看出,他并非始终是海伦·玛丽亚的朋友(实际上,他最终对海伦·玛丽亚嗤之以鼻),不过当时他和其他所有人一样,被这个聪慧的乡下姑娘和她过人的才智所吸引。

诗歌是海伦·玛丽亚涉足的文学领域之一,得到家人和朋友的坚定支持和鼓励后,年轻的玛丽亚满怀信心地踏上文学创作之路,开始打磨自己的风格。1781 年夏天,威廉斯太太一家搬回伦敦,年仅二十岁的海伦·玛丽亚一举成名,经过基皮博士的鼓励和牵线搭桥,重返伦敦六个月后,她就出版了自己的第一部作品《埃德温与艾楚达:一部传奇》(*Edwin and Eltruda: A Legendary Tale*)。基皮博士亲自为诗集作序,他用略带抱歉的口吻,请求读者多多包容这本天真,甚至有些幼稚的诗集:

> 这本诗集的作者是一位年轻的女士,她出生于伦敦,幼年时与家人迁往英国的一个偏远小镇。在这个小镇上,她那正直善良、和蔼可亲而又聪慧过人的母亲是她唯一的成长导师。由于身处偏远之地,她几乎没有机会接触到各类书籍……如果(在《埃德温与艾楚达》中)能找到一位优雅、楚楚可怜的天才的踪迹,那么不仅是率直的批评家,就连审慎的批评家也会将其关注点集中于此。他们也会原谅故事情节的平实简单,原谅书中字里行间流露的多愁善感,毕竟这在年轻作家的处女作中再常见不过了。[9]

实际上,基皮不必做出此番善意的解释。对于这位冉冉升起的文坛女作家来说,《埃德温与艾楚达》是其进入文坛的良好开端。这本书由知名出版商托马斯·卡德尔出版,按照女性一贯谦逊内敛的风格署名为"某夫人",不过后来海伦·玛丽亚和夏洛特·特纳·史密斯一样,都突破了这种女性角色的束缚。《埃德温与艾楚达》讲述的故事发端于英格兰西北部的湖区。在德文特湖(这也是萨拉·柯勒律治度过少年时代的地方)边上一座孤零零的城堡中,住着一位战地英雄。这位英雄尽管战胜了所有敌人,却始终保持着谦和有礼的态度。这绝对算不上什么好事,因为读了书的前几页后我们就会发现,英雄刚刚丧妻,他来到这座城堡,"来感受彻头彻尾的绝望/无望之爱的悲痛",缅怀"亲密爱人"艾玛,两人曾共同度过那么多美好时光。[10] 年幼的女儿艾楚达,像是这一片阴霾中的一缕阳光。他望着一天天长大的女儿,看着她出落成一个完美无瑕、善良又浪漫的姑娘,心中的苦闷也渐渐消退。艾楚达白天照料寡妇和患病的儿童,晚上还祈祷自己以更博大的胸怀为更多人排忧解难。她热爱大自然,不忍看到任何生灵受到折磨——精心照料濒死的花朵,让它们重新焕发生机,为坠落的昆虫悲叹哀悼,还会把落在地上的雏鸟送回巢中。爱人埃德温出现后(他似乎确实是不知从何处冒出来的),艾楚达爱上了他,不是因为埃德温银行账户里丰厚的家底,也不是因为他风度翩翩的外形,而是因为他有着"自由的灵魂"和"慷慨、富足的内心":

> 埃德温,优雅的典范,
> 首先教她用心去证明
> 用那胸中最温柔的激情,
> 去蒙住爱的力量。
> 虽然他没有几个牧场,
> 虽然他的小店东西很少,
> 虽然财富不足以填满他壮阔的胸膛,

埃德温拥有的远不止这些![11]

　　埃德温和艾楚达的故事与其他女性作家笔下的故事不同(与奥斯汀和勃朗特描写的爱情故事更是相去甚远),两人没有走到"从此过上幸福生活"的结局。战火蔓延到乡村,在"充满死亡气息的一天",艾楚达的父亲在一场战役中身亡,而杀死他的就是艾楚达心中亲爱的、温和的埃德温,因为他是对方阵营的士兵。艾楚达心碎而亡,埃德温也随她而去:

> 他感到颤抖的脉搏里
> 一种致命的寒冷徐徐升起;
> 他无力地抓住她苍白的尸身——
> 然后在她的怀里死去![12]

　　《埃德温与艾楚达》在悲剧题材作品的套路基础上谋篇布局,因此初读者会觉得这部作品很是平淡无奇。不出所料,书中的人物性情温和:一位孤独的父亲以及他的女儿——一位"可爱的、无与伦比的少女"。这位姑娘深受外界多重不可控力量的困扰,一位士兵从她那里得到安慰,后来他却无意间把世间的邪恶带到了父女俩的容身之所。他们的死亡结局也是确定无疑的。这种设定十分常见——想想莎士比亚的作品就可以知道——但是《埃德温与艾楚达》的不同之处在于对冲突的处理方式。在这本书里,战争不再光荣,它是血腥的、残酷无情的。战争没有创造遍地的英雄,反而带来了满世界"独居的寡妇"和"哭泣的母亲"。在战争中,一个个家庭分崩离析,一对对爱人天各一方;人民流离失所,家园破败不堪;没有挥舞的旗帜,也没有骄傲的、凯旋的战士。因为在这表面的勇敢之下,掩藏的是民众苦不堪言的生活。对于这一真相的探索并非愉悦的经历,而对一个在乡下长大的二十岁的姑娘来说,也是一个不同寻常的切入点。尽管战争制造了重重麻烦,但海伦·玛丽亚还是一次又一次将其作为作品的主题。

海伦·玛丽亚不落窠臼的写法给她带来了不小的成功。在基皮博士及其高雅圈子的帮助下,海伦·玛丽亚很快进入伦敦的知识分子精英的圈子,被新的仰慕者所包围,而这些仰慕者的朋友也并非等闲之辈。其中包括范妮·伯尼的妹妹,她曾记录下 1782 年的一次聚会中,海伦广受欢迎的情形。夏洛特·伯尼(Charlotte Burney)与马赛厄斯先生相谈甚欢:"太风趣了……他太有趣了,我还没从他讲的上一个笑话中缓过劲来,又被下一个笑话逗得哈哈大笑。"马赛厄斯先生只同夏洛特·伯尼一人说笑,不过很快他便抽身与一位当时名声大噪的女士打招呼,"埃德温与艾楚达(原文如此)的作者,一位美丽的姑娘……老布伦特先生走过来,向威廉斯小姐介绍(马赛厄斯先生),随后我就几乎没有同马赛厄斯先生谈笑的机会了"[13]。

作家兼艺术赞助人威廉·海利也是海伦·玛丽亚的崇拜者之一。十年后,也是这位海利先生邀请夏洛特·特纳·史密斯、乔治·罗姆尼和威廉·考珀到家中聚会,夏洛特正是在这里着手创作《老宅》的。海利先生被海伦·玛丽亚迷得神魂颠倒,他甚至不再直呼其名,而是在自己的作品中称其为"年轻的缪斯"。与海伦·玛丽亚的交往常常被称为海利先生的重要活动之一:"礼拜四,我和贝茨女士(一位歌唱家)在年轻的缪斯家喝茶,这位缪斯也喜爱音乐。"[14]

从海利的信件中,我们还能大致了解海伦·玛丽亚与伊丽莎白·蒙塔古(Elizabeth Montagu)之间的关系。伊丽莎白参与创建了颇具影响力的蓝袜社(Bluestockings),她还把学术探讨引入女性群体中,因而荣膺"宴会贵妇女王"的称号。18 世纪 70 年代,蒙塔古夫人的梅费尔沙龙已成为文学集聚地,塞缪尔·约翰逊、埃德蒙·柏克(Edmund Burke)等大名鼎鼎的作家聚集于此,吸引了大批狂热的男女听众。作为一位初出茅庐的女作家,受邀参加沙龙,海伦·玛丽亚一定兴奋不已。根据海利的记述,海伦·玛丽亚与蒙塔古夫人共同进餐后,蒙塔古夫人对海伦"表现出无比的友善和礼貌"[15],当时海伦一定欣喜若狂。她随后向海利说明,为了表达对蒙塔古夫人的感激之情,她打算把新作史诗《秘鲁》(Peru)献给希尔街 23 号的蒙塔古夫人。这天早上略晚些时候,海利也来到蒙塔古夫人家中。在午饭前,他表达了对"海伦·玛丽亚这一打算的极大赞许之情":

> 我去往伟大的蒙塔古夫人家中,有幸与她在其(希尔街)的豪宅中促膝交谈。整个谈话围绕年轻缪斯的诗歌展开,蒙塔古夫人以无尽的热情和敏锐的判断力评价了她的诗,严厉而又不失友善。[16]

尽管蒙塔古夫人"严厉而又不失友善"地评判了海伦·玛丽亚的诗歌,她还是同意海伦将该诗献给自己。一年之后,也就是 1784 年,《秘鲁》问世,随书刊行了一篇热情洋溢的序言《致蒙塔古夫人》。在序言中,海伦·玛丽亚饱含深情地歌颂了慷慨大方、"品行高尚"的女赞助人:

> 崇高的敬意而非阿谀奉承让
> 引以为傲的小小胜利焕发光彩:
> 因为此番行为如纯净的香气暖暖升起,

源于我们所寻找的丰盈内心！

却并非仅仅为了培育丰沛的才智天分

您给予的慷慨关怀；

不仅仅局限于增光添彩的天分，

它传播的真正的快乐更加广远。[17]

另一则值得一提的趣事是，在海伦·玛丽亚的坚持下，《秘鲁》这部作品的扉页上不再署名"某夫人"，而是印上了她的真实姓名。这是一个大胆的举动，海伦·玛丽亚也丝毫没有畏首畏尾的理由——她与蓝袜社各位成员的交往已经把她的作品推入了最高级的圈子，她所受到的肯定也激励她斗志昂扬地前进。

《埃德温与艾楚达》以及玛丽亚 1783 年创作的诗歌《和平颂》（"Ode on the Peace"）都歌颂了美国革命的胜利。与之类似，《秘鲁》讲述了冲突背后的情绪，故事中发生冲突的双方是印加帝国与西班牙征服者，印加帝国最终落入弗朗西斯科·皮萨罗（Francisco Pizarro）领导的西班牙征服者手中。从《秘鲁》以及《和平颂》的选题上来看，玛丽亚越发大胆，对女性通常不允许参与的政治领域也毫不避讳。但是，海伦·玛丽亚没有使用生硬的说教，她在序言中解释说，自己"从未想过要呈现一个全面的、符合史实的故事"[18]。她想要做的是用一系列爱情故事来呈现悲剧：新婚之日，阿尔奇拉目睹未婚夫——秘鲁统治者遭到谋杀，随后她在痛苦中自尽；为了顽强抵抗侵略者，阿尔马格罗被迫与心爱的妻子科拉分离；齐利亚看着父亲在皮萨罗的手下长期遭受惨无人道的折磨后，平静地死去……

从某种程度上说，海伦·玛丽亚的创作手法与简·奥斯汀对自己作品的评价类似，都是"片面、带有偏见而又无礼的"[19]。《秘鲁》似乎既不附和基本的政治观点，也不承认冲突可能引发的潜在"好处"，它仅仅是历史长河中的一瞥，微不足道。但是，在这个领域里探索之时，海伦·玛丽亚还是这片陌生土地上的陌生人。在那个时代，女性的接触范围有限，对国外的事务知之甚少，海伦·玛丽亚也不例外，这一点她已经在序言中的免责声明里做出陈述。海伦·玛丽亚从未去过她在书中描写的地方；当时男人们饭后常常在书房里进行哲学辩论，而海伦·玛丽亚也没有机会参与。许多政客和作家对南美的剥削状况表示关切，不过，这些人都在极力吹嘘自己准确的记述——原原本本地记下了谁对谁做了何事。而海伦·玛丽亚却采用了自己独特的方式，请求英国公众不要对"无辜、友善的人民"[20]的痛苦熟视无睹。

海伦·玛丽亚试图为冲突打上人性的烙印，这与她日渐成熟的风格相契合。后来这种风格演变成其独具特色的反抗诗歌：她在《美国故事》（"An American Tale"）及《和平颂》中都使用了这种手法（从人际关系透视冲突）；随后在《关于为限制奴隶贸易而通过的法案》（*A Poem on the Bill Lately Passed for Regulating the Slave Trade*）中，也采用这种手法叙述了关于奴隶制度的争论。在上述作品中，海伦·玛丽亚的情感表达恰到好处。她明确提出，对无辜之人的镇压以及给他们带来的苦难是不可容忍的；一旦将这些人遭受的痛苦公之于众，还怎么能容忍？

海伦·玛丽亚以直抒胸臆的方式描写战争，又一次展现了为在主流社会规范中保有立锥之地，女性作家们不得不采用的手法。女性作家是道德的罗盘、善良的守卫者，只有隐藏在女性感性的外衣之下，诉诸情感而非思想，她们才能在政治领域中找到容身之处，对时事发表看法。即使女性确实具备了相关知识，她还是不能把自己丰富的情感抛之脑后，像男性一样参与政治讨论：一旦她这样做了，就有受到谴责甚至遭受社会放逐的可能(海伦·玛丽亚在付出了沉痛代价后,最终明白了这一点)。当时,人们将海伦·玛丽亚以及类似的女性作家视若瑰宝,不是因为她们的学者身份,而是因为她们是"道德标准的权威"[21]。女作家表现出的明显的女性气质,以及展现的反复无常、无迹可寻的复杂情感,让评论家有了仔细研究的对象,而这种仔细的研究是男性作家根本无法忍受的。在这个研究体系里,评论家不会把文学作品与其创作者的性别割裂开来,这样一来他们评论的对象就不仅限于作品本身,也包括女性作家的名望地位。她是一位"优秀"的女性吗? 她是否始终坚持女性气质的价值观念?

不过,如果这位女作家笔法精湛,能够巧妙地进行协调,遣词造句时仔细斟酌,那么她也能创作出一部包含颠覆性政治讯息的作品,并且会因此得到赞誉,而不是遭受谴责。实际上,海伦·玛丽亚·威廉斯对于这种手法的运用驾轻就熟,以至于评论家们竟然都不曾发觉或者忽略了其作品中的政治含义[包括政治含义最为明显的作品,代表作《法国来信》(*Letters from France*)],还称赞其"温柔、楚楚可怜、令人愉悦"的风格。[22]海伦·玛丽亚找到了那个最佳平衡点:情感丰富、温柔和善,又带有稍许超前的大胆——这正是批评家们所喜爱的风格。他们称赞海伦·玛丽亚活泼可爱的性情、优雅的举止礼仪、"完美和谐"的诗律,以及其作品中展现的"恢宏气势"。[23]女性评论家更是对其作品赞不绝口。安娜·苏厄德在《伦敦杂志》中记述了这位"诗界女子"如何"勇敢伸出双手,尝试创作史诗——用艺术天性"。[24](该杂志同期刊登了三十六岁的夏洛特·特纳·史密斯创作的两首十四行诗。)传记作家、小说家兼诗人伊丽莎白·奥格尔维·本杰(Elizabeth Ogilvy Benger)也被"音韵优美的威廉斯"深深吸引,威廉斯揭露了秘鲁人民遭受的苦难,"以一种悲痛的感染力……我们感受到他们的痛苦,再次为他们的命运而落泪"[25]。

不是所有的读者都觉得海伦·玛丽亚的作品引人入胜。霍勒斯·沃波尔(Horace Walpole)这样描述海伦·玛丽亚以及其他(在他看来)毫无新意的女作家:"和谐的处女",其"思想和措辞就像她们的长外衣一样,是用旧的边角料拼接起来的"。[26]尽管如此,大多数伦敦读者还是为之倾倒。海伦·玛丽亚将正派的女子气概、创作天赋和微妙而扣人心弦的"意义"(美丽心灵写下的绚丽辞藻)结合在一起,别出心裁,至此"一颗重量级的文学巨星"诞生了。[27]海伦·玛丽亚的创作方式似乎也能让她的作品在女性读者中广泛传播,而她书中表达的思想也是女性读者未曾接触过的。

18 世纪 80 年代,想要结识海伦·玛丽亚的人越来越多,这也是预料之中的事情。机缘巧合,海伦·玛丽亚还认识了塞缪尔·约翰逊博士。约翰逊是英国文学的领路人,这是无须质疑的事实。不过那时他已经身患重病,即将走到生命的尽头。约翰逊一生成就颇丰,他的作品家喻户晓——《牛津国家人物传记大辞典》将他描述为"可能是英国文学史上最杰出的人物"[28]——不过,在 1784 年 5 月那个宜人的夜晚,他仅仅是海伦·玛丽亚的崇拜者之一。詹姆斯·博斯韦尔(James Boswell)在《约翰逊传》(*Life of Samuel Johnson*)中描述了约翰逊对海伦·玛丽亚极大的敬重之情:

> 那天,他在胡尔先生家吃了饭,海伦·玛丽亚·威廉斯小姐将在晚间来访。胡尔先生把这位小姐优美的诗歌《和平颂》拿给约翰逊看。约翰逊先通读了一遍,后来这位亲切友好、优雅大方且才华横溢的女士被介绍给他认识的时候,他用最礼貌的态度拉

着她的手,把她诗中最美的一节背给她听;这是他最为巧妙且让人受用的赞美了……威廉斯小姐告诉我,另一次她有幸与约翰逊博士相伴,约翰逊请她坐在自己身边,她照做了,然后询问约翰逊身体如何。他答道:"小姐,我病得很厉害。即使你就在我身边,我还是病得很厉害;要是你远在别处,我不知道要变成什么样子呢。"[29]

1786 年,海伦·玛丽亚创作诗歌集《双卷诗》(书名随后被威廉·华兹华斯占用),在此后近四十年内,海伦·玛丽亚没有再出版过其他诗歌作品。诗歌集中有一首十诗节的长诗,昭示了海伦·玛丽亚强烈感情的爆发,"塔楼黑暗的走廊里,有一块不规则的碎片"一句描绘了伦敦塔中一栋废弃的、阴森森的公寓。诗中描摹了一群满腔怒火的幽灵,他们都曾受到君主政体不同方式的残害。诗歌一步步揭露了英格兰统治者的嘴脸,尽管整个过程令人不悦——这些人对谋杀再熟悉不过了,事实上他们就是"沾满鲜血"的疯狂杀人犯。这样的内容让这卷献给女王的诗显得更加傲慢无礼、肆无忌惮。海伦·玛丽亚在诗中公然表达了对专政的鄙视,这首诗甚至在当今已看惯针砭时弊的内容的读者看来,也是危险重重且骇人听闻的。但是海伦·玛丽亚又一次将自己的蔑视之情巧妙地融入诗歌之中,甚至其政治寓意都被忽视了:评论家在《双卷诗》中的关注点并非海伦·玛丽亚一次次越过界限,而是其诗歌"朴素、柔和以及协调的"风格,这种风格让"她赢得广泛赞誉"。[30]不过,对于当今读者来说,"不规则的碎片"的魅力可能不在于"柔和"与"协调",而在于主人公试图逃走却最终失败这一突发性、触动心灵的结局:

从我飞行每一步起,

为何我狂躁的眼睛向后望去,

紧闭的大门已经过去?

两个阴沉的阴影,若隐若现,向前!

在我身上,投下枯萎的形容,

用危险的符咒定住我的视线,

那里是燃烧的狂躁之所在!——

又一次!他们复仇的脸孔——现在不发一言——[31]

与以往一样,海伦·玛丽亚巧妙地将自己的观点饰以女性气质的外衣——这确实是一个好方法,因为当时法国政局动荡,革命势头愈演愈烈,给她的掩饰能力带来了更大的考验。但是,尽管玛丽亚能够得心应手地将自己的观点隐藏在作品的字里行间,她的左派观点也已经广为人知。作为当时伦敦的头号知名人物之一,海伦·玛丽亚有近十年的时间都在与伦敦最富自由主义思想的人打交道,最初她是这群人的嘉宾,后来已经可以主导全场,收放自如,因此人们并未感到吃惊。在关于法国即将到来的政坛暴风雨的辩论中,海伦·玛丽亚和一些颇具影响力的人物结下友谊,甚至与一些议会成员也交往甚密,尤其是本杰明·沃恩(Benjamin Vaughan)和废奴主义者威廉·史密斯(William Smith)。前者是结束美国革命的关键性人物,后者恰巧是弗洛伦斯·南丁格尔(Florence Nightingale)的祖父。

1785 年,一场"革命辩论"改变了海伦·玛丽亚的人生轨迹,这一年,她与莫妮卡·科克雷尔·杜·福塞(Monique Coquerel du Fossé)相识。莫妮卡遭到法国政府放逐,她的悲苦故事深深触动了海伦,于是海伦以她的经历为蓝本,创作了下一部作品——《法国来信》系列第一卷《法国来信，1790 年夏》(*Letters Written in France in the Summer 1790*)。它向读者提出这样的问题："事实上，除了友谊之外，还有什么能让我的关注点从记录幻想转向记载政治，从诗歌转向讴歌人类生命的散文？"[32] 到底是什么呢？对于一位诗人来说，从创作诗歌转向"记载政治"，是其关注点重大而深刻的变化，而这一变化就发生在海伦·玛丽亚与杜·福塞夫妇相识之后。海伦与他们的接触大有裨益：他们的悲惨故事是整个法国大革命的讽喻诗，为《法国来信》叙事层面的成功做出了不可磨灭的贡献，最终也为玛丽亚招来了更多的骂名。

莫妮卡·杜·福塞的丈夫安托万(Antoine)是诺曼底议会杜·福塞男爵(Baron du Fossé)的长子，这位男爵为人苛刻，待人不义，按照海伦·玛丽亚的说法，他一生秉持"宁可让人不寒而栗也不愿受人百般爱戴"[33] 的信条。在家庭教育方面，他冷酷而严厉；在管理封地方面，他极其无情："(他)认为，下层民众存在的价值仅仅是为了受贵族阶层使唤……如果人生的最大意义是遭人怨恨，那么可能在实现此目标方面，杜·福塞男爵无人能及。"[34] 这就是法兰西王国的恶魔，狡黠的社会最高统治者，一个邪恶的暴君。杜·福塞男爵可与路易十六比肩，他不顾子民的福祉，胁迫他们臣服于自己，最后也落得与路易十六一样的下场：暴政引发起义，而暴君也深陷于全面爆发的起义之中。

安托万·杜·福塞"性情极为温和……又极富同情心"，他自小就十分反对父亲的专制行为，安托万决定"投入幸福婚姻的怀抱"，与莫妮卡秘密结婚，违背了父亲的意志。[35] 面对儿子的公然反抗，男爵(像所有暴君一样)利用自己在镇压体系中的地位——他手握逮捕密函，能够把自己的儿子无期限关在监狱。自 13 世纪以来，这些密函一直用于清除社会上的麻烦人士，并且无须经过审判。清除的重点对象是激进分子及制造麻烦的人，其中一些目标人物后来还成了名人：伏尔泰曾两次因密函而身陷囹圄,第一次是因为写了一首诽谤诗(实则为诬告,但他因此在监狱中度过了将近一年),第二次则是因为与一位嘲笑自己笔名的贵族发生了争斗。萨德侯爵(The Marquis de Sade)也因为一封经由岳母署名的密函,而在监狱中度过了悲苦的十三年。释放这些可怜人的权力完全掌握在国王手中,因此逮捕密函象征着法国君主制的种种不合理之处:残忍的暴君不受司法体系制约,强行压制与之意见相悖的人民。在狄更斯的《双城记》中,曼奈特医生因为一封密函几乎丧失理智,而这些入狱者与曼奈特医生的遭遇类似,仅仅因为某位君主的古怪念头,他们就不得不在监狱中度过余生。

一封逮捕密函让年轻的杜·福塞夫妇东躲西藏,陷入贫困,最终导致两人分离三年之久。如此不公的遭遇让海伦·玛丽亚·威廉斯愤怒不已,她含泪在《法国来信》中写下:"哦,亲爱的,我的挚友!我所写下的不仅是现实生活中存在的苦难,而且就是你们所遭受的!我的心里百感交集——纸上都是我的斑斑泪迹——我连笔也拿不住了。"[36]莫妮卡·杜·福塞与海伦·玛丽亚相识时,已经与丈夫团聚,不过两人在四年后,也就是1789年才得以返回法国。在此期间,莫妮卡在英国教授法语,结果遇到了威廉斯,并和这位学生成为挚友。

这些事件以及当时发生在法国的重大事件,让海伦·玛丽亚有机会目睹真正的政治变革。在她看来,这些变革可以让她所珍爱的朋友们结束不公的待遇。她在《法国来信》中写道:"在法兰西王国的统治下,一位朋友受到迫害、入狱、致残,甚至快要被谋杀,(这)就是热爱革命的充分理由。"[37]因此,在1790年杜·福塞夫人邀请她来法国家中做客时,二十九岁的海伦·玛丽亚便放下手中的诗歌创作,横穿英吉利海峡,开启了人生中最重要也最具革命色彩的旅程。

海伦·玛丽亚·威廉斯抵达巴黎时正值法国国庆日，全城欢庆攻陷巴士底狱一周年。这场庆典可能是欧洲有史以来最盛大的庆祝活动，参与者有男有女，多达一万五千人，其中不乏士兵、决策者、社会领袖、音乐家和旗手；清晨五点，小学生们就来到巴士底狱的废墟前，形成声势浩大的游行队伍。游行队伍浩浩荡荡地穿过整个巴黎，来到战神广场（现在的埃菲尔铁塔所在地），一路所经之处，人们从窗户里、屋顶上挥舞双手，欢呼呐喊，他们在慷慨之家的门前品尝茶点，双膝跪于街上表达谢意，还向人群中的幼儿做出承诺，这些孩子将"自小接受教育，培养他们对新宪法原则的绝对忠诚"（海伦·玛丽亚的描述）。[38] 尽管游行结束后，政客们接二连三地在公众面前承诺拥护新宪法，但实际上这部新宪法尚未起草。不过，尽管法国革命还存在这些未竟事业，整个国家却都"处于欢欣鼓舞之中"[39]。虽然暴雨滂沱，人们依然兴致不减，热情洋溢，在激昂的鼓声和奔放的舞蹈中，他们高呼"我们为法国而淋雨"，"法国大革命以水浇筑，没有流血牺牲"。[40]

在7月的这一天里，海伦·玛丽亚深受震撼。法国的第一个国庆日充分显示了民主制度的优越性，它生动地展现了人民的力量，这些想要变革的人勇敢地站出来，凝成一股力量，共同担负起实现变革的重任。杜·福塞一家的经历表明，法国的专制政权早已连表面的公平正义都弃之不顾，而国庆日的活动就是为了纪念这些反抗暴政的起义。路易十四从17世纪天主教徒和新教徒的流血冲突中吸取教训，实行严苛的政治管控，他不顾人民贫苦的生活状况，花费巨资在凡尔赛建造皇宫，造价令人咋舌。下层民众承受着巨额税收的压力，食物短缺的情况在全国蔓延，叛乱频频发生。而统治者竟然对这一切问题置若罔闻。路易十四的继任者路易十五让法国人民的生活雪上加霜，在与英国的七年战争中，路易十五输掉了法国剩余的资产，带来的经济损失让人瞠目结舌。所以到路易十六即位时,法国已经濒临破产。但是,路易十六和他年轻的妻子玛丽・安托瓦内特(Marie Antoinette)仍在凡尔赛过着骄奢淫逸的生活,丝毫不受国家债务的影响。两人诸多愚蠢的小物件以及异想天开的计划(最著名的当属为王后建造的多个宫苑和样板农场——王后农庄,玛丽・安托瓦内特可以在这里打扮成农妇模样,体验过家家式的田园生活)进一步激怒了食不果腹的法国民众。更糟糕的是,路易十六还在资助美国革命,而这部分的资金几乎全部来源于高利贷。食物短缺日益严峻,面包越来越贵,下层民众深陷绝望的境地。形势危急,巴黎民众不能,也不会再逆来顺受了。

饥肠辘辘又深受赋税之苦的民众,被政府的残酷镇压彻底激怒,巴黎城内不断增加的军事力量也让他们感到不安,在这种情况下,1789 年 7 月 14 日,激愤的民众开始攻打巴士底狱。一封逮捕密函便可让可怜之人面临牢狱之灾,从这一点上看,巴士底狱是法国腐朽罪恶的君主制度的象征。巴士底狱的成功攻占,昭示着一场彻彻底底的革命即将来临。[41]最终,法国政府被迫采取行动,于次年实行多项前所未有的改革,试图挽救其摇摇欲坠的制度。新召集的国民议会削弱了贵族特权,宣告了法国封建制度的结束;设立地区政府防止君主权力的滥用;农民不再需要向教会缴纳什一税。不过,影响最为深远的改革当属《人权和公民权宣言》(*Declaration of the Rights of Man and Citizen*)的发布,宣言中收录了国民议会的基本原则,并赋予法国人民前所未闻的自由,为世界各国的宪法制定提供了参照。(如联合国1948 年《世界人权宣言》就是以此为原型起草的。[42])言论、宗教信仰和出版自由,公平赋税,不论等级均可担任公职,行政透明等原则逐一建立。

海伦・玛丽亚以及其他英国人民都深刻认识到,通过这些新法困难重重：两年之后，犹太人和拥有自由之身的黑人才获得充分的公民权利，而妇女仍然被排除在各种政治活动之外。尽管如此，在扩大享有平等权利的范围、实现人人平等的问题上，当时的法国已遥遥领先于包括美国在内的其他国家。[43]法国人民起义成功攻陷巴士底狱后，世界各国人民纷纷举行庆祝活动，欢庆起义引发的多项变革。尤其是在英国，法国的旧政治体制一直是英国分裂派的谈资，在这里，法国大革命初期的成果被誉为一种胜利。汉纳·莫尔曾这样描述："这场胜利让人们满怀期待，这世界上最伟大的国家之一很快就会成为世界上最自由的国度。"[44]即使身为保守派，莫尔也加入了欢庆攻陷巴士底狱的阵营，而她也并非形单影只。塞缪尔·罗米利（Samuel Romilly）的如下评论算得上英国人民对法国大革命最典型的反应：

> 按照我现在的年纪算，我还能在有生之年见证法国大革命产生的深远影响，我感到非常高兴……毋庸置疑，法国大革命让这里（英国）的人民欢欣鼓舞，感受到发自内心的喜悦。所有的对话都围绕革命展开；甚至所有报纸（尽管这些报纸的主笔并非崇尚自由、极富哲思之人）无一例外，都极力颂扬巴黎人民的所作所为，同庆人类历史上具有划时代意义的伟大事件。[45]

因此，对于法国国庆日的喜悦之情并非言过其实。国庆日上，海伦·玛丽亚·威廉斯坐在战神广场的看台上，亲眼见证"人类的胜利……人性最高贵的特权"，在这里找到了余生的创作灵感。"在这个时刻，只要拥有人类最基本的情感，就能成为世界公民中的一员……我永远不会忘记这一天的震撼感受。"[46]这个国家做好了准备，迎接崭新的黎明。马儿疾驰，旗帜飞扬，大炮齐鸣，随着国王路易十六和王后玛丽·安托瓦内特登台宣誓,表明对新法国的支持态度,一时间"刀剑出鞘,武器就位……(国王)庄严的宣誓得到六十万人的呼应"。"人群发出一阵呼喊声、尖叫声、欢呼声",随后是一片寂静,在这寂静的时刻,太阳冲破云层,发出万丈光芒,让人们不由得"恳请上帝低头俯视人间,见证他们神圣的承诺……你不会怀疑,我在这里竟是个冷眼旁观之人,哦不会!"[47]

在这种情境下,海伦·玛丽亚·威廉斯没有冷眼旁观,就像夏洛特·特纳·史密斯结束法国的孤旅回国一样,海伦采取了类似的做法。她在巴黎和诺曼底游历数周,参观了巴士底狱的废墟,"在那里无数的可怜人走进去却再也没机会走出来……暴君恣意妄为,民生艰难"[48]。随后海伦·玛丽亚返回英国,创作了自己的"《德斯蒙德》":《法国来信》的第一卷。《法国来信》又一次被托马斯·卡德尔买下并付印成册,托马斯是海伦早期诗歌《埃德温与艾楚达》(更无须提及夏洛特的《哀挽十四行诗》)及其唯一一本小说《朱莉娅》(Julia)的出版商。

尽管有托马斯·卡德尔盛名的加持,某种程度上说,《朱莉娅》这部作品却反响平平。这是因为表面上看来,它并不符合海伦·玛丽亚作品一贯的风格,也就是将政治饰以女性气质的外衣。但仔细研读后会发现,尽管小说《朱莉娅》并非玛丽亚最擅长的体裁,她仍运用隐晦的笔法不遗余力地影射政治现实。其中最为明显的例子见于小说(小说讲述了主人公朱莉娅、其挚友以及挚友丈夫之间的三角恋情)中散布的诗歌。其中最长的诗歌《巴士底狱:幻象》("The Bastille:A Vision")最具代表性。评论家们似乎又一次忽略了作品中这种非女性化修辞的唐突和游离的成分,而造成这种忽略的原因更加扑朔迷离:是不是海伦·玛丽亚想要传达的信息过于隐晦,以至于在如此显眼的标题——《巴士底狱》之下,还是没能招来异议? 实际上,海伦·玛丽亚在作品中极为巧妙地掩饰了自己的意图,她甚至从一个男性旁白的视角来讲述诗歌,这样就让自己和女主人公远离了诗歌的政治因素。[49]不过,玛丽亚的观点竟然没有得到重视,甚至未被理会,仍是相当奇怪。

或许,海伦·玛丽亚在创作《法国来信》——其最露骨的政治作品时,也考虑到了这一点。这部纪实类叙事作品采用了与海伦·玛丽亚早期历史诗歌相同的创作方式:作者不是单纯地叙述事件,而是在叙事时融入了丰富的情感。因此,书中近三分之一的篇幅都在记述杜·福塞一家的经历,他们的悲惨遭遇让读者感同身受,体会到了杜·福塞一家当时的心情;大多数批评家认为作品产生了强烈的移情效果。《每月评论》(Monthly Review)认为,把杜·福塞一家的奇遇放在当时的社会状况下来写再合适不过了,因为"如果我们还缺少什么事情来增加我们对残暴政府的厌恶之情的话,讲一讲那些善良而无辜的受害者的个人不幸及其遭受的残酷待遇这种以小见大的故事就是最好的方式"[50]。除此之外,海伦·玛丽亚还在书中再现了旅途中发生的重要事件,如法国国庆日和参观巴士底狱,并在自己的所见所闻中穿插了自己对民族主义、人类以及"英国风格"的问题的思考。这部作品"集历史记录、新闻报道、情景剧和纪实文献于一体"[51]。

《法国来信》赢得评论界一致好评。大多数主流报纸都给予作品高度评价,如《分析评论》(The Analytical Review)肯定了海伦·玛丽亚"简单随性的写作天赋",赞扬这部作品"恰恰肯定了我们正确的观点——作者的善良情感"。[52]另一位评论家也谈到情感,认为这本书"充满浪漫气息……经历千难万险后,这种浪漫甚至仍足以融化铁石心肠"[53]。感情丰富而理智不足——在一个已被男性占领的市场上,对于这样一部作品(又是出自女性时评家之手),这可能是唯一的解读方式。尽管今日《法国来信》不再为人所知,但当时这部作品一问世,就获得了盛赞,被认为是开启了以出版物形式响应法国大革命的先河。随后,书的作者声名远播,其热忱的思想也逐渐为人所知,尽管当时的评论家不愿承认书中包含这样的思想。请看一例:在一幅流传于1790年,名为"唐·迪司马罗文界受难图"(*Don Dismallo Running the Literary Gauntlet*)的匿名讽刺漫画中,海伦·玛丽亚·威廉斯身着粉绿相间的女式礼服,站在一排人的最左边,准备鞭打埃德蒙·柏克,而这位散文家兼哲学家则被描绘成白痴的形象,飞奔而过。[漫画里还描绘了多个形象,如拟人化的正义、自由象征,多位杰出的大革命支持者,如理查德·普赖斯(Richard Price)、理查德·谢里丹(Richard Sheridan)、约翰·霍恩·图克(John Horne Tooke)、辉格党历史学家凯瑟琳·麦考利以及安娜·巴鲍德(Anna Barbauld)。]

　　漫画的寓意不言自明,特别是联想到其讽喻对象之后。当时对法国事态持怀疑态度的人越来越多,柏克代表这群人表达了他们的观点。在海伦·玛丽亚《法国来信》出版前两周,柏克发表了《法国革命论》(*Reflections on the Revolution in France*),阐明了与之相反的态度:他在书中告诫英国人民要掌控自己的情绪,不要让热情冲昏头脑,更不要让情感战胜理智。柏克在书中呼吁,人们追求自由时应当"遵循自然",关注"从传承角度思考自由"而产生的益处[54],比如说你所出生的地方就是你觉得怡然自得之处。柏克认为,传统模式始终适用于英国,法国可以——"如果乐意——得益于我们的先例,并赋予你们所恢复的自由以相应的尊严……(你们拥有)一个高贵而庄严的城堡的部分墙壁和全部基础……你们可能已经修复了这些墙壁;你们也可能已经在这些基础上重新进行修建"[55]。1790年秋至1791年春之间,柏克的观点逐渐流行开来。与法国类似,英国社会显然也建立在相同的等级制度之上,英国人民在英国这个安全的庇护所内,看着法国人民试图推翻这一制度,他们开始怀疑这场粗暴的起义能否取得皆大欢喜的结局。柏克对此持否定观点:

> 法律被推翻了;法庭被颠覆了;工业毫无生机;商业奄奄待毙;已经不纳税,但是人民却贫困了;教堂遭到洗劫;国家得不到休息;公民和军事处于无政府状态……这一切可憎恨的事情都是必要的吗?它们真是坚定不移的爱国者们迫不得已涉过鲜血和混乱,以抵达繁荣、宁静的自由彼岸而进行殊死斗争的必然结果吗?不是的,一点都不是那样!法兰西新近的废墟只要我们放眼望去,就会让我们深感震撼,它们绝不是内战带来的破坏;它们乃是粗暴无知的谋划可悲却富有教育意义的一座纪念碑。[①][56]

作为英国政坛颇具影响力的风云人物,柏克很快就有了一批追随者,并发起了英国历史上最漫长的辩论之一。他和许多政治家一样,采用了夸张的手段以达到设想的结果。柏克一边用华丽的语言把法国皇室塑造成值得同情的对象,似乎他们成了革命的受害者,而且是温和有礼的受害者——"(王后)以平静的忍耐,以与其身份和等级相称的态度,忍受着丈夫遭囚禁,并成为君主的后代"[57]——一边又把参加起义的"暴民"描绘成疯狂又嗜血成性的恶魔,极力夸大暴力的存在,向读者淋漓尽致地展现血肉横飞的场景,即使有些是子虚乌有的。柏克的这种写法让他的保守派观点看上去有理有据,无可厚非。

---

① 柏克,《法国革命论》,何兆武、许振洲、彭刚译,北京:商务印书馆,2009年版,第51页。略有改动。——译注

但是,在柏克匆忙巩固自己的政治地位,企图从一个理应群情激愤的场合中抽离出情感成分的时候,他已然完全误解了此时法国的社会氛围。1791年9月,海伦·玛丽亚·威廉斯重返法国,此前她在新诗《告别英伦两年》("A Farewell, for Two Years to England")中让自己留在法国的意向广为人知。此时,海伦·玛丽亚眼中的法国并非一堆堆碎石——一如柏克提到的"新鲜的废墟"——而是像她在《法国来信》第二卷中所描绘的那样,是一个灿烂的"传奇之地"。她继续兴奋地写道:

> 最惊心动魄、非比寻常的大事件在这里不过是家常便饭;报纸上的文章都闪烁着智慧的光芒,引领人类历史进入新的纪元。人们的情绪也比平日高昂了数倍。所有对于惯常思维最具冲击力的动机,似乎都为了公众的利益而受到压制……有时候我觉得骑士时代不是永远逝去了,它又回来了。[58]

海伦·玛丽亚不得不将自己的观点隐藏在丰富的情感之中,因此其作品的合理性打了些折扣,不过尽管如此,海伦·玛丽亚令人心碎的鲜明风格还是收到了良好的效果。她第二次来到福塞一家位于鲁昂的庄园时,母亲和姐姐珀西斯以及妹妹塞西莉亚已经在庄园里等候了。在接下来的八周里,两家人朝夕相处,日渐亲密——两家的密切交往后来还促成了海伦的妹妹塞西莉亚与莫妮卡·杜·福塞的侄子阿萨纳斯·科克雷尔(Athanase Coquerel)的姻缘。除此之外,1791年7月,他们还在鲁昂宪法之友社(Society of the Friends of the Constitution)的集会上,向出席者展示了《法国来信》新翻译的法语译本,借此提升海伦·玛丽亚的知名度。

协会成员高声诵读了海伦·玛丽亚的作品后，为其精心撰写了一封赞扬信，肯定了海伦·玛丽亚"纯洁而细腻的感情"（与其书评如出一辙）以及对法国大革命精妙的描摹，"这种方式具有纯粹的追名逐利者无法企及的高度……在场的每位公民都为她鼓掌喝彩"。[59]海伦·玛丽亚也同样耐心回应，巧妙地强调了富于感情的女性气质，这种气质正是支持她取得如今成就的关键："革命能够赋予人类精神至高无上的观念，但是革命已取得的成果使之不仅成为思想领域的话题，更成为感情世界的焦点……我如何能做到冷眼旁观呢？你们赋予我作品的荣耀我俱已知悉。"[60]海伦·玛丽亚谦逊而自知，俘获了整个协会成员的心，他们怀着对海伦的欣赏之情，送给她一份慷慨的大礼：由协会出资，发行了三千份协会所写的赞扬信以及海伦·玛丽亚所做的回复。这个非同寻常的举动，以及《法国来信》法译本的发行，让海伦·玛丽亚跻身欧洲大陆的顶级名流之列。同年12月，海伦·玛丽亚离开鲁昂前往巴黎之时——在奥尔良因为几天之差与二十一岁的威廉·华兹华斯擦肩而过——她已成为"定居法国最著名的英国女作家"[61]。

海伦·玛丽亚在巴黎安顿下来，很快认识了新朋友，并和故友恢复联系。她在巴黎找到一处永久住宅，到1792年时，这里已经成为激进思想家们的聚集之地，就像蒙塔古夫人在希尔街上的住处一样。在此期间，海伦·玛丽亚一直忙于创作《法国来信》的第二卷，而她不得不承认，埃德蒙·柏克的观点并非一无是处。朗巴尔王妃的惨死和9月的屠杀加剧了法国骚乱的局势，一场风暴即将来临。到1792年末，已有上千人被送上断头台（1793年1月，轮到了路易十六），恐怖的气氛笼罩着整个法国。而海伦·玛丽亚·威廉斯，这位集理智与情感于一身的女性,就站在这场风暴潮的正中央。

家人和朋友们请求海伦·玛丽亚回到英国这个安全之地——但是,在同僚们面临死亡威胁之时,她如何能置身事外,安心创作? 不管她是不是个大名鼎鼎的人物,当时海伦·玛丽亚的固执己见一定让她看起来就像疯子一样。即使她看过了亲朋好友催促她回家的信件,即使她遭到逮捕,和母亲及姐妹们在卢森堡监狱被囚禁六周之久,此间每天一睁眼就开始担心被送上断头台,海伦·玛丽亚也始终是大革命坚定不移的支持者。她同所有的吉伦特派人一样,严厉谴责了雅各宾派领导人马克西米连·罗伯斯庇尔(Maximilien Robespierre)以及恐怖统治的残暴无情,不过对于自己的原则她也全力维护。海伦·玛丽亚的政治倾向日益彰显,正如她1790年写下的那样,她始终想要"加入统一的声音,发自内心不停地高呼'法国万岁!'"[62] 1793年,路易十六和王后玛丽·安托瓦内特先后被处以死刑,场面让人不寒而栗,此后夏洛特·特纳·史密斯、威廉·华兹华斯等许多作家和政治家纷纷减少支持革命的言论,而海伦·玛丽亚没有,或许也不能这么做——她又一次拒绝做出作为女性应采取的行为。

回到诗歌的小世界里,重拾当代端庄典雅的女性作家形象,成为众多小有成就,却被低估价值,拿着微薄报酬,而且不能公开表达政治观点的女作家之一吗? 去过英国"淑女"的典型生活,一生默默无闻,作品也无人问津吗? 这样的生活对海伦·玛丽亚的吸引力,就像去动荡不安的法国旅行对大多数英国女性的吸引力一样,小得可怜。海伦·玛丽亚的名字与法国大革命同在:她的名声得于此,她的世界建立于此,她文学生涯里的全部自我和风格都与法国紧紧联系在一起。[63]现在离开? 不可能。法国大革命让海伦·玛丽亚得以将自己的政治天赋与迷人、浪漫的风格相结合(以其独特的方式使理智与情感相互交织),对一批关键性人物产生了不可磨灭的影响。海伦·玛丽亚认为自己的读者不仅仅是幽默小说的爱好者,也是文人学士以及有影响力的当代思考者,他们甚至像自己书中叙述的那样,正在创造历史。"所有那些常常填补时间流逝的惊天动地之大事件,"她写道,"已经与我周围的一切紧密结合,它们连接着我所有的希望和恐惧,连接着我真实的存在,决定了我无可挽回的命运。"[64] 而这个命运似乎就存在于法国这片土地上。

在某段时间内,海伦·玛丽亚·威廉斯与约翰·赫尔福德·斯通(John Hurford Stone)坠入情网,此人不仅是海伦·玛丽亚 1786 年作品《双卷诗》的早期赞助商,也是伦敦革命社(London Revolution Society)中一位人脉宽广的成员。两人相识的具体时间不得而知,不过,从海伦·玛丽亚的友人之间流传的信件,1794 年斯通的离婚丑闻,以及两人随后同游瑞士,然后又迅速同居来推断,两人已经定下终身。至于两人关系究竟到了何种程度,是否已经结婚,这些细节从未得到披露,因为海伦·玛丽亚认为无须就这些问题做出解释,尽管她受到了舆论的批评和指责;尤其是在新闻界,业界坚持认为海伦·玛丽亚应当透露两人生活安排的繁杂细节,以供道德评判,不过她仍然坚决保持沉默。

或许是因为这已经不是第一次同新闻界为敌,海伦·玛丽亚应付起来得心应手。她逐渐舍弃文学上的巧妙性,代之以明目张胆的政治化色彩,因而遭到了报纸的抨击,被称甚至在认识斯通先生前就染上了"法国病"(即梅毒)(而且十分享受潜在的婚外恋情)。女性对革命的支持,尤其是在面对暴力的情况下,显示了传统性别角色的根本性剧变。那些不愿意在家里默默无闻、苦思冥想的女性,那些不顾阻拦勇敢发声的女性,那些要求获得表达权、要求拥有像男人一样能在家庭之外施展拳脚的权利的女性,她们正撕裂着社会的道德结构!

随着 19 世纪的到来,这种观点将日益流行。但是早在 1711 年,那时美国和法国革命还遥不可及,女性受到的教育是成为"忠实、自由和国家"的领头羊,不过这种领头羊的角色不是通过街头游行,而是通过坚守家庭主妇的常态实现的:

> 我们英国女性的美貌远胜于其他国家的女性,因此英国女性应该努力在其他所有适合这一性别的技艺方面领先于其他国家的女性,她们应该因温柔的母亲和忠实的妻子形象,而不是狂暴的党派支持者形象而受人称赞。女性美德发生转向,家庭成为女性美德的出发点。家庭才是普通女性应该大展拳脚的地方。[65]

海伦·玛丽亚·威廉斯的所作所为与此格格不入,她忙着与知识分子阶层以及其煽动人心的追随者打交道。像海伦·玛丽亚一样的女性,她们听凭自己"骇人的政治渴望和性欲"。很快,公众对这些行为放荡的女性感到极度焦虑不安,认为她们"堕落了",她们反女性特质的行为方式不仅背弃了自己的性别,也背叛了祖国。[66]1795 年,《绅士杂志》刊登了一篇言辞激烈的报道,谴责海伦·玛丽亚让"(英国)有序的政府统治和幸福的人民"感受到法国冲突之中赤裸裸的污秽,"贬低了自己的性别、心灵、情感(和)天赋"。[67]海伦·玛丽亚和其他所有堕落的女性都应该受到惩罚。令人震惊的是,准备处置她们的办法竟然效仿了法国大革命,更准确地说,是效仿了罗兰夫人(Madame Roland)的可怕经历:"(她目睹断头台上的杀戮场面后)得到了深刻的教训,她意识到,在纷乱时期,雄心勃勃的女性毫不屈服,声名狼藉也在所不惜,积极投身于与她们的性别不相干的事业,就是将自己置身于危险之中。"[68]

在文学生涯早期,海伦·玛丽亚曾广受女性批评家好评,后来情况发生了变化。另一位女性批评家利蒂希亚·玛蒂尔达·霍金斯(Laetitia Matilda Hawkins)在其《女性思想通信》(Letters on the Female Mind)中对海伦·玛丽亚进行了一场全面而彻底的抨击,这也是评论界对海伦·玛丽亚态度转变的关键性事件。霍金斯作品的矛头直指海伦·玛丽亚《法国来信》中的前两卷,从保守的角度抨击了海伦·玛丽亚自由开放的生活方式和政治原则。霍金斯谴责法国人"激烈的抗议声",认为这是"理性的倒退"[69],并维护传统观点,称无论是其本人还是海伦·玛丽亚,作为女性,都没有涉足政治领域的权利。"我们不是为这些深奥的研究而生的……男性天才从科学的纵深处,从日积月累的智慧中获取珍宝;而女性则从更易入手的爱好领域以及日常生活里点点滴滴的知识中寻找财富。"[70]翻天覆地的政治活动彻底打破了这个公认的性别化思维方式,并创造了霍金斯口中有些半男半女的混合体,他们是这个世界无法容忍的。海伦·玛丽亚显然已经放弃了自己的性别特征,她身上所有的女性特质已荡然无存。这种行为的后果相当严重:

> 那些天生就是我们的统治者和主人的人,是不受任何现代变革左右的,他们可能会想起无知的女人没有见多识广的女人令人生厌……不要设想我们的权利——假使我们有的话——是不可剥夺的;我们变得更聪慧后,是否道德更高尚,整个群体更优越,还远远没有定论。我们如果不喜欢黑暗,就要小心谨慎,不要激怒我们的上级,让他们把给予我们的灯光拿走。[71]

　　这种公然的威胁、对女性的歧视(还是出自一位女性之口!)让我们现代人感到震惊,同时也说明,在那个时代,女性应该远离政治,不过我们可以看到,海伦·玛丽亚的一生都在规避这一重大原则。因此,她被视为一位问题女性,一个对国家不忠、对同胞有害的"妓女"。甚至连海伦·玛丽亚的一些老朋友都觉得其行为恶劣。海伦·玛丽亚还住在特威德河畔贝里克时,珀西瓦尔·斯托克代尔曾对其赞不绝口,而这时他却认为,"满目溢美之词,沉醉在虚荣之中",现在的威廉斯可比曾经的威廉斯差得远了:"这位堕落的美丽女子,表达了最刻薄、最可耻而下流的感情,我为她的沉沦深表遗憾……"[72]曾经对海伦·玛丽亚不吝赞美之词的安娜·苏厄德也写信希望海伦·玛丽亚尽快返回英国,这样她就可以不再把海伦看作"处于冷酷无情错乱状态"的人。[73]

　　受到新闻界百般攻击的海伦·玛丽亚,再也没有踏上英国的土地。她选择继续在法国生活和工作,这样的决定并不令人惊奇。她写下了《法国来信》四卷集中的后两卷,逐一记录恐怖统治及其在 1796 年前的余波。她写下一本旅行手册和宣言《瑞士之行》(*A Tour in Switzerland*),书中海伦·玛丽亚不仅预言了瑞士边界爆发的革命之"电火花"[74],而且在冰川上席地而坐,饶有兴味地谈论哲学。此外她还创作了更多的政治类书籍:《法兰西共和国风俗与舆论概述》(*Sketches of the State of Manners and Opinions in the French Republic*);《拿破仑·波拿巴登陆至路易十八复辟期间法国大事记》(*A Narrative of the Events Which Have Taken Place in France from the Landing of Napoleon Bonaparte to the Restoration of Louis XVIII*);以及《1815 年复辟以来法国大事件通信》(*Letters of the Events Which Have Passed in France Since the Restoration in 1815*)。海伦·玛丽亚精通法语,她利用自己的这一特长翻译了一些作品,其中最著名的当属亚历山大·冯·洪堡(Alexander von Humboldt)的七卷本《新大陆赤道区个人游记》(*Personal Narrative of Travels to Equinoctial Regions of the New Continent*)——查尔斯·达尔文眼中影响深远的作品,还用法语创作了最后一部作品《法国大革命回忆录》(*Souvenirs de la révolution française*),该书于海伦·玛丽亚六十六岁逝世当年出版。

尽管受到祖国的排斥,海伦·玛丽亚·威廉斯这位旅居巴黎的英国女性晚年生活依然绚丽多彩。她常常宴请当时许多著名的政治家、哲学家以及文学巨匠:美国诗人乔尔·巴洛(Joel Barlow)、未来英国的大法官托马斯·厄斯金(Thomas Erskine),还有其他"与其交往风格极为一致"的人,这是凯瑟琳·威尔莫特(Catherine Wilmot)的原话,此人是一名爱尔兰作家,也是海伦·玛丽亚家中的访客之一。"法兰西学会(the National Institute)的参议员、议员(身穿蓝色镶边外衣)以及所有文学界人士"在海伦·玛丽亚的书房里、"怡人的花园中"度过一个个白天和黑夜。[75]即使是在革命进入尾声之时,海伦·玛丽亚的作品依旧受到大量忠实读者的追捧,其对自由的热情与新闻界的严苛责备形成针锋相对之态势。

海伦·玛丽亚的妹妹塞西莉亚1798年突然去世。威尔莫特还注意到,海伦·玛丽亚一直为妹妹穿着全套的丧服。塞西莉亚与莫妮卡·杜·福塞的侄子结婚后,育有阿萨纳斯和查尔斯两个孩子,照顾这两个孩子的责任落在海伦·玛丽亚身上,她和斯通一起将他们抚养成人。海伦·玛丽亚和斯通没有结婚——至少没有公开——但是两人的关系一直延续到1818年斯通去世。九年后海伦·玛丽亚去世,葬于斯通坟墓之旁。

海伦·玛丽亚·威廉斯创作大胆——即使来自罗伯斯庇尔(以及后来的拿破仑·波拿巴)的威胁让她多次寻求庇护,还要常常担心自己和家人会被送上断头台——她是一名战地记者,是那些没有发言权的人的传声筒。战争给贵族们造成了财产损失,当反对者控诉她对这些贵族缺乏同情心之时,想要创造一个更美好的世界的海伦·玛丽亚尖锐地回应道:"难道因为我没有和那些丢掉部分巨额财富的人一起哭泣,却为受压迫的人得到保护、被冤枉的人得以昭雪、被俘虏的人重获自由、贫穷的人得到面包而庆贺,就该断定我心理扭曲、麻木不仁吗?"[76]海伦·玛丽亚为自己的坦率付出了沉痛的代价。舆论界负面评论不断,同时海伦·玛丽亚与雅各宾派鼓动者交往过密,法国动乱平息、19世纪的思想流行后,这些因素成为海伦·玛丽亚的名字在主流文化中逐渐消失的主要原因。甚至海伦·玛丽亚还在世的时候,已经有日薄西山之迹象:1818年,威廉·贝洛(William Beloe)曾严厉地写道,海伦·玛丽亚"忘记了年轻时的教训","抛弃了先辈建立的国家",竟成了一个"自以为是、莽撞无礼、一心想要掩饰辩解的情妇……"威廉问道:"她现在是什么? 如果她还活着(她究竟是死是活,没人知道,也没人关心),她只是一个流浪者——一个无人注意、无人知晓的流亡者。"[77]

## 第三章

# 玛丽·鲁滨逊

## (1758—1800)

### *Mary Robinson*

18 世纪 90 年代后期，关于女性的争论愈演愈烈，这些争论围绕女性天性及可以施展的"适宜"能力展开，海伦·玛丽亚·威廉斯曾深受其害，不过这些议题早已是老生常谈。[1]早在一百五十多年前，17 世纪 40 年代，玛丽·善谈和琼·击中他要害就在《女性的尖锐报复》(*The Women's Sharp Revenge*)中，指责男性是"性欲的圈套和愚蠢的教师"，他们总是通过攻击聪慧的女性，残酷打压人类中的半数群体，"谩骂、挑剔，嘲讽甚至恐吓，轻视乃至诽谤"。[2]面对女性如此慷慨激昂的作品，男性和其他女性只好出版大量行为手册，描绘贤惠的女性应如何度过一生，这些小册子或多或少都带着自命不凡的无礼语气。

　　她不应忙着追逐时尚或是华丽的服饰，因为"朴素的外表"下自然有"纯洁的内在"[3]（正如一位粗鲁的作家曾提示我们的，外貌平平的女性同样可以满足性冲动，"因为污水和净水一样能浇灭火焰"[4]）；她的注意力不该放在家和家庭之外的事物上，这样她才可能爱人并伺候人，听从并遵守，"就像耳垂上坠着的富丽珠宝，对你唯命是从"[5]；当然，女性执笔写作更是犯了大忌，一位名叫多萝西·奥斯本(Dorothy Osborne)的人曾说过，"冒险来写书荒谬至极……就是两个星期不睡觉,我也不会那么做"[6]。

这些小册子是行为小说的前身,不久之后这种类型的小说便以迅雷不及掩耳之势席卷文学市场。而 17—18 世纪间,"小册子之战"时消时长,成了社会生活的常态,它未曾引发剧烈冲突,却也从没消停过。但是,法国大革命及随之蜂拥而来的激进观点,却大大增加了风险。随着越来越多的女性作家开始勇敢表达自己的观点,女性的民事、婚姻和法律权利问题也涌现出来。许多社会评论家认为,对付这个恼人状况的最佳方法就是把好的和坏的区分开来——说明哪些女性社会成员的行为值得效仿,而哪些则应当摈弃。

运用这一方法最有名的例子是牧师理查德·波尔威尔(Richard Polwhele)颇具争议的诗歌《无性的女性》(The Unsex'd Females)。在这首诗中,波尔威尔用一如既往的、严苛的乏味笔调请读者们思考:"我们的父辈从未见过/一群女人藐视自然的法则/当'傲慢的蔑视'从她们的双臂间闪现/报复的欲望浇灭了她们所有的柔情和妩媚。"[7]诗歌的余下部分堪称激进派女性名人录,同时还草草附上了波尔威尔对"她是好女人还是坏女人"的评判标准,反映了时代趋势,即评价女性的文学贡献需从作者是否遵守英国的性别规范而不是作品的内在价值出发。

争论的核心问题在于女作家"优秀"与否首先取决于她如何描写女性的状况。赫斯特·林奇·皮奥齐(Hester Lynch Piozzi)、伊丽莎白·蒙塔古(毫无疑问她是革新派蓝袜社的领导者,这样看来她的入选有些奇怪),以及赫斯特·沙蓬(Hester Chapone)都是波尔威尔眼中"得体"的淑女,因为她们根本不会写到女性的状况,或者写到的也是纯洁并且没有完全越界的方面。还有些女性小说家也能得到宽恕,比如汉纳·莫尔和范妮·伯尼等人,她们的作品属于行为小说,宣扬了波尔威尔所谓的高尚典范:"集闪闪发光的高尚情操/美好的感情和最纯真的品位于一身。"[8]或者如果她写的内容与哲学有关,这样的创作活动也是可以接受的——波尔威尔赞扬的模范是诗人伊丽莎白·卡特(Elizabeth Carter),她也是蓝袜社成员之一,18 世纪中叶,伊丽莎白凭借出神入化的语言能力出版了数部重要译著。

相反,"无性的女性"这一阵营则是一群声称了解自己本不该知道的事情的女作家,她们终生被禁于女性的活动范围内,然后,按照《不列颠评论》(*The British Critic*)的说法,"以微弱的逻辑推理编织成涵盖原罪、自由意志、预知、恶之起源等主题的网络"[9]。此外,任何就宗教和政治话题发表意见的女性,注定都会留下坏名声。波尔威尔认为,玛丽·沃斯通克拉夫特唤醒了同时代的所有政治反叛者,因此她比安娜·利蒂希亚·巴鲍德、玛丽·海斯、安·伊尔斯利(Ann Yearsley),自然还有夏洛特·特纳·史密斯和海伦·玛丽亚·威廉斯(第一章和第二章的主人公)更应该受到惩罚和非难。再加上本章的主题人物玛丽·鲁滨逊,她们先后步玛丽·沃斯通克拉夫特的后尘,进入了一个黑暗"吞噬了纯净的晨星,将其湮没在深渊之中"的地方:

> (沃斯通克拉夫特)发声:老将巴鲍德顶住压力,
> 认为她爱的赞歌、抒情诗篇苍白无力;
> 鲁滨逊把爱给了高卢,
> 追寻自然神论者的坟墓!
> 迷人的史密斯全力迎合,
> 诗意的感受和诗意的轻松;
> 海伦受自由的鼓动,道声再会
> 向着秘鲁一切破碎的幻象。[10]

《无性的女性》对作品体裁及女性行为举止做出了界定:哲学是适宜女性涉足的主题,而政治阴谋则不然;女性小说中必须宣扬"正确的"道德观念;仅仅是为了赚钱而写作的女作家绝对算不上淑女,当然,除非写作谋生是名门淑女避免坠入一贫如洗境地的唯一出路;一些女性应当受到赞美,而另一些女性则应当遭到谴责,这与其文学天赋无关。这些界定也得到了舆论界保守派人士的支持。夏洛特·特纳·史密斯是一个反例——"如果她闭口不谈政治,那么她的作品或许还可以供人们消遣娱乐,甚至造福社会……(因为)最优秀的女性小说家从不染指与教派或者国家相关的话题"——海伦·玛丽亚·威廉斯也是反面教材,她"面对自己的智慧远不能领悟的难题,以及知识储备根本无法支撑的深奥话题时,表达了自己坚定的观点"。[11]对"好"女人和"坏"女人,以及"好"书和"坏"书界线的划定——与17世纪的情况相当类似,当时凯瑟琳·菲利普斯(Katherine Philips)等贞洁的保皇派女作家,比阿芙拉·贝恩等勇敢无畏的作家享有更高的地位,因为批评家始终无法(或者不愿)把女作家的文学成就与其性别特征割裂开来。

但是,遭到评论家最猛烈攻击的却是玛丽·鲁滨逊。一位评论家称其"精力旺盛且毫无耐性";而另一位评论家则认为她"一文不值"。[12]她的作品若是试图探讨道德和政治成因,则"远远超出了她所能把控的深度";她只有"把自己的关注点集中在时代潮流和风俗习惯上,不要徒劳地试图探究其成因",其作品才可能有挽救的余地。[13]不过这些批评的声音从未让玛丽动摇过。作为沃斯通克拉夫特的忠实信徒,玛丽是一个满腔热血的改革派人士,这一点相当明显。实际上,在这个性别角色泾渭分明的时代,社会期望女性扮演谦逊、不善交际(玛丽对这一期待的颠覆最为彻底)的角色,同时女性知识分子的学术追求也受到了严格的控制。在这种情况下,她认为需要"大量的沃斯通克拉夫特才能逐步瓦解偏见和敌意的毒害"。男性知识分子是唯一能够从事写作、进行评判和讨论的群体吗?只有他们能够领导英国?玛丽像波尔威尔笔下众多"无性别女性"一样,提出了不同的意见:

> 女性这一群体,难道不是天生拥有男性心中怀有的所有情感吗?女性难道没有自己的喜爱之情、敏感之处、刚毅之气和敏锐的挫伤感吗?难道她受到迫害后不会退缩吗?难道她的内心不会因为同情而柔软,不会因为遗憾而颤动,不会因为怨恨而灼热,不会因为敏感而疼痛,不会因为愤慨而燃烧吗?那么为何她不能调动更高贵的情感,高度的荣誉感,一种因人格尊严而产生的鲜活感受?[14]

玛丽·鲁滨逊经历了一番漫长的摸爬滚打后,才成为整个英国最负盛名、最时尚并且最成功的女作家之一。玛丽·鲁滨逊原名玛丽·达比(Mary Darby),生于 1758 年,童年时期在布里斯托尔度过。小时候,玛丽喜欢在家附近游荡,那里有一间教堂。这个阴沉而美丽的地方,激发了一头红发的小玛丽对戏剧的热情:她记诵动人的诗歌,有蒲柏的《忆一位不幸的女性》("Lines to the Memory of an Unfortunate Lady"),还有威廉·梅森(William Mason)的《悼考文垂伯爵夫人之死》("Elegy on the Death of the Countess of Coventry");玛丽还学会了弹大键琴,比起活泼欢快的乐曲,她更喜欢沉郁、激昂的旋律。[15]她漫步于教堂庭院间,一边沉思,一边听着大风琴的乐声在教堂墙壁间回荡。我们可以想象这个女孩以各种千奇百怪的方式度过了自己的童年,但是玛丽从未觉得自己的成长经历以及在此过程中享受到的独立自由有何不妥。玛丽觉得母亲做的唯一一件错事就是给孩子们"过分的不加限制的迁就、无微不至的关心，这让他们面对道德沦丧之利箭一刻不停的攻击时，缺乏足够强大的外壳保护自己的内心"[16]。

尽管玛丽和她的兄弟们对人生变故毫无防备，玛丽九岁时，他们还是被甩入了旋涡之中。这一年，父亲尼古拉斯·达比(Nicholas Darby)决定去拉布拉多海岸(Labrador coast)发展捕鲸业，随后他带着一百五十个帮手离开了英国，把妻子和孩子们丢在了家里。然而尼古拉斯的创业大计惨遭失败，不到两年，他就被迫返回布里斯托尔，并卖掉了家里的房子。又一个坏消息随之而来：尼古拉斯准备迎娶陪伴其穿越重洋、在冰雪荒原上与他风雨同舟的情妇埃莉诺(Elenor)。

和尼古拉斯正式分开后，一家人为了生存必须开始工作。玛丽的长兄约翰在莱戈恩(Leghorn)的商号中找到一份工作，而玛丽和弟弟乔治则开始在伦敦的学校里接受教育。此前，玛丽在布里斯托尔时，已经在著名的汉纳·莫尔学校上了几年学，学校就在小镇教堂后面，离玛丽家仅几步之遥。一家人搬到伦敦后，玛丽被送至切尔西(Chelsea)的一所学校就读，学校由米利巴·洛林顿(Meribah Lorrington)创办，这是一位聪慧精干、不囿于传统的老师，她在玛丽心中深深植下了自力更生的种子，并培养了她求知若渴的学习热情。"在我的印象里，她是我遇到的学识最为渊博的女性，"后来玛丽曾这样写道，"她精通拉丁文、法语和意大利语；被称作完美的算数家和天文学家，还有一手出神入化的帛画技艺……我所学到的一切都来自这位不同凡响的女性。"[17]洛林顿夫人并非典型的淑女(恰恰相反，她嗜酒成性)，但是她对玛丽的影响是巨大的：两人成为亲密的朋友，甚至住在同一间卧室,在洛林顿夫人的帮助下,玛丽潜心学习,对书籍和诗歌产生了浓厚的兴趣;在离开学校前,她还将自己少年时期稚嫩的诗歌作品整理成册,这个小册子后来成为玛丽首部出版的作品。尽管玛丽很有写作天赋,但是在许多年之后,她才开始全身心投入创作之中。对于这个蓝眼睛、红褐色头发、翘臀长腿、笑靥如花的美丽少女来说,日复一日的学习和寂静的早晨本就不适合她。不,舞台才是她真正的天地。

在伦敦(当时世界上发展速度最快的城市,包罗万象的商品交易地),剧院是时尚名流的聚集地。如果说伦敦是世界的中心,那么剧院就是伦敦的中心,这里也是玛丽向往的地方。她接受了大卫·加里克(David Garrick)的面试,加里克是德鲁里巷剧院(Drury Lane Theatre)的经理,也是当时声名煊赫的超级巨星(顺便提一句,他也是第一位被葬在威斯敏斯特教堂的演员)。得知自己被选中出演加里克版《李尔王》中科迪莉亚一角后,玛丽喜出望外。巧合的是,几年前汉纳·莫尔曾带着整个学校的学生看过这部剧。排演排上了日程,玛丽的训练开始了。

玛丽的气质完全是为舞台而生的,但母亲却固执地认为她不该追求这样的生活——母亲的理由也很充分。在 18 世纪晚期的英国,似乎没有比剧院更不适合十五岁的女孩踏足的地方了。剧院里,脱离长辈管束的男男女女在大量酒精的刺激下混居一堂,不管台上还是台下,都是最放荡的思想的集中地。在演出过程中,观众举止粗鲁,他们肆无忌惮地发出刺耳的声音,大叫,争吵,随手乱扔腐烂的食物,同时还直勾勾地盯着台上衣衫不整的男女演员。观众的体温慢慢上升,男人可以随便从周围几百个搔首弄姿的妓女(妓女们在此等候,因为她们和出色的商人一样,总是知道该在哪儿找到自己的客户)中挑一个释放一下。考文特花园(Covent Garden)和德鲁里巷都是正直之人避之不及的地方,玛丽的父母就这一点达成了共识,不过很明显,父亲的态度更加强硬。他写信告诉许久不联系的妻子:"当心别让女儿发生丢脸的事……(否则)我非弄死你不可。"[18]

此时,一切的重心都集中于为玛丽找到一条体面的人生道路,而恰巧对街的一个男孩(应该)能够给她这样的生活。这个男孩名叫托马斯·鲁滨逊(Thomas Robinson),是一位德高望重的律师的门生。他经常从楼上的窗户里跟玛丽调情,却没有明确想要追求玛丽的意思——直到一次晚宴上,他制造了和玛丽母亲相遇的机会,并透露自己坐拥大笔财富,前景一片光明。这是托马斯谎言的开始,种子一旦种下,剩下的只是时间的问题——时不时送些礼物(主要是书),接着又是一次晚宴——玛丽的母亲已经三句话不离联姻了:"他是'最善良、最好的人!'顶不爱世俗蠢事的人,也是她心目中最佳的女婿人选。"[19]但是此时玛丽仍满怀着自己的舞台梦,"暗自思忖着上千次圆满成功的演出,这样(她的)虚荣心便在众人面前得到满足"[20],她对这样的婚姻安排感到犹豫不决;因此需要有人劝说玛丽,引导她走出迷雾,踏上红毯,而对于玛丽来说不幸的是,托马斯非常擅长进行这样的说服工作。他在玛丽心中留下了非常不错的印象——玛丽后来把这个错误的印象称作"后来我所有的不幸之源"[21]。最终,在母亲和追求者的双重胁迫和感情讹诈下,玛丽被迫屈服。她放弃了自己刚有起色的演艺事业,于 1773 年 4 月 12 日嫁给了托马斯·鲁滨逊。当时除了一点模模糊糊的责任感外,她对托马斯毫无感情:

> 即使跪在婚礼的圣台上,我的心还是和出生时一样,不带一点柔软的感情……于我而言,爱还是陌生的词汇……我清楚地记

得,即便在宣读结婚誓词时,我的思绪还是不由自主地飞向了别处,在那里如我所愿,成就和名望是我安身立命的根本。[22]

玛丽知道,她向往的富有创造力的生活已离她远去,她开始萌生悔意,因为结婚仅仅数周后,托马斯的本性便暴露无遗。至于玛丽如何发现托马斯的谎言,具体细节无人知晓,不过不管怎样,托马斯撒过的谎多如牛毛。他自称达到法定年龄后,将继承叔叔的丰厚财产,但当时他已经二十一周岁。实际上,对于托马斯一直吹嘘坐拥巨额财富的这位叔叔而言,他不过是兄弟的私生子而已。除此之外,他实际的学徒期也比自己声称的要长得多。因此,没有财产继承,也几乎没有取得事业成功的可能——更不用提托马斯对玛丽母亲确信他不会参与的"世俗蠢事"的兴趣——托马斯一贫如洗的状况还会持续下去。玛丽发觉自己可怕的实际处境后,成了"世界上最不幸的人……经我首肯的这场婚姻已成定局"[23]。让玛丽更感到悲哀的是,即使两人动身去度蜜月之时,托马斯仍然坚持不公开婚姻状况,以免另一位苦恋他的女人来找麻烦。

尽管玛丽受到百般压制,她还是没有被打败。面对从开始就注定不幸的婚姻,玛丽一头扎进了她所谓的"时尚闹剧的广阔天地中"[24]。她和托马斯赊账租下了哈顿花园(Hatton Gardens)13号的一栋大房子,接着置办家具,铺设绫罗绸缎,往衣柜里塞满最新潮的昂贵流行服装;当然为了搭配玛丽的新衣服,他们还买了披肩、鞋子、定制的帽子以及珠宝。玛丽特别提到了两套"在公共娱乐场所一定会成为万众焦点的"行头:一件袖口翻边的浅棕色丝绸礼服,表面光滑,以及一件貂皮镶边的粉色缎制礼服,配上未施粉末的头发——当时最时兴的做法①。²⁵玛丽身着华服,仪态万方,她乘坐一辆崭新的敞篷轻便马车,出人意料地闯入了伦敦的社交圈子,很快便名声大噪。玛丽和她的新朋友们来到沃克斯霍尔(Vauxhall)和拉内拉赫(Ranelagh)的休闲花园,漫步于精心培育的乔木和各类花卉间;晚上,他们不是听演奏会就是参加舞会,一起闲谈嬉笑,观赏烟火表演。玛丽可能不再是舞台上耀眼的明星,但她一定是万众瞩目的焦点。

不到一年,"在伦敦大都会及附近的公共场所,(玛丽的)名字已无人不知无人不晓",但此时鲁滨逊一家已入不敷出。²⁶托马斯酗酒成性,更糟糕的是他把每一分钱都花在了皇室般的生活上,这样的生活方式几乎让他的职业生涯彻底土崩瓦解;此外托马斯还赌博、嫖娼,这些活动进一步加剧了其家庭经济状况的恶化。平心而论,玛丽也难辞其咎——浮夸的生活和娱乐,雇佣仆人和购置服装的消费。但是在玛丽的《回忆录》(Memoirs)中,她指责托马斯在结婚之前就欠下不少债务,还谴责了托马斯的生父——格拉摩根郡(Glamorganshire)的哈里斯先生(Mr. Harris)无情无义:"倘若哈里斯先生对他的儿子慷慨施以援手,我完全有理由相信托马斯会处事谨慎,行为举止合乎常规。"²⁷可实际情况是,托马斯和玛丽两人都非常不快乐,不过他们繁忙的社交活动和奢靡的物质追求起到了一种抚慰的作用,再加上两人在黯淡无光的婚姻外,都有(不少)风流韵事。玛丽在与丈夫无爱的婚姻中未曾感受到"我应得的忠实和爱意",因此,在婚外情这件事上,她同样没有感到愧疚。²⁸如果她继续当一个交际花的话,她还会获得额外的收入。于

---

① 16世纪以来,欧洲人常在头发上施以粉末,起到遮盖白发、减轻油污的装饰作用。——译注

是,玛丽·鲁滨逊十七岁时,就在刚刚生下独女玛丽亚·伊丽莎白(Maria Elizabeth)后,她重拾起自己的文学梦,并付诸实践:"出版我的诗歌小集(少年作品)是我计划已久的事,我结婚前就准备好了,现在我决定将它印刷出版。"[29]

薄薄的四开本小册子《玛丽·鲁滨逊的诗》(*Poems by Mrs. Robinson*)的出版,成了玛丽人生的转折点。之所以这么说不是因为诗集销量惊人或者甚至好评如潮,实际上恰恰相反,这位年轻女作家的作品在批评界反响平平。约翰·兰霍恩(John Langhorne)在《每月评论》中说:"鲁滨逊夫人绝对比不上艾肯和莫尔,(但)有时她也能就某些话题恰如其分地表达自己的看法。"[30][安娜·艾肯(Anna Aiken)就是后来的安娜·巴鲍德,她是波尔威尔笔下"无性别的女性"之一,也出现在《唐·迪司马罗文界受难图》中站着的那群人中。]约翰在《评论》(*The Critical Review*)上发表的观点略显友好,不过他仍认为这本诗集平淡无奇。他这样描述道,诗集"典雅朴素,真挚恬静,诗律和谐",末了又加了一句"有时候这位灵巧的女士也会忽略诗歌的韵脚"。[31]

尽管这些赞美之词都有所保留,但不难得出结论——与夏洛特·特纳·史密斯和海伦·玛丽亚·威廉斯的诗歌相比,玛丽早期的诗歌还是比较传统的。不过,在诗集里的三十二首诗中,也有只言片语可以显示出玛丽的潜力。在暖意融融的迷人诗篇中,玛丽用甜蜜的感伤之情阐释了单相思、城市和乡村生活之间日益扩大的分歧等诸多复杂主题。以《田园挽歌》("A Pastoral Elegy")为例:

> 仙女啊,你们听听我的歌吧,

> 请停下你们的嬉戏，
>
> 因为年轻活泼的达蒙，
>
> 已经离去——我们的快乐所剩无几。
>
> 那无忧无虑的俊俏牧羊人，
>
> 他的真诚就是大草原的骄傲，
>
> 却离开了我们，唉！绝望，
>
> 世间再无如此的牧羊人。[32]

《致离镇友人》（"Letter to a Friend on Leaving Town"）绝对算得上诗集中的上乘之作。在诗中，玛丽又一次描绘了城市和乡村两个截然相反的世界，并清晰地展现了一位十七岁少女的人生经验，以及自我评估在帮助她领悟生活缺憾的过程中所起到的作用，这种生活就是"流言蜚语和咖啡带来的……稍纵即逝的愉悦"：

> 我高高兴兴地离开镇上，离开它所有的关怀，
>
> 为了美妙的退休生活和新鲜的空气，
>
> 离开了剧院、公园、化装舞会和娱乐嬉戏，
>
> 在孤寂的小树林里度日。
>
> 再会，快活的人群，奢华无度的游行，
>
> 甜蜜的平静邀我来到乡村的树荫，
>
> 林荫路①已不能俘获我的心，
>
> 拉内拉赫也不能带来快意。

---

① 林荫路(the Mall)是英国伦敦一条著名的马路,西至白金汉宫,东至水师提督门和特拉法尔加广场。——译注

我毫无悔意,离开繁华的舞会,

以及美丽的沃克斯霍尔的迷人记忆,

现在我远离了这炫目的圈子,

这些快乐再也不能取悦我腻烦的双眼。

镇上诱人的场景魅力全无,

也不能消除我温柔内心中的惊恐;

那里邪恶和愚蠢让每个胸膛发狂,

而更荒谬的是——也最受敬仰。[33]

虽然公众对这部诗集反响平平,但其真正的价值很快便凸显出来。在诗集出版前,玛丽还在修改校稿时,托马斯的债主上门追讨债务,托马斯因欠债 1200 英镑(约相当于今天的 130000 英镑)被捕。令人难以置信的是,此时玛丽·鲁滨逊的做法同夏洛特·特纳·史密斯不久后的行为如出一辙:她收拾好自己的东西,和丈夫一起进了监狱。和夏洛特一样,玛丽现在一无所有,但她没有被击垮,她是一个有主意的年轻母亲。玛丽准备了一本诗集,寄给了德文郡公爵夫人乔治亚娜·卡文迪什(Georgiana Cavendish, the Duchess of Devonshire),这样的行为彰显了玛丽强大的自信。乔治亚娜立刻传唤玛丽来到德文郡府邸,赠予了她一笔可观的钱财,当时乔治亚娜"态度温和,充满感情",还流下了"几行同情的细泪"。[34]得益于此,玛丽和托马斯·鲁滨逊终于摆脱牢狱之灾。

这一事件如此出乎意料的解决方式让我们不禁想知道:玛丽在致乔治亚娜的信件中,展示了怎样的文才和天赋,才能让一位素未谋面的公爵夫人主动邀请她前往德文郡府邸并给予她经济支持?这位公爵夫人与玛丽年纪相仿,也是一位作家,她思想自由,却受困于一场糟糕的婚姻之中。或许当这个失意的十七岁女孩拿着一本鲜有人问津的诗集出现在她门前时,她发现了这个女孩身上的某些闪光点(抑或在这个女孩身上认出了自己的影子)。①

　　玛丽利用这部诗集获得了一份相伴终生的友谊和赞助。自那时起,她跟乔治亚娜的亲密关系丝毫没有疏远过。从接下来的一部作品《囚禁》(*Captivity*)开始,玛丽创作了许多献给公爵夫人——"忧郁的女赞助人"的作品,借此"再次表达我对您的谢意,感谢夫人赐予我不能承受的恩惠"。[35]她运用甜美的语言赞美自由,并表达了对未来的期冀:

　　　　美妙的自由,让我乘着你柔软的翅膀,

　　　　教我用你无比的快乐来歌唱,

　　　　教我温柔的缪斯展翅初次飞翔,

　　　　去往最纯粹的魅力邀请的甜蜜地方;

　　　　那里无忧无虑的快乐掌控一切,

　　　　如神般的美德让心灵和谐。

　　　　美妙的自由,一个女人向你献上

　　　　这组微不足道的虔诚颂歌。[36]

　　托马斯和玛丽·鲁滨逊靠着公爵夫人的慷慨解囊,重新回到了伦敦社交圈的中心,不过此时他们的心境已和之前不同了。两人的经济状况相当窘迫——乔治亚娜的赞助不足以维持他们长久的生计,而玛

---

① 乔治亚娜本人就是一个狂热的赌徒——并因此欠下巨额债务——我们可以推测,她很可能非常同情玛丽所处困境的性质。

丽诗歌作品的收入只是杯水车薪。托马斯一面在律师职业发展上毫无建树,一面又债台高筑,因此两人必须挖掘新的收入来源。除了经济上的负担外,玛丽还面临着一个无可避免的事实,那就是她和托马斯的婚姻已经名存实亡。托马斯"一而再再而三地做出有损名誉的"不检点行为,在玛丽的文字中,苦涩之情溢于言表:"即使我是与他同守铁窗的伴侣,是受制于其需要的忠诚的奴隶,(他)还是沉迷于最卑微可耻的勾当……(和)一群低贱的女人纠缠不清,这些人生活放荡,早就成了社会的耻辱和弃子。"[37]托马斯冷漠无情,甚至明目张胆地和妓女们厮混,丝毫不顾忌妻子就坐在隔壁房间里。

庆幸的是,玛丽知道一旦她重返舞台,这两个问题都会迎刃而解。如果在舞台上一举成功,玛丽便可以获得收入以维持原有的生活品质,并与寻花觅柳的丈夫分开,宣告自己的独立。做一名演员,玛丽就可以成为一位独立自主的女性,还有自己的收入。

此时玛丽已经离开剧院三年了,在这三年里,她之前的指导老师大卫·加里克已经退休,不过德鲁里巷剧院的新经理理查德·谢里丹曾见过她排演科迪莉亚的戏,对她的回归喜出望外。玛丽开始为第一个角色——朱丽叶准备起来,她不知疲倦,"满怀热情,兴奋不已"。首演之夜,玛丽身着饰有蕾丝花边的绸缎,戴着及地长面纱,从舞台侧面昂首阔步地走进观众的视线,她的心"抑制不住地狂跳着",接着整个剧院都沸腾了。[38]甚至懈怠麻木的批评家都觉得他们发现了一位难得的人才。《新晨邮报》(*New Morning Post*)曾评论道,"在这个舞台以及其他舞台(考文特花园)上,已经有不少时日没见过如此出色的女演员了"。《晨间纪事报》(*Morning Chronicle*)强调了"玛丽深谙如何感知人物角色……回想起之前不少初出茅庐的女演员塑造的朱丽叶形象,她扮演的(朱丽叶)在观众心中留下的印象更为深刻"。据《公报》(the Gazetteer)记载,"昨晚饰演朱丽叶的年轻女士赢得了众人非同凡响的掌声"[39]。尽管有些评论家也挑出了小毛病(有人认为玛丽的举止仪态有待改进,有人指出她步态的问题,还有人觉得她的表演不够成熟),但是,玛丽·鲁滨逊夫人还是取得了压倒性的好评。紧接着她又获得了新角色,在《亚历山大大帝》(Alexander the Great)中饰演斯妲特拉,演出时间就在下个月;随后玛丽还在《斯卡伯勒之旅》(A Trip to Scarborough)中饰演阿曼达。那段时间,玛丽一切都做得很出色,即使遇到问题也临危不乱。比如在《斯卡伯勒之旅》的演出过程中,观众发现这部戏不过是把约翰·范布勒爵士(Sir John Vanbrugh)的《故态复萌》(The Relapse)改头换面搬上舞台后,开始发出一片嘘声,而此时这位年轻的明星没有像其他演员一样仓皇逃到后台,她走上前去,以自己惯有的果敢和风度向观众屈膝致意。[40]"这个屈膝礼点燃了整个剧场的热情,引发了雷鸣般的掌声。"[41]

在接下来的三年中,玛丽在德鲁里巷剧院的人气不断高涨。她尤其擅长扮演莎士比亚剧中的人物,这段时间内奥菲莉娅、安妮夫人、麦克白夫人都是她主攻的角色。除此之外玛丽还扮演过《老实人》(The Plain Dealer)中的菲德利娅(一个男扮女装、身穿"马裤"的角色,难登大雅之堂),卖座喜剧《老单身汉》(The Old Bachelor)中的阿拉明塔,以及《营地》(The Camp)中的普卢姆夫人。玛丽甚至还亲自创作了滑稽戏《侥幸逃脱》(The Lucky Escape)——这是自《囚禁》之后她创作的又一部作品。评论家们对其给予了积极的评价:"这部剧构思精巧,同时所有的演员都充分展现了自己的表演天赋,为作品增色不少……语言细腻优美是作者最鲜明的特点。"[42]

玛丽奠定了在德鲁里巷剧院超级巨星的地位后,其收入也水涨船高,她利用这些钱为自己配置了更多的马匹、女仆、礼服、鞋子还有俏皮的帽子——当然也默默偿还了托马斯一直背负的债务。然而光鲜亮丽的生活之下,玛丽的婚姻状况却持续恶化,1779 年她与丈夫托马斯分居。托马斯搬去和德鲁里巷剧院的一名舞蹈演员住在了一起,而玛丽则用自己的收入在考文特花园的格雷特广场(Great Piazza)上租下了一栋华丽的住宅。自此,玛丽开始与众多情人约会,其中不乏政治家查尔斯·詹姆斯·福克斯(Charles James Fox)和啤酒大亨继承人约翰·莱德爵士(Sir John Lade)这样大名鼎鼎的人物,还有一些想要把她纳入"保护范围"的贵族——私下给玛丽一笔钱,要求和她建立长期的情人关系。玛丽拒绝了许多人的邀约[甚至包括鲁特兰公爵(Duke of Rutland)提出的每年六百英镑的包养费,这笔钱相当于今天的七万英镑,足够让玛丽过上衣食无忧的生活],但也接受了一些人的求爱并爱上了他们,对此她丝毫没有感到愧疚,因为她"不幸地嫁给了一个既不爱自己又不重视自己的男人"[43]。

　　八卦专栏作家和廉价的、随处可见的漫画对玛丽极力吹捧,赞美她性感曼妙的身材。在这种宣传攻势下,到二十一岁时,玛丽·鲁滨逊已经成为伦敦最受欢迎的女演员。尽管玛丽在当时不少著名戏剧中担任主演,但是直到她在德鲁里巷剧院的第三年——当时正值多部莎士比亚戏剧(《哈姆雷特》和《理查三世》)被搬上舞台——玛丽才出演其表演生涯中最重要的角色,加里克版《冬天的故事》(The Winter's Tale)中的珀迪塔。

　　1779 年 12 月 3 日,皇室成员来到剧院观看演出。国王乔治三世和王后也亲临剧院(坐在舞台右边,玛丽望着他们,感到"莫名的惊慌"[44]),还有他们的儿子乔治(后来的乔治四世),当时乔治只有十几岁,还没有成为简·奥斯汀时期那个声名狼藉、肥头大耳的浪子。尽管美酒和女人也是他的心头好,不过那时的乔治还是以酷爱绅士娱乐活动、出手阔绰而闻名于世。

演出开始后,玛丽身着紧身的挤奶工工作服,戴着红丝带[45],悠闲地踱上舞台,步态、台词一气呵成。而此时人们议论纷纷的却是乔治王子对玛丽扮演的珀迪塔表现出的关注:整场演出过程中,乔治始终目不转睛地盯着玛丽,欲望的火焰在他的眼中熊熊燃烧。玛丽对这一切却毫不知情——她一直全身心地投入表演——不过演出结束时她立刻就注意到:"就在幕布徐徐落下之时,我的目光与威尔士亲王的眼神相遇;那神情我永生难忘,他微微点头……我感受到了他的赞许,感激之情让我羞红了脸。"[46]

就在乔治王子看到玛丽的第二天,他便写信与当时的女友分手,并宣布开始追求另一个女人:前天晚上那个熠熠生辉的女演员,"鲁滨逊……一位倾国倾城、完美无瑕的美人"[47]。接着他又写了一封信,这封信是给玛丽的(诸多信件中的第一封),信中乔治表达了自己对玛丽的一片痴心,并要求与"珀迪塔"见面细谈,落款是玛丽在《冬天的故事》中的爱人"弗洛里泽尔"。玛丽得知"欧洲最受人仰慕、最有涵养的王子深深地爱上了自己"[48]后,有些受宠若惊,但她不知道接下来会发生什么:如果几周后乔治玩腻了,把她抛弃,她该怎么办? 如果两人开始这段感情,就需要面对令人压抑的公众关注以及无情的曝光度,不过乔治王子信誓旦旦地说自己"神圣不可侵犯的爱恋"以及"一封封信件中热烈的爱慕之情"绝不会让他做出任何始乱终弃的举动。[49]但这只是空头支票,玛丽已经受到过这样的感情伤害了。因此玛丽决不让步,直到得到了称心如意的保证:"承诺乔治成年后,支付总额为两万英镑(相当于今天的两百多万英镑)的费用……由王子签名并以皇家纹章封印。"[50]这笔真正的财富最终让珀迪塔投入了弗洛里泽尔的怀抱:玛丽放弃了自己的表演事业,成了英国法定继承人的专职情妇。

几次幽会后,两人开始在皇室用人嘈杂的住所里交欢,接着是鸡尾酒会,持续到凌晨三四点、周而复始的狂欢,各式各样的礼物:珠宝、微型画像、鲜花、甜点,不一而足。[51]虽然玛丽被幸福快乐所包围,但她没有受到蒙蔽,她从未忘记自己的真实处境:"我的灵魂如何能将这样一位丈夫奉若神明! 唉,多少次,我的灵魂热切盼望,只有我孤身一人……多少次,我哀叹命运横亘在我们两人之间的距离。"[52]

1780 年 7 月,《晨邮报》称有人看见两人在剧院里暗送秋波,据报道,"一位年轻的女演员,英国上流社会的核心人物闪亮登场……她浑身散发出公爵夫人的优雅风度和雍容华贵的气质,让整个女性群体相形见绌,也让每位观众惊讶不已"。几天后,这份报纸又表达了对玛丽·鲁滨逊的惊叹,极力渲染她如何"俘获一位风华正茂、气度不凡的王子的心,特别是这位王子终日被英国宫廷众多美女包围,每个人都使出浑身解数想要让他拜倒在自己的石榴裙之下"[53]。对于玛丽,有人爱她,也有人因为她傍上了位高权重的情人而鄙视她,但不管人们对她抱有怎样的感情,毫无疑问,玛丽都是当时无人不知无人不晓的人物:

> 无论何时,只要我出现在公共场所,众人的目光就会把我吞没。我常常不得不中途离开拉内拉赫(花园),因为人们围住了我的包厢,好奇地盯着我看;甚至走在伦敦的街道上,我也不敢随便走进哪家商店,否则一定会引发剧烈骚动……这样一连串荒谬的事情不由得让我发笑。[54]

日复一日，乔治挽着玛丽招摇过市。两人是当时最有影响力的情侣，他们的一举一动都是公众事件，当然玛丽是所有事件的中心。她穿着最新潮、最有质感的衣服，参加派对，出席音乐会，端坐在歌剧院的私人包厢里，或是乘坐自己奢华的敞篷马车，穿过圣詹姆斯街（St. James's Street）和蓓尔美尔（Pall Mall）街，去其他名媛华丽气派的家中做客。

但是没过多久，骄奢淫逸就变成了负面的公众形象，风流韵事引起了流言蜚语，而激情澎湃则招来了不顾一切的怒火。舆论界热火朝天地讨论起玛丽及其放荡不羁的生活方式，很快，迫于压力，玛丽就不能对这些批评的声音熟视无睹了。"谩骂之声如洪水般不断增长"，毫不留情，从《晨邮报》刊载的这封恶毒的"编剧"来信中可见一斑。[55]信的作者得知玛丽在剧院中租了一间私人包厢后，怒火中烧，他用恶毒的语言叫嚣着玛丽就是一个娼妓：

> 这位 R 夫人去年冬天还是一名演员，告别舞台后，她的境况和品性没有得到丝毫改善，其厚颜无耻的程度史无前例、无法原谅……我从未听说过哪个从事卖淫活动的人能减轻罪名或是不因此而蒙羞。无论这个时代如何荒淫无度，我相信即使是我们这个性别中最放荡之人，也会对把妻子、姐妹或是女儿带到剧院包厢中的想法嗤之以鼻，因为在那里她们肯定会被一群明目张胆的娼妓包围。无论是为了公众的利益，还是出于自身的考虑，剧院经理都应该把侧包厢留给那些谦逊有度、声誉良好的女性。[56]

玛丽的拥护者也不甘示弱，他们赞扬玛丽的表演天赋，认为那些看不惯她的人，不过是感觉到嫉妒之手正悄悄扼住了他们包裹严实的脖颈。[57]然而伤害已经造成,玛丽渐渐走向崩溃。此时在她优雅的外表之下,羞辱感连同怒火正悄然酝酿,只要遇到一点火苗,她便会勃然大怒,一时连自己的名誉形象也顾不及。最尴尬的一幕发生在剧院中,她碰巧看见许久不见的丈夫和一个年轻的女孩亲热搂抱。玛丽拽着托马斯的头发,把他拖进大厅中,接着尽情发泄自己的仇恨,"拳打脚踢,恶语相向,彻底沦为众多听众的笑柄"[58]。乔治王子对这场闹剧大为光火,他表现得非常不高兴;玛丽正在变成一个累赘。[59]

父亲乔治三世一直对乔治施加压力,要求他结束这段风流韵事,而现在面对媒体对两人的负面报道,乔治遵从了父亲的意愿。毕竟他早对玛丽丧失了兴趣,而且已经迷上了另一位女演员伊丽莎白·阿米斯特德(Elizabeth Armistead,巧合的是,伊丽莎白曾在早前版本的《冬天的故事》里扮演珀迪塔,而且她最终成了玛丽的朋友兼情人查尔斯·詹姆斯·福克斯的妻子)。玛丽收到了乔治的简信:"我们不要再见面了!"[60]当时她既心痛,又震惊。不过在没有利用乔治的承诺捞上一笔之前,玛丽还不准备终止两人的关系。凭借自己在舆论界呼风唤雨的能力,靠着陷入绝望前的拼死一搏(要知道,玛丽当初放弃了自己的职业发展才和乔治走到一起,如今她早已丢掉了谋生的本领),趾高气扬的玛丽愤恨地亮出了自己的底线:乔治王子必须赠予她和女儿一笔财产,否则她就把乔治的求爱信公布于众。

公开信件是皇室成员需要不惜一切代价避免发生的事。皇室成员的私人会话,不管是何种形式,一旦公开传播,其结果都是灾难性的。而且考虑到信件的数量(相当之多,几乎每天都有[61])以及内容的私密性,玛丽的威胁极具威慑力。最后,由于害怕曝光,乔治被迫坐在了谈判桌前。经过数月的斡旋交涉,玛丽以赎回信件为条件一次性得到五千英镑,另有每年五百英镑的收入,用以代替总额为两万英镑的债券。尽管这一大笔钱还是无法偿清玛丽的巨额债务,不过每年她获得的收入始终都是乔治王子最大的一笔支出。(他的第二大笔支出发生在1787年,当时乔治花费了三百英镑聘请乐师,这笔花费远远超过了他的其他各项支出,包括支付捕鼠者汉弗莱斯的三十一英镑、购买马车及其装备的二十五英镑。[62])值得一提的是,可怜的乔治三世还曾经不得不借钱支付儿子的分手费,所以可以说,玛丽魅力无穷,竟曾将英国国王玩弄于股掌之上。

1783年,二十五岁的玛丽依旧是社交圈里的性感尤物。玛丽和乔治王子分手后,又结交了一连串大名鼎鼎的情人,并通过极尽奢靡和铺张浪费的生活进一步提升了自己的名望——衣服、马车,还有一张粉色缎面床,据说是"欧洲最华丽考究的家具"[63]。她还和玛丽·安托瓦内特在巴黎相遇,然后成了朋友。玛丽带着一大堆新潮之物回到伦敦后,立刻在时尚界掀起一阵狂潮:其中包括一种头饰(紫色和白色的羽毛上饰以花朵、钻石和蝴蝶结),被《先驱晨报》誉为"时尚的标杆";一件白色缎面礼服,配上夸张的珠宝首饰,玛丽第一次穿着它在公众场所亮相时,整个上流社会都为之倾倒。[64]让时尚圈子感到更为震撼的是玛丽的王后礼服(chemise de la reine)。这是一种款式简洁的白色平纹细布礼服,胸下系着一条缎带,这种礼服竟然去掉了最常见的裙撑和紧身胸衣,女性真实的身材一览无余。1783年,玛丽·安托瓦内特曾穿着这种礼服摆造型,请人为自己画像,如此"裸露"的服装立刻在法国引起轩然大波(以当时的眼光来看,她就好像是穿着内衣摆造型),但是玛丽没有被吓住。[65]她大胆地穿上了王后礼服,并和德文郡公爵夫人一起,带动了礼服的流行,同时预示着一场时尚新潮流的到来——高腰且宽松,面料松垂,款式简洁,配饰较少[66]:简·奥斯汀及其笔下的人物还有机会穿着这样的服饰,而很快在维多利亚时代,束带、支撑衣服的鲸骨、裙环就又重回时尚界了。

除了独具特色的时尚感让公众为之倾倒外,玛丽还成了人们眼中不同寻常的女知识分子——她的才情,而非其时尚风格或声望名气,才是她一生中最重要且不曾消逝的特质。许多记者记下了玛丽灵光一现的聪慧。《先驱晨报》的一位记者说,在她的眼睛中能看到比她所展现出的还要深邃百倍的才智:"智慧的眼睛。我见到了充满辩才的眼睛,那种雄辩术既让人神往又令人生畏——我和一位女士说话,她那智慧的眼睛中闪现出妙语连珠般的光芒,不用一言半语,顿时我已说不出话来。看,鲁滨逊夫人的眼睛!"[67]除了声名煊赫、聪慧过人等特质外,玛丽还与美国独立战争中出现的一位英国战地英雄发生了暧昧的关系,此人名叫巴纳斯特·塔尔顿(Banastre Tarleton),是一名上校。在接下来的十六年中,他一直和玛丽维持着断断续续的情人关系。玛丽还曾怀上了他的孩子。

然而,1783 年 7 月,两人美好的生活急转直下。玛丽怀孕七个月时,为了阻止塔尔顿逃离英国,她在凌晨两点慌慌张张地乘车前往多佛尔。此时塔尔顿已债台高筑,必须立刻逃往法国,但他并不知道,玛丽(在两人的孩子即将降临之际,急切地想要跟他在一起)已经借到了他所需的八百英镑。这个改变玛丽人生轨迹的夏夜究竟发生了什么,我们不得而知,不过据玛丽女儿的说法,一切都源于玛丽感染了风寒,当时"她筋疲力尽,加上精神焦虑,一时疏忽大意,睡在车窗大开的马车里,吹了一夜冷风"。玛丽在床上度过了接下来的几个月,冬季到来后,她的病愈发严重,终日忍受风湿病痛的折磨,"严重的风湿让她渐渐丧失了对四肢的控制能力……正处于花样年华的玛丽,一个可爱却不幸的姑娘,就这样陷入了婴儿般无助的境地"[68]。在这糟糕的几个月中,玛丽腹中的胎儿不幸流产。当代许多学者怀疑这次流产是玛丽身体几近垮掉的催化剂。有人猜测,玛丽曾在马车中大出血并受到感染,引起发热并最终造成其四肢瘫痪;同时体温过低甚至中风也可能是罪魁祸首。[69]不管实际情况究竟如何,我们只知道玛丽一直没能完全恢复下半身的活动能力。自那时起,玛丽的身体变得非常虚弱,经常需要靠别人抬着从一个房间到另一个房间,连上马车也不例外。玛丽腹中塔尔顿的孩子流产后,她再也没有怀孕过。[70]

疾病缠身的玛丽被迫退出社交圈,开始尝试各种方法恢复下半身的力气。为寻找治疗方法,她走遍欧洲大陆:在弗兰德斯(Flanders)("令人作呕的泥潭中"[71])沐浴;在尼斯(Nice)附近的维勒弗朗什(Villefranche)享受日光浴;还在比利时-荷兰-德国边界附近的亚琛(Aachen)尝试矿泉疗养。疼痛难忍时(常常食用鸦片减轻痛苦,这与后来塞缪尔·泰勒·柯勒律治及其女儿萨拉采取的方法非常类似),她还通过写作安抚自己低落的情绪(这种情绪的产生是可以理解的)。此时,卧病在床的玛丽转而"不知疲倦地磨炼自己的才能",不仅将此作为对付无聊的方式,也将此作为未来的职业发展方向。[72]

1788 年,玛丽回到英国,和母亲及女儿在克拉吉斯街(Clarges Street)45 号住下,这里离乔治亚娜在德文郡的府邸仅两个街区。玛丽开始全身心地投入写作,朝着职业女作家的方向发展。她想要彻底摆脱过去珀迪塔的形象,因此在刚开始的几个月,她使用了"劳拉"或"劳拉·玛丽亚"作为自己的笔名。此番隐姓埋名的举动做得天衣无缝——读者们完全没想到这些"极其优美"的诗歌竟出自大名鼎鼎(也是声名狼藉)的玛丽·"珀迪塔"·鲁滨逊夫人之手。[73]甚至在伊丽莎白·蒙塔古建立的蓝袜社这个高级的圈子内,女知识分子们也传诵着玛丽的作品并对其赞不绝口。鉴于玛丽的名声和那一长串情人名单，如果她们知道了作者的真实身份，这一切绝对不可能发生。

习惯成为万众焦点的玛丽很快厌倦了这种伪装。法国大革命的爆发为玛丽提供了契机，让她能够充满自信地就自己感兴趣的话题进行创作，于是她立刻放弃了匿名发表的方式。玛丽同夏洛特·特纳·史密斯和海伦·玛丽亚·威廉斯一样，是一个激进分子、世界主义者，也是大革命的忠实拥趸（我们不禁怀疑，玛丽遭到威尔士亲王抛弃的经历，是否坚定了她对革命正义性的信念），她甚至还参加了大革命早期狂热分子的组织。在这场"具有革命性意义的讨论"中，玛丽创作了诗集《去吧世界》（*Ainsi va le monde*）进行宣传鼓动，这本小册子出版后，立刻得到了最挑剔的评论家们的交口称赞，这回他们都知道这部作品出自何人之手了。一位评论家在《每月评论》中说："这饱含诗意的呼告……通篇来看，让我们折服于这位优秀作家——鲁滨逊夫人的文学才能。"[74]《大众杂志》（*General Magazine*）更是不吝赞美之词，称赞玛丽"精心雕琢的情感"和"精确独到的品位"。[75]此时玛丽似乎不再关心把自己和珀迪塔划清界限——获得如此赞誉之后，她哪里还需为此烦恼呢？《去吧世界》出版后立刻再版了，很快又被翻译成法语——巴黎人民怎么会不与这样的文字产生共鸣呢？

> 什么样的魔力让人类蔑视
>
> 暴君的命令和压迫者的锁链；
>
> 什么让热情洋溢的自由
>
> 把难以抑制的喜悦注入人们心间；
>
> 召唤出光荣火焰每一束隐藏的火花，
>
> 鼓动纯洁的头脑立下英勇的功勋；

是什么赋予自由至高无上的快乐?

效仿,本能,天性,权利……

看! 焚香从她的圣殿里冉冉升起;

听!"自由"在圆顶苍穹下回荡。

女神发出神谕!

哦神圣的旨意——

暴君将倒下——胜利在望

人类终将自由![76]

　　一年后,玛丽再次以法国大革命为题材出版了小册子《法国王后现状的公正反思》(*Impartial Reflections on the Present Situation of the Queen of France*)。在这本小册子里,她表达了自己的心声,恳求公众反思他们对老朋友玛丽·安托瓦内特采取的暴力行为。玛丽·鲁滨逊不声不响地登上了文学舞台,并发现公众的赞誉之声"超过了她最乐观的预期",这时她决定开始努力赚钱谋生。[77]接下来,玛丽的小说作品即将诞生。

　　1791 年,玛丽的《公正反思》及诗集第二卷出版发行,很快成为热销图书,不过与玛丽的下一部作品相比,还是小巫见大巫了。玛丽的第一部小说《梵森泽;又名轻信的危害》发行当日就被抢购一空。第二版十二天后再次售罄,一周后又发行了第三版,之后又加印了两次才满足了读者的需求。当时,这部小说登上英国女作家作品畅销榜,同时位列 18 世纪后期畅销小说前百分之五。[78]

　　《梵森泽》的主人公埃尔韦拉和夏洛特·特纳·史密斯《埃米琳》中的女主人公,以及夏洛蒂·勃朗特笔下著名的简·爱一样,都是优雅智慧的典范,而且她们都经历过一段孤寂的时光。埃尔韦拉"思想活跃、诚实、善良、纯洁、优雅、不做作",没有一丁点儿缺点——她是完美无瑕的,是"想象中最美好的人物"。[79] 埃尔韦拉美丽动人,不过她和埃米琳一样,对自己的身世一无所知,小说中的大部分内容都在讲述她如何解开身世之谜。随之而来的是哥特式的不幸遭遇:埃尔韦拉与阿尔曼扎王子坠入爱河,王子是埃尔韦拉一家人的朋友,他曾在埃尔韦拉家附近打猎时受伤;经过一连串反反复复的示爱,埃尔韦拉决定接受王子的求婚并从此过上幸福的生活。接着在筹备婚礼的过程中,埃尔韦拉发现了一个隐秘的箱子。她在箱子里发现了亡母马德琳·梵森泽的一封信。马德琳如幽灵般在小说中反复出现,她受到引诱的故事和玛丽·鲁滨逊的经历如出一辙(至少从玛丽的角度看是这样):

> 我把王子视为我的朋友,我的保护神:他利用那些秘密的头衔掩盖最黑暗的意图;在友谊面具的掩护下,他赢得了我的尊敬——尊敬慢慢加深,变成了爱慕之情。他发现了我心灵上的弱点,并用尽真诚和殷勤的手段击败了他必须守卫的荣耀。[80]

要是埃尔韦拉没打开这箱子该多好! 这封信引发了接下来的悲剧:埃尔韦拉发现,诱奸母亲的人竟是未婚夫的父亲,而她则和自己同父异母的兄弟订了婚。埃尔韦拉惊恐万分,她陷入了愁云惨雾之中,精神恍惚。在这个常人避之不及的关头,玛丽充分显示了自己果敢的创作风格。玛丽没有给予埃尔韦拉重拾自我的机会,她的结局与《埃米琳》中的阿德利娜截然相反(阿德利娜最终与其私生子的父亲结婚,实属奇迹)。玛丽遵循哥特式小说的风格,揭露了这样一个悲哀的事实:在这种社会体系中,根本不存在幸福的结局——一个女人无论多么高尚美丽，只要有了污点，便与死人无异。埃尔韦拉别无选择，只能通过死亡获得甜蜜的超脱。

《梵森泽》文辞优美精湛，富有诗意，尽管略显冗长。即使如此，现代读者还是会觉得这本小说有些荒诞不经。小说充满哥特式元素（吱呀作响的门、数不清的秘密、蓄意谋杀和诱拐、身份不明的人物，还有疑点重重的事件），故事发生在一座摇摇欲坠的城堡中。在这个古老的建筑中，一切——甚至是早饭——都蒙上了一层神秘的色彩。总之，这是一部写法老套、戏剧性极强的作品。[81] 不过，正如关于18世纪女性生存困境的评论所说，考虑到女性的选择相当有限（尤其是对于那些回避社会规范的人来说），《梵森泽》是一部非常成功的作品。小说中对于贵族阶层的看法，让学者们不禁赞叹作品"充满革命色彩"[82]。玛丽·鲁滨逊的小说首开先河，比玛丽·沃斯通克拉夫特激进的女权主义论著《女权辩护》以及夏洛特·特纳·史密斯的《老宅》更早一步，论述了将封建权力赋予黄毛小儿的愚蠢荒诞：

> 卑微又狭隘的脑袋常常羡慕拥有高贵头衔和空洞荣誉的人。无知之人只会崇拜华而不实的附属品，那些通常称作"等级"的东西的附属品。他们想象自己看到了上千个光芒耀眼的优雅之人，不仅抬高也美化了那经过粉饰的虚假的显赫。低声下气的阿谀奉承之人，吃的是唯唯诺诺制成的面包，中的是谄媚气息之毒，对于他们来说，这点微不足道的伟大就是崇敬的对象。愚钝的童年时期以各式各样的玩具为乐。但是开明的头脑有自己的思想；他探索洁净无瑕的真理；他运用不偏不倚的判断力，衡量杰出之才的权利和主张；他因理性而狂喜；他以无畏的精神，反对任何胆敢侵犯他一丁点儿特权的革新。[83]

由于当时英国对法国大革命持支持态度,此番慷慨陈词让评论家们不遗余力地称赞《梵森泽》的伟大之处:"一桩家庭悲剧的记录,既扣人心弦又让人扼腕叹息,这位优秀的女作家妙笔生花,为故事平添了独树一帜的风味,典雅而富有变化";"这位优秀作家将其在诗歌作品中展现的天马行空的想象力和出色的语言功底,又一次运用到了散文叙事中";"其作品的数量和多样性让我们认为,在攀登诗歌高峰的过程中,她超越了英国其他虔诚的女作家"。[84]

尽管玛丽·鲁滨逊取得了巨大成功,但她在人生的最后八年中,经历了常人难以想象的跌宕起伏。玛丽和塔尔顿在一起的日子里,塔尔顿一掷千金的赌博,再加上向来鲁莽大意的行事风格,让玛丽陷入了经济困境。经过十六年的分分合合,两人最终分道扬镳,同时也给玛丽留下了数千英镑的债务——她的钱连租普通房子尚且不够,更不用说高档住所了。等待玛丽的是一种全新的、更加简单的生活。

玛丽停止了社交活动,现在,她终于可以成为一位独立的女作家,从某种程度上来说,这似乎是她一直向往的角色。此时,玛丽的创作灵感迅速喷发。起初她住在圣詹姆斯广场(St. James's Place)14 号一处还不错的住所,后来和女儿搬进了恩格尔菲尔德格林(Englefield Green)附近的一间村舍,此间玛丽心无旁骛,内心想法层出不穷。她很快便写出了第二本小说《遗孀;又名现代图景》(*The Widow, or a Picture of Modern Times*)、一卷诗集以及戏剧《无名小卒》(*Nobody*)。随后玛丽又转向哥特式小说,创作出以法国大革命为背景的《休伯特·德·塞拉克》(*Hubert de Sevrac*)和《安杰利娜》(*Angelina*)。后者深受玛丽·沃斯通克拉夫特的喜爱,她称赞它"不偏不倚、生动活泼、合乎情理":"书中感情丰富……饱含独立的精神和高贵的优越性。"[85]

沃斯通克拉夫特是一位捍卫女性权利的先驱,而玛丽则是她的忠实拥趸。获得偶像的赞许后,玛丽继续创作了多部风格激进的小说[《沃尔辛厄姆;又名自然的学生》(*Walsingham; or, the Pupil of Nature*)、《假朋友》(*The False Friend*)、《私生女》(*The Natural Daughter*)],还出版了《致英国女性的一封信:论思想从属的不公》(*A Letter to the Women of England, on the Injustice of Mental Subordination*),毫不留情地回击了 1799 年的反女权思潮。当时正值沃斯通克拉夫特回忆录在社会上引发激烈论战,玛丽考虑再三,决定以笔名出版这部惊世骇俗的作品(不要忘了,这是一位渴望成为焦点的女性),因为如果不这么做,她必然会遭到猛烈的攻击。

同时,玛丽还积极为《晨邮报》撰稿,发表了大量描绘伦敦上流社会生活的文章,如《现代男性时尚》("Modern Male Fashions")和《赌徒》("The Gamester"),其中后者是一篇讽喻赌博之危害的小文。除此之外,玛丽还在《现代爱情的构成要素》("The Ingredients Which Compose Modern Love")中就两性关系发表了自己的独到见解,并在连载《少女随笔》("Sylphid Essays")中讨论了各种各样热门的话题:对女性才能的压迫、变幻莫测的时尚、"热爱冒险"的女性以及自我重要性等。[86][十五年前,正是《晨邮报》刊载了"编剧"对玛丽的辛辣讽刺,如此看来,玛丽成为其撰稿人的举动,让人不禁怀疑在此期间报纸出版商发生了怎样的更迭。可惜的是,我们不知道玛丽为何会转变态度。这或许与丹尼尔・斯图尔特(Daniel Stuart)1795 年从《晨邮报》总编辑约翰・贝尔(John Bell)处收购该报有关,或者更有可能的是玛丽在图书出版间隙需要稳定的收入来源。]

1799年末,玛丽取代罗伯特·骚塞成为《晨邮报》的诗歌主编。罗伯特是萨拉·柯勒律治的抚养人(第五章会提到)。玛丽的职责还包括筛选和编辑其他诗人的作品,她频繁出入《晨邮报》的办公室,也因此和塞缪尔·泰勒·柯勒律治成为朋友。当时《晨邮报》已成为保守派报纸,柯勒律治则为其撰写政论文章,在此过程中,他对玛丽产生了极大的钦佩之情:"她绝对是一个天才般的女子……我从未见过有人拥有如此丰富的思想——负面的、正面的、中立的,我向你保证,不仅丰富,而且充盈。"[87]柯勒律治对玛丽的迷恋甚至未随其日渐衰老而减弱——"啊! 这女子天赋异禀"[88]——1800年,就在玛丽去世前几个月,柯勒律治还把诗歌《忽必烈汗》(*Kubla Khan*)的草稿拿给她看,这部传世名作是柯勒律治吸食鸦片期间创作的,是他最有名的作品之一。柯勒律治的朋友、同为散文家的托马斯·德·昆西(Thomas De Quincey)也在吸食鸦片,以此缓解不明原因的身体疼痛[后来,德·昆西在其畅销书《英国鸦片瘾君子的自白》(*Confessions of an English Opium-Eater*)中讲述了这段经历]。不过直到柯勒律治知道玛丽·鲁滨逊也吸食鸦片以后,他才向玛丽吐露实情。一次,玛丽在药浴中度过了疼痛难忍的一天后,一口气吞下了八十枚鸦片,醒来后,她和柯勒律治一样觉得灵感涌现,诗意大发。于是玛丽写下了自己的《忽必烈汗》,而那时柯勒律治甚至还没开始构思《忽必烈汗》。这一作品最初名为《疯狂》("Insanity"),出版时更名为《疯子》("The Maniac"):

> 啊! 你是谁,谁的眼球在转
> 好似游荡魂灵的召唤
> 当炽热的激流从你脸颊滚落?
> 为何苦痛的尖叫

内心无人怜悯的痛苦有话要说？

哦告诉我，可怜的家伙！让我分担你的愁苦。[89]

　　玛丽如此不加节制地食用鸦片，也反映了她每况愈下的身体状况，尽管她努力想要恢复健康，但随着 1800 年秋天的到来，她的身体状况急剧恶化。柯勒律治非常担心玛丽的状况，他写信给两人的共同好友作家威廉·戈德温（William Godwin，威廉正经历丧妻之痛，三年前他的妻子玛丽·沃斯通克拉夫特去世）："你最近见过鲁滨逊夫人吗？她身体如何？请代我向她致以最亲切和恭敬的问候。"[90]在生命的最后几个月中，玛丽相当虚弱，意识到自己不久于人世后，她将生命的最后时光全部用来不停写作：玛丽首先写出了《抒情故事集》（*Lyrical Tales*），她大胆创新，韵律多变，呼应了威廉·华兹华斯《抒情歌谣集》（*Lyrical Ballads*）的格律样式；接着她又为杂志创作了大量诗歌；最后玛丽完成了《回忆录》。她把《回忆录》交到女儿手中，"要求必须公开书中的故事……向我保证，你一定会出版这本书！"[91]玛丽亚·伊丽莎白当然没有拒绝。冬天渐渐来临，玛丽陷入了昏迷。1800 年圣诞节的第二天，四十二岁的玛丽撒手人寰，去世前她"将跪在床边的女儿搂在胸口"[92]。

　　由于公众对威尔士亲王的兴趣，玛丽在去世后相当长的时间内，一直都是报纸上的常客。纸媒将其描述为"珀迪塔……皇室的情人"，她"开阔聪慧的头脑"总能引发"最精妙高深的讨论"。[93]而王子本人就没有这么招人喜爱了，尤其是在 1820 年登基之后。当时，他与不伦瑞克公主卡罗琳（Caroline of Brunswick）的包办婚姻一团乱麻；同时乔治沉迷于鸦片，浑身横肉，还嗜酒、懒惰，总是在愚蠢的娱乐活动上一掷千金,饱受诟病。他花了 155000 英镑把自己在布莱顿的爱巢英皇阁修葺一新,每年仅在珠宝、餐碟和座椅垫套上的花费就高达 75000 英镑(两项支出分别相当于今天的 10020000 英镑和 4840000 英镑)[94]。虽然乔治恶行累累,但他也是简·奥斯汀小说的"狂热爱好者",还曾要求简将《爱玛》这部作品献给他。简感到非常无奈,但她知道拒绝英国国王的要求是不明智的行为,于是照做了。这段经历一直让简如鲠在喉,其传记作家克莱尔·哈曼(Claire Harman)将这段经历非常恰当地描述为"获得了傻子的赞助"[95]。乔治四世比玛丽·鲁滨逊多活了近三十年,留下多个私生子,不过他在私人信件中极力称赞玛丽,认为她是自己一生的真爱。[96]

虽然玛丽在后半生中从时尚界遁隐,不过她还是给时尚界带来了不可磨灭的影响。被戏称为"珀迪塔礼服"的王后礼服轻柔、宽松,在时尚女性中流行开来(《女性杂志》惊奇地发现所有的女性,"从 15 岁到 50 岁及以上……都身着白色平纹细布礼服",胸下"系着宽腰带"[97]);戴着"鲁滨逊帽"(帽子上有一条宽丝带,可以放下来做面纱用),或是"拉内拉赫专用鲁滨逊帽"(一种饰以花朵的白色大帽子),还有"珀迪塔风帽""珀迪塔头巾"以及袖口红色、巧克力色府绸制成的"鲁滨逊礼服"。玛丽还引领了早上穿着女骑装的潮流,并以自己独特的阐释方式,形成了标准化装扮:珍珠色为主色,黄色为辅色,或是深褐色配猩红色马甲。[98]终其一生,玛丽似乎一直都是时尚的弄潮儿,整个上流社会"讨好般迫不及待地"紧随其后。[99]

玛丽·鲁滨逊是伦敦备受推崇的人物:她是一位拥有众多情人的独立女性;多位要员的好友;还是一名富有创造力、高产的语言大师。由于每一个人(不管是时尚圈还是表演圈子里的人,她的出版商、八卦专栏作家,甚至母亲、女儿和一大群追随者)都想从她身上捞点好处,玛丽的公众形象多少有些精打细算的意味。玛丽甚至在《回忆录》中重新包装了自己,以她认为最满意的方式将自己展现在公众面前:一场失败婚姻中的无辜受害者;尽管生活方式轻浮随意,她还是一位活跃的、有教养的知识女性。真实的玛丽·鲁滨逊是复杂的,而她的说法又有些自相矛盾:玛丽的自我营销和不堪的行为让她名利双收——这些都是她一意孤行想要追求的东西。但是,伴随着名利而来的却是坏名声。随着维多利亚时代的道德在英国占据上风,华兹华斯、拜伦、济慈以及柯勒律治的浪漫主义风格日益成为主流,玛丽及其作品逐渐退出大众视线。

不过,玛丽·鲁滨逊在世期间,没有哪位女性比她名声更坏,她是最常被画成漫画,也最容易(并且最应当)因才华和十足的意志力而受到褒奖的女性。[100]

第四章

凯瑟琳·克罗

(约1800—1876)

*Catherine Crowe*

1850 年 6 月 12 日晚上，在威廉·萨克雷位于伦敦央街（Young Street）的家中，人们正为一场重要晚宴忙碌着。夏洛蒂·勃朗特！简·爱的原型！亲临晚宴！萨克雷并非文坛无名小卒，他刚刚以连载形式出版了小说《名利场》，书中故事令人捧腹又尖利深刻——而夏洛蒂呢？这是一位大人物。几个月前，家喻户晓的柯勒·贝尔（Currer Bell）刚现出真容，当世界知道她究竟是何方神圣时［哈丽雅特·马蒂诺前一年 12 月与夏洛蒂有过一面之缘，据她描述，夏洛蒂是"我所见过的最小巧的人（除了在博览会上）"1］，整个伦敦的人都争先恐后地想要一睹这位地方牧师女儿的风采，此时《简·爱》的第二版正在全英国疯狂热销。

　　但是，夏洛蒂生性羞怯，涉世未深，又不喜欢任何形式的吹捧，因此必须做出一番安排确保她不会感到拘束。萨克雷拿出了最精致的瓷器，准备了最美味的菜肴，这些都无须赘言，不过他还是不放心。为了确保与夏洛蒂近距离接触的都是适宜之人，萨克雷亲自起草宾客名单，精心挑选了他的交际圈中极具才华、学识渊博又平易近人之人出席晚宴。这些人包括托马斯和简·卡莱尔——这对夫妇誉满文学界，虽然历经磨难却一直恩爱如初;夏洛蒂的出版商乔治·史密斯;社交名媛普罗克特夫人(Mrs. Proctor)及其女儿阿德莱德(Adelaide);萨克雷的独女安妮(当时年仅十三岁,后来也成了一位作家);还有萨克雷几位热情开朗的朋友,比如埃利奥特小姐(Miss Elliot)、布鲁克菲尔德夫人(Mrs. Brookfield)和佩里小姐(Miss Perry)。[2]

　　夏洛蒂现身的时间一点点临近,萨克雷不安地踱着步子,紧张不已,生怕晚宴出乱子。当夏洛蒂最终走下马车时,萨克雷和宾客们都呆呆地望着她。[3]在年幼的安妮·萨克雷的记忆中,这是一个"身材娇小、精致、严肃的女士":夏洛蒂羞怯且面带愁容,穿着一件暗绿色礼服,戴着一顶不相称的假发。[4]她戴着连指手套,一言不发地走近,接着萨克雷向众人介绍夏洛蒂,笨拙地把她称作"柯勒·贝尔",夏洛蒂有些愠怒,回答说"她认为有一个叫柯勒·贝尔的出版过一些书……但正和他说话的是勃朗特小姐"[5]。这个夜晚看上去沉闷又无聊,更糟糕的是,接下来气氛也没有缓和的迹象:夏洛蒂·勃朗特比萨克雷想象中的还要不合群,除了和安妮的家庭教师特鲁洛克小姐(Miss Truelock)低声耳语外,她没有和任何人交谈。众人期盼的妙语连珠成了泡影;一晚上,夏洛蒂唯一让人听见的话就是回答了布鲁克菲尔德夫人一个简单的问题:"勃朗特小姐,您喜欢伦敦吗?"她的回答也含糊其词——"喜欢也不喜欢",随后又陷入了沉默。[6]

　　夏洛蒂离开后,萨克雷一路小跑回到聚会上,还在场的文人面面相觑,一脸惊叹。他们已经见到了"伟大的《简·爱》作者……她身上的神秘力量让整个伦敦都在热议她写的书",然而等待他们的却是无趣的闲谈和易怒的性格,妙语连珠和聪明伶俐一点也没见到![7]普罗克特夫人揶揄道,这是她人生中最无聊的夜晚之一,安妮后来也曾写到,那个晚上她觉得无聊透顶,即使多吃一碟饼干,也不会有丝毫起色。[8]

不过这不要紧。这些热衷文学的人很快就会把对夏洛蒂·勃朗特的兴趣转移到其他女作家身上,因为正如 G. H. 刘易斯在其匿名(且无礼的)文章《飞逝的女作家》("Flight of the Authoresses")中所说,伦敦到处都是"拇指沾满墨水的可怕的女人"[9]。让人喜爱的女作家太多了。

在 19 世纪中期,你轻轻一甩裙摆,都会撞倒几个或年轻或年长的女作家。新起之秀玛丽·拉塞尔·米特福德(Mary Russell Mitford)和弗朗西丝·米尔顿·特罗洛普(Frances Milton Trollope)成就颇丰;当然还有夏洛蒂和艾米莉,以及维多利亚时代的文豪乔治·艾略特(玛丽·安·伊万斯)、哈丽雅特·马蒂诺、伊丽莎白·巴雷特·勃朗宁(Elizabeth Barrett Browning)和伊丽莎白·盖斯凯尔;生活在世纪之交的女作家们仍在大量出版小说和诗歌作品,范妮·伯尼和玛丽亚·埃奇沃思就是其中的两位。看到英国的文学市场上充斥着优秀的女作家,刘易斯等男作家开始感到怨恨:"她们扰乱了我的市场……这公平吗?这是淑女风范吗?这可以忍受吗?"此时刘易斯正面临男性作家生涯中的"沉没资本",但不论对此感到多恼火,心存不满的他虽然不情愿,也不得不承认这些女作家中的某些人确实很有才华。他特别提到了范妮·莱瓦尔德(Fanny Lewald)——"不仅是女作家,而且是德国女作家",以及杰拉尔丁·朱斯伯里(Geraldine Jewsbury)——一位吸起烟就停不下来的红头发女作家,她"善用悖论","寥寥数语便能勾画出栩栩如生的人物形象……这些女性,还有其他几位,都很有才华"[10]。

刘易斯接下来描述的一位女性,他所谓的"其他几位"之一,或许是在萨克雷会客厅中的尴尬气氛散去后,除了夏洛蒂·勃朗特之外最受瞩目的宾客。凯瑟琳·克罗是当时最受欢迎的作家,她著作等身,到 1850 年时已出版了八本畅销书,为各类期刊和报纸撰文不计其数,即便如此,她的一大波忠实读者还是恳求她创作出更多的作品。凯瑟琳·克罗是刘易斯亲口承认的唯一让他嫉妒到极点的女作家——"如果她的故事写得不那么好,《社论》(*Leader*)上刊登的就是我的文章了"[11];她也是少数几位成就可与艾略特、狄更斯和萨克雷等同时代更负盛名的人物比肩的维多利亚时代的作家之一。埃德加·爱伦·坡效仿她,查尔斯·狄更斯背弃她,当时家家户户都知道她的名字。

克罗夫人也是萨克雷的宴会上夏洛蒂·勃朗特真正应该认识的人,不仅因为两人有太多的共同之处,也因为几周之前夏洛蒂和凯瑟琳刚好同时出现在一篇文章中,并受到了大力赞扬:"柯勒·贝尔、加斯克尔夫人、杰拉尔丁·朱斯伯里、马什夫人(Mrs. Marsh)、克罗夫人还有其他五十个人对生活的观察敏锐而细致,我们中有多少人能写出像她们一样的小说呢?"[12]

凯瑟琳·克罗生性活泼,天生热情好客,她是个健谈之人,还擅于讲故事,不过在其幼年时期这些特征都没有显现出来。[13]她如初生的婴孩般纯洁无辜,也不像其他女作家那样活跃:至今未发现其少年作品或书信;也没有任何其早年事迹的记录。凯瑟琳的青少年时期平淡无奇,因此挖掘其早年生活经历变得困难重重,甚至其出生时间也尚无定论。有人推定凯瑟琳 1790 年在肯特出生,同时,另有研究倾向于认为她出生于 1800 年,甚至是 1803 年。不过从我们的角度来看,知道凯瑟琳生于 1800 年前后就足够了——这个时候,海伦·玛丽亚·威廉斯正奋力挤入巴黎的精英阶层,而玛丽·鲁滨逊正走向生命的尽头。

凯瑟琳的父亲约翰·史蒂文斯（John Stevens）是摄政王时代伦敦顶级酒店的业主。拜伦勋爵和沃尔特·司各特爵士常在一群衣冠楚楚的士兵的簇拥下，来史蒂文斯的酒店畅饮白兰地。一位约翰·格罗诺上尉（Captain John Gronow）说，酒店外常常停着"三四十匹马和轻便马车"，等候着它们醉醺醺的主人，而对那些没穿制服的可怜人，服务员则上下打量着，并谢绝其入内，"非常严肃而笃定地说酒店里没有空桌了"。[14]酒店成了达官贵人经常光顾的地方，约翰·史蒂文斯用酒店的营收为他自己买下了伦敦梅费尔的住所（他每周在这里待上几天，料理生意），还在巴勒格林（Borough Green）的肯蒂什（Kentish）村为家人购置了一栋住宅。凯瑟琳似乎对这两个住处都很满意，因为她在书中既流露出对伦敦的了如指掌，也表现了对乡村生活的热爱。我们也可以推断，尽管凯瑟琳在两地来回奔波，但她仍然接受了正规的家庭教育：她德语流利，有一定的法语基础，还会弹奏竖琴。总之，凯瑟琳多才多艺，完全符合上流社会的淑女形象。

凯瑟琳和家人住在克拉吉斯街 36 号，巧合的是，这里离玛丽·鲁滨逊刚开始写作时居住的地方仅几道门之隔。在此居住十年后，1822年，年轻的凯瑟琳·史蒂文斯遇到了约翰·克罗上尉（Captain John Crowe）并与之结婚。约翰·克罗是个迷人的高个儿爱尔兰人，曾在滑铁卢战役中立下战功，不过他比凯瑟琳年长，而且对家庭生活也没什么兴趣——尽管必须要指出，凯瑟琳本人可能对家庭生活也没什么兴趣。此时凯瑟琳大概已经三十二岁了（按照她生于 1790 年来算的话），很显然克罗上尉的求婚是个不容错过的机会。她可能感受到了压力，觉得必须找到一个人，或者说随便哪一个人，和他结婚，让自己不必忍受维多利亚时代可怕的独身生活（第六章中有详细叙述）。但是，即便此时凯瑟琳接近"正常"的结婚年龄（根据对其出生年份的一些猜测,这时她也可能只有二十二岁甚至十九岁),从她的书信以及后来与丈夫分居的结局我们可以知道,无论她与约翰·克罗经历了怎样的求爱过程,两人的婚姻都是短暂且平淡的。不过在当时,凯瑟琳还是履行了妻子的职责。

6月6日,两人在奇切斯特大教堂(Chichester Cathedral)举行了婚礼,婚礼结束后凯瑟琳和克罗上尉动身前往科孚岛(Corfu,英国在拿破仑战争期间控制的希腊小岛),和军团及士兵家属住在一起。1823年7月6日,凯瑟琳顺理成章地诞下独子约翰·威廉·克罗(John William Crowe),成为妻子和母亲群体中的普通一员。

三年后,灾难降临。丈夫克罗薪资减半,而且立刻被撵出所在军团——他已过四十岁,不再年轻加上脾气暴躁,不可能继续服役。于是老约翰·克罗的军旅生涯戛然而止了。克罗和家人不得不结束海外生活,来到布里斯托尔附近的温泉小镇克利夫顿(Clifton),这让克罗深感惋惜。[15]对于一位功勋卓越、名副其实的军旅英雄来说,这场人生变故必定是当头一棒;不过对凯瑟琳来说,这却是一个全新的开始。在克利夫顿,凯瑟琳种下了未来职业发展的种子。

一位寻求刺激的老兵为何会选择在寂静的克利夫顿郊区度过退伍生活,个中缘由我们不得而知,不过或许像众多退休的人蜂拥至佛罗里达一样,克利夫顿宁静的生活正是约翰·克罗心之所向。克罗并非孤身一人;克利夫顿租金低廉,冬季气候温和,风景秀丽,温泉遍布,还有不少舒缓的娱乐活动,吸引了众多女王军队的前军官,正如 A. B. 格拉维尔(A. B. Graville)在《英国的温泉疗养》(*Spas of England*)中所说,这里是"半薪名人的集聚地"[16]。克利夫顿聚集了一大群有着辉煌过去、现在却生活拮据的人,在这里,克罗上尉起码生活在体面的环境中,有一群惺惺相惜的朋友相伴。

凯瑟琳也有着同样的感受,生活在一群曾立下战功的军人中间倒也不错。她住在下哈利广场(Lower Harley Place)的排房里,临近埃文河。这个住处地理位置优越,可以漫步林间,享受克利夫顿·格林的便利设施,左邻右舍之间的社交活动也非常丰富多彩。埃伦·沙普尔斯夫人(Mrs. Ellen Sharples)和女儿罗林达(Rolinda)就住在隔壁的下哈利广场 2 号,两人都是画家,她们的作品都曾在皇家艺术学院(Royal Academy)展出过;从罗林达的日记可以看出,当时两个家庭交往甚密。① 两家人经常一起喝下午茶,克罗夫人常常以竖琴伴奏;每周日,她们还会手挽手去教堂;在这个沉闷的小镇里,她们努力发掘各种有趣的方式,为生活增添欢乐。有一个夏夜,罗林达和凯瑟琳在荒野里驾着驴车到处游玩,欢笑声持续数小时不歇。沙普尔斯母女两人都取得了出人意料的成就;尤其是罗林达,她做事极为认真,总是全身心地投入一个接一个的项目,凯瑟琳很可能觉得和她在一起有趣又刺激。

通过沙普尔斯母女,凯瑟琳还结识了另一位文学大师——西德尼·史密斯(Sydney Smith,麦考利勋爵曾称之为"文匠中的文匠"[17]),当时史密斯在文学领域已有不少成就。他创立了著名杂志《爱丁堡评论》(*Edinburgh Review*),除了担任杂志主要撰稿人外,他还撰写了多本宗教和哲学题材的书籍[其最著名的作品当属《关于天主教徒的一封信》(*A Letter on the Subject of Catholics*)及《就天主教问题致选民的一封信》(*A Letter to the Electors upon the Catholic Question*)]。当

---

① 沙普尔斯夫人的作品于 1807 年展出,而罗林达则举办过三次独立展览,分别在 1820 年、1822 年和 1824 年。

时,西德尼·史密斯刚被选出担任克利夫顿布里斯托尔大教堂的高级神职人员,他渐渐成了沙普尔斯和克罗交际圈中的常客。西德尼·史密斯在晚宴上贡献了许许多多诙谐幽默的评说和议论,[18]凯瑟琳坐在这样一群聪慧勤奋的人中间,内心一定有一股强大的力量在悄然生长。1828年到1838年这十年间,凯瑟琳淡出了人们的视线(在她再次出现之前的这段时间发生了什么,我们知之甚少),不过鉴于她的生活中发生了诸多变故,我们可以推测,她认真审视了摆在眼前的路,结果发现它索然无味。我们知道的是,1833年,凯瑟琳的父亲去世,原因不明;父亲的去世让她获得了财务自由,而她与史密斯的友谊给了她极大的勇气,并指导她如何运用这份勇气。(后来凯瑟琳说过,与这位耀眼夺目的文学大家相识是她人生中的关键性转折点。)不管究竟发生了什么,1838年,凯瑟琳与丈夫分居并搬往爱丁堡,开始了文学创作生涯。她的婚姻画上了句号,她也有了可以自由支配的钱:凯瑟琳·克罗自由了。

凯瑟琳大器晚成,一路飞奔,像每个为出走谋划多时的人一样,满怀自信地径直扎入新天地。很快,凯瑟琳潇洒地拉开了后半生的序幕,这是一段丰富而充实的生活。刚刚摆脱束缚的凯瑟琳成了有自由思想的女性,并用父亲的遗产过上了相配的生活:她在爱丁堡的达纳威街(Darnaway Street)买下了一栋华丽的独立小楼,小楼是乔治亚风格的,配有高大的落地窗;雇了一个助理;不需多时,凯瑟琳的会客厅里便挤满了各类社交名流。在建立人脉方面,西德尼·史密斯助了凯瑟琳一臂之力,他执笔为凯瑟琳写了一封推荐信,将她引荐给弗朗西斯·杰弗里勋爵(Lord Francis Jeffrey)。杰弗里是一位响当当的文学批评家,1802年,史密斯正是和他一起创办了《爱丁堡评论》。以杰弗里为跳板，很快，凯瑟琳便游刃有余地穿梭于苏格兰的上层人物之间。在杰弗里位于克雷格卢克城堡（Craigcrook Castle）奢华的客厅里，她认识了查尔斯·狄更斯、沃尔特·司各特爵士、化学家塞缪尔·布朗博士（Dr. Samuel Brown），以及大名鼎鼎的骨相学家乔治·库姆（George Combe）。凯瑟琳是库姆的忠实信徒[19]，她曾如饥似渴地阅读过其包括《人的构造》（*Constitution of Man*）在内的多部作品。当时她已经对超自然现象以及人类灵魂的奥秘产生了浓厚的兴趣，这些话题后来给凯瑟琳的人生带来了翻天覆地的变化，因此大概可以认为，她与乔治·库姆之间的来往尤其起到了推波助澜的作用。

除了社交外，凯瑟琳无拘无束，也没有经济负担，因此她把所有的精力都放在了小说创作上。必须再次指出的是，至今未找到证据证明在此之前凯瑟琳已经有了创作尝试，不过从其早期作品中展现出的娴熟笔法可以推断，她肯定在 1838 年前就写过不少东西（凯瑟琳的首次创作尝试发生在何时至今仍是一个谜，还有待发掘）。但是，作为一位初出茅庐的作家，她或许还弄不清楚什么样的书会大卖，是优质的作品还是低劣的创作。因此，凯瑟琳的第一本书有点类似于在文学领域一次小心翼翼的试水：《阿里斯托迪穆斯》（*Aristodemus*）是一部为舞台创作的诗体悲剧，由于结构陈旧老套，现代学者一直将其称为"被遗忘并且易被遗忘的"[20]作品，所以这本书卖得不好也在情理之中。尽管存在不足，但凯瑟琳的诗中仍蕴藏着不容忽视的文学价值。以诗中谈论老少价值观差异的诗句为例：

> 老人们活得长久；他们过得小心翼翼
> 年轻人大手大脚。生活是他们宝贵的财富，
> 越没有价值，越受人尊敬。最英勇无畏的年轻人

会愚蠢地拒绝,然后抛弃半数的弊病,

那些灰发老人抱残守缺的东西。

生活于我们而言不过是一种手段——载着我们

漂向光荣或快乐的地方,

而我们常常在途中遭遇损伤。[21]

凯瑟琳在出版《阿里斯托迪穆斯》时署名"某夫人",这种罕见的匿名方式又一次给女作家带来了好处。虽然这本书销量惨淡,不过鉴于无人知道作者姓甚名谁,凯瑟琳便可轻易将其抛在脑后,继续努力创作,名誉也不会受到丝毫影响——事实也确实如此。凯瑟琳重新坐到书桌前,思索接下来应该怎么做,不到两年她就给出了答案。

1841 年,埃德加·爱伦·坡的小说《莫尔格街凶杀案》发表后[刊登在 4 月 20 日费城的《格雷厄姆杂志》(*Graham's Magazine*)上],引发了读者浓厚的阅读兴趣。书中充斥着犯罪、侦探、错误的推测和跌宕起伏的情节——小说的结尾更让人拍案叫绝。这类题材颠覆传统,扣人心弦,实际上,《莫尔格街凶杀案》一直被认为是第一部"现代"侦探小说。尽管《莫尔格街凶杀案》中传达了令人难以置信的前卫思想,但在此之前已有不少作家做出了类似的尝试。1747 年,伏尔泰出版小说《查第格》(*Zadig*),同名主人公查第格被认为可能是爱伦·坡笔下人物 C. 奥古斯特·迪潘的灵感来源[22];学者露西·萨塞克斯(Lucy Sussex)认为,威廉·戈德温两部以侦探为主人公的小说,即 1794 年出版的《确是如此;又名凯莱布·威廉斯历险记》(*Things as They Are; or, The Adventures of Caleb Williams*)和 1827 年匿名出版的小说《里士满:鲍街跑探的生活》(*Richmond; or, the Adventures of a*

*Bow Street Runner*),以及安·拉德克利夫1794年出版的《奥多芙的神秘》,其中的悬念和阴谋对文学史上女侦探的出现产生了影响。[23]甚至简·奥斯汀的《诺桑觉寺》也可以被当作犯罪小说的原型——故事中的主人公大胆任性,不放过一点蛛丝马迹。这些情节通常被视为哥特式小说的组成部分,这无可厚非。不过,凯瑟琳·莫兰对于调查的热情或许也可以被当作那些口袋里装着放大镜的女性人物形象的前身,比如凯瑟琳·克罗笔下的苏珊·霍普利。

1841年1月,《苏珊·霍普利历险记;又名旁证》出版,仅仅比《莫尔格街凶杀案》早了几个月。小说的情节与后来爱伦·坡的风格如出一辙:首先发生了谋杀或者失踪案,紧接着侦探剧拉开序幕,整个故事错综复杂,直到结尾才豁然开朗。《苏珊·霍普利》语言流畅,显示了作者妙笔生花的写作技巧(这仅仅是凯瑟琳的第二部作品),而且取得了爱伦·坡梦寐以求的成就:一部极为成功的畅销书。当时人手一册《苏珊·霍普利》,大多数人爱不释手,这本书也是19世纪末到20世纪间犯罪小说竞相效仿的对象。"毋庸置疑,它非常震撼人心,"一位评论家曾这样说道,"读了前二十页后,就再也放不下这本书了。"[24]

《苏珊·霍普利》情节编织巧妙,巧合层出不穷,读者读到后面才会发现之前忽略了许多细节。故事在不同的叙述视角间迅速切换,很快读者就会清楚地意识到,苏珊并非常见的简·爱式主人公;相反,她是错综复杂的人物和事件中那条清晰的线索。关于这位不同寻常的女主角,这里有一段描写:

> 出类拔萃,不同凡响的苏珊!我想,此刻她正戴着一顶整整齐齐的编织帽,身穿一件黄褐色呢大衣,腰上系着洁白的围裙,鼻子上架着一副眼镜,双手娴熟地穿针引线,不是在为我织一双舒

适的羊羔毛袜子来年冬天穿,就是给可怜的老杰里米织一件暖和的背心;或许是别的东西,但不管是什么,总之都是为了某个人的幸福和利益。我相信,如果有一天,奇迹般地,全人类都有了充足的暖和的袜子与背心,苏珊也不会停下手中的活计,无所事事,她一定会给剪了毛的羊羔织外衣,或者给早产的小牛织毛毯。[25]

诚然,苏珊被塑造成了一个平凡而具有自我牺牲精神的人物,实际上她却是一个天不怕地不怕的勇士。根据苏珊的主人哈里·利森的叙述,这个安静、诚实又善良的女孩来到他家,为他捧上"甜到心里"的茶,陪他聊天,让他感受到了家的温暖,而很多年前,她却是一系列调查中的首席侦探,每次都能将罪犯绳之以法,还无辜之人清白。[26]起初,苏珊和哥哥安德鲁受雇于哈里·利森的养父——善良的温特沃思先生,两人和温特沃思及其女儿范妮住在一起,他们生活富裕,其乐融融。然而,范妮的未婚夫加韦斯顿先生却费尽心思地想要霸占温特沃思留给范妮和哈里的遗产。一开始,加韦斯顿想要溺死小哈里(多亏安德鲁高超的泳技,他才没有得逞),接着亲爱的温特沃思先生被发现切喉而亡。这时候,安德鲁和一个健壮的女仆梅布尔一起失踪了,于是大家立刻断定:他杀死了温特沃思先生,然后逃往国外。

苏珊始终抱着怀疑的态度。她觉得其中必有蹊跷,于是立即决定"仔细搜查事发现场,亲自检查房间里的每个角落"[27]。虽然苏珊没有经过专业训练,但她还是发现了一条重要线索:"一对链子连接起来的小饰扣,每颗扣子上都镶有彩色玻璃;其中一颗上面刻着字母 W. G.……正是加韦斯顿先生名字的首字母。"[28]然而,尽管苏珊发现了线索,但她只是一个女仆,并且是哥哥免罪的受益者,一旦她站出来说明真相,必定会有人质疑她的动机。因此她只好去伦敦开始新的生活,在那里几乎没人认识她,也很少有人知道她"不幸的故事"[29]。

在伦敦,苏珊换了一个又一个工作,一次次经历表明,她是一个福尔摩斯式的人物。苏珊的一个雇主被指控盗窃,苏珊证明了她的清白;另一位雇主的女儿嫁给了一位意大利伯爵,而苏珊是第一个怀疑其伯爵身份的人(她的怀疑没有错);后来,苏珊陪新娘在欧洲大陆旅行,路上她认出了梅布尔,就是人们认定苏珊的哥哥谋杀了温特沃思先生后,跟他一起逃走的那位女仆。此时梅布尔已经改了名字,并和一位法国贵族结了婚。她对多年前英国发生的一切毫不知情,因为阴险的加韦斯顿先生早在实施犯罪前就把她骗走了。事态的发展让梅布尔错愕不已,于是她和善良正直的苏珊以及一群侦探一起,开始寻找行凶之人的踪迹。最后,一切终于尘埃落定:

> 加韦斯顿先生走出了法院,等待他的只有两条路:要么声名狼藉地度过余生,要么含羞而死。想到这些,他以最快的速度逃回了布鲁塞尔。立下遗嘱后……他回到酒店的房间里,开枪自尽。[30]

凯瑟琳·克罗因为这个情节以及小说中其他阴暗的片段(毕竟都充斥着蓄意谋杀和无辜之人受累的情节)而遭到诟病。不过,尽管故事情节让人感到毛骨悚然,《苏珊·霍普利》还是在不同社会阶层中疯狂热卖。[31]克罗巧妙地将所有叙事线索编织成了滴水不漏的结局,如此高超的技巧也让评论家们赞不绝口。"我们根本猜不到小说接下来会发生什么,"一位评论家说道,"这本书相当难以捉摸……刚开始,某件事情的发生只是无意之举,后来随着事态的发展,却变成了举足轻重的事件和苦心经营的阴谋。"[32]另一位评论家写道,"在错综复杂的故事中"，苏珊"轻而易举地拨开迷雾"，直奔结局，就像"（复仇女神）德亚·文迪克斯（Dea Vindix）解开所有的绳结一样"。[33]

尽管《苏珊·霍普利》令人惊叹，也有一部分人觉得这种新的创作风格有些让人难以接受。盖斯凯尔夫人认为，只有那些"因懒惰而不愿思考或追求深刻感受的人，那些只想看着一幕幕场景从眼前经过，不需思考它们之间关联（就像我们在孩子面前展现的图景一样）的人"，才会觉得这本书好。[34]凯瑟琳的朋友西德尼·史密斯也觉得这部作品在可信度上稍显逊色，他认为小说里的某些事件严重脱离事实——"午夜时分，小男孩登上护卫舰，神不知鬼不觉地进入船长舱室……苏珊爬进（两层楼的）窗户里，解救两名掷弹兵……"[35]——不过他还是给予了这本书极高的评价，并称赞凯瑟琳能够抓住读者的心，让他们迫不及待地一直看到最后。

虽然《苏珊·霍普利》存在明显不足，但作者高超的叙事技巧却推动作品获得了更广阔的发展空间；这部小说不可能默默无闻，不久它就被搬上了舞台。1841 年 5 月末，《苏珊·霍普利》剧场版在伦敦上演，此剧在伦敦连续上演三百场，随后在美国和澳大利亚也大获成功。[36]埃德加·爱伦·坡不可能不知道这部小说，事实上他可能在创作《莫尔格街凶杀案》之前就读过。1838 年，伊桑巴德·金德姆·布鲁内尔（Isambard Kingdom Brunel）和朱尼厄斯·史密斯（Junius Smith）制造的蒸汽船成功完成跨大西洋的航行，受此激励，没过多久塞缪尔·丘纳德（Samuel Cunard）成立了英国及北美皇家邮件包裹蒸汽轮公司（British and North American Royal Mail Steam Packet Company），欧美大陆之间开始有定期的邮件往来业务。[37]因此，得到一本《苏珊·霍普利》或是看到相关的报纸评论并非难事。虽然这段历史记载语焉不详，但从威尔基·柯林斯早期作品中已有凯瑟琳创作技巧的影子这一点看来,《苏珊·霍普利》的影响显然是广泛而深远的。①

　　回到爱丁堡后,凯瑟琳·克罗平静地庆祝了《苏珊·霍普利》的成功——又坐到书桌前开始创作更多作品。她写成了《男人和女人;又名庄园的权利》(*Men and Women; or, Manorial Rights*)——同样是一本推理小说,主题与《苏珊·霍普利》类似,结构也很严谨;《皮皮的警告》(*Pippie's Warning*)——凯瑟琳五部经典儿童小说中的第一部;《莉莉·道森的故事》(*The Story of Lilly Dawson*)——继《苏珊·霍普利》之后反响最热烈的小说,评论家纷纷称赞其"细致入微的心理描写",并认为书中的莉莉·道森之友梅·埃利奥特小姐"大概是小说中最能干的人物之一"。³⁸凯瑟琳还出版了一些短篇故事,如1846年刊登在霍格(Hogg)主编的《指导者周刊》(*Weekly Instructor*)上的《狼人的故事》("A Story of a Weir-Wolf")。

　　随着凯瑟琳创作出越来越多的作品,她的朋友圈也迅速扩展。到1848年,她已经结识了众多社会名流。在达纳威街的沙龙派对上,在弗朗西斯·杰弗里勋爵的深夜晚会上,凯瑟琳与《英国鸦片瘾君子的自白》的作者托马斯·德·昆西结下深厚友谊。她还热情款待了美国作家、演说家拉尔夫·沃尔多·爱默生(Ralph Waldo Emerson),后经由他介绍认识了伦敦的卡莱尔一家(后来在1850年,也是这家人陪凯

① 威尔基·柯林斯是查尔斯·狄更斯的朋友,也是他的门生,出版著作《白衣女人》(*The Woman in White*),他两次借鉴凯瑟琳·克罗的作品。威尔基的第一部犯罪小说讲述了一个侦探的故事,这个侦探也是一位女仆,与苏珊·霍普利的故事极为相似,后来他还在小说《无名氏》(*No Name*)中使用了凯瑟琳的情节设计:"通过从犯罪嫌疑人身上偷偷剪下的布条,像一块拼图一样,作为证据指认罪犯。"参见萨塞克斯的《侦探女仆》。

瑟琳出席了萨克雷为夏洛蒂·勃朗特举行的晚宴），他们成了凯瑟琳的终生挚友。（如今，卡莱尔一家的哲学、历史和数学著作以及书信集被视为 19 世纪最杰出的作品。[①]）1846 年，凯瑟琳甚至拜访了华兹华斯位于瑞德山（Rydal Mount）的家，并与一家人共进晚餐。

凯瑟琳还认识了大名鼎鼎的邻居罗伯特·钱伯斯（Robert Chambers），此人和哥哥威廉创立了爱丁堡两大知名文学机构——《爱丁堡杂志》（*Chambers's Edinburgh Journal*）和 W. & R. 钱伯斯出版公司（W. and R. Chambers Publishers）。罗伯特本人是一名不可多得的作家，当时他刚刚匿名出版了《自然创造史的遗迹》（*Vestiges of the Natural History of Creation*）一书，受到读者的热烈追捧。这部著作，尽管有些误导，却对达尔文的《物种起源》产生了重大影响，而十年间，关于其作者的猜测也层出不穷。有些人认为作者是女数学家埃达·洛夫莱斯（Ada Lovelace），有些人甚至觉得可能是阿尔伯特亲王（Prince Albert），还有不少人认为凯瑟琳·克罗才是背后的神秘作者。苏格兰记者亚历山大·艾尔兰（Alexander Ireland）曾把凯瑟琳描述为一个"聪明绝顶的古怪之人"，"对科学领域有所涉猎"。[39] 显然，凯瑟琳也是《自然创造史的遗迹》的狂热读者，不过关于其作者，她和其他人一样一头雾水。在一次晚餐会上，甚至有人当着真正作者的面，指控凯瑟琳写了"那本淘气的书"：

---

① 简·卡莱尔为人们所熟知的是其书信作家的身份，不过她也为丈夫的创作提供了灵感。托马斯的许多作品也产生了深远影响：其作品《论历史上的英雄、英雄崇拜和英雄业绩》（*On Heroes, Hero-Worship, and the Heroic in History*）开历史学现代理论的先河（尤其是伟人论）；《衣裳哲学》（*Sartor Resartus*）对爱默生的超验主义产生了直接影响；如今，他发明的用于求解二次方程式的卡莱尔圆也广泛应用于日常课堂教学中。

一个美好的夜晚。随着聊天的深入，几个早有预谋的人使了使鬼鬼祟祟的眼神，几乎把本该保持的严肃态度忘得一干二净……"我强烈怀疑，"提问者说道，"在我对面的（克罗）夫人就是原作者……来吧，承认吧。你否认不了。"克罗夫人没有否认"这个温和的指控"，我们感到既吃惊又非常有趣。她迟疑了一下，看上去有些尴尬，一句话也没说，只是摇了摇头，意味深长地笑了——只说了一句："我想保守秘密的时候自然不会说出来，更不会在无礼之人的强迫下说出来。"几天过后，回想起这个小插曲，还是让人忍俊不禁，事件的主谋和同谋们也大笑不止。[40]

那时他们要是知道凯瑟琳不同寻常的兴趣所在就好了。《苏珊・霍普利》出版后，她对于超自然的兴趣与日俱增，已经不仅是"涉猎"那么简单了。凯瑟琳沉迷于骨相学、催眠术、梦游症以及超自然现象研究，并翻译了德国诗人、医学作家尤斯蒂努斯・安德烈亚斯・克里斯蒂安・克纳（Justinus Andreas Christian Kerner）的《普雷沃斯特的女预言家：揭示人类内心世界及我们所生活的灵魂世界的扩散现象》（*Seeress of Prevorst: Being Revelations Concerning the Inner-Life of Man and the Inter-Diffusion of a World of Spirits in the One We Inhabit*）。此书出版后，她成了唯灵论最忠实的拥趸，并痴迷于与此相关的许多问题：是否存在其他空间维度，灵魂世界是不是就存在于我们身边的平行时空中？

产生这种想法的不止凯瑟琳一人。在19世纪上半叶，工业化在英国如火如荼地进行着，肆意发展的工业化给社会带来了诸多变化，也催生了一丝隐隐的不安情绪。人力为钢铁和蒸汽所取代；科学和技术成为一切事物向前发展的动力；工业和生产力是万物之主。在物质主义大行其道的状况下,哲学领域日益对无法用科学解释的事件抱有深刻偏见,因此,即使随着新型贸易市场的发展,数百万美元涌入处于工业化进程中的英国,人们还是普遍感觉到情感和心智上的空虚。冒着烟的灰色城市和咔嗒作响的机器不能给出一切事物的答案。

在这种情况下,唯灵论运动在英美两国兴起,运动的全新重心不仅是试图证明除了我们可感知的世界外,还有另一个世界存在,还包括如何到达这个世界,如何与之交流并在其中活动。1848 年,美国一对姐妹凯特(Kate)和玛格丽特·福克斯(Margaret Fox)声称可以通过"敲击"(轻敲桌子或者打响指)与鬼魂进行对话,两人立刻成为当时的热门新闻人物。这两姐妹用打响指的方式盘问鬼魂,根据阿瑟·柯南·道尔爵士(Sir Arthur Conan Doyle)在《通灵史》(*History of Spiritualism*)中的记述,"立即得到了回应"[41]。虽然两人没有经过特殊训练,这个鬼魂(假使有的话)也只是个普通人,但"灵魂沟通最终得以实现……(这)昭示着一个全新的开始"[42]。经过这件事后,唯灵论呈星火燎原之势传播开来,一时间伦敦处处可见自称为灵媒的人;晚餐约会常常变成降神会,晚上喝杯酒、抽支雪茄的工夫,你就能知晓自己的命运,或者和去世的亲人对话。

面对超自然风起云涌般的浪潮,许多人持怀疑态度,不过也有一些在科学和技术的陈规教条中探寻真理的人,他们张开双臂对这些不同寻常的交流方式表示欢迎——凯瑟琳·克罗,这位以热情激进的个性闻名于世的神秘学资深专家,就属于后者。凯瑟琳受到《普雷沃斯特的女预言家》一书及乔治·库姆的研究的启发,此前数年间,她一直在苦苦思索梦境、鬼魂、预感、鬼火以及闹鬼的屋子(凯瑟琳坚信孩提时期位于肯特的家附近就有一处鬼屋),对关于化身和灵魂的描述非常着迷，而且严肃认真地追问道：已有几个世纪历史的灵性（spirituality）并非宗教，为何它不能在理性的庇护下重新进入英国？经过长期研究，凯瑟琳认为两者可以融合在一起——"拓展自然和科学的边界，直到两者涵盖我们周围所有正常以及反常的现象"[43]，她这样写道。在证明超自然与科学的结合过程中，凯瑟琳显得决绝而大胆。1848 年，在詹姆斯・扬・辛普森医生（Dr. James Young Simpson）举行的晚宴上（几个月后，这位医生发现了三氯甲烷的麻醉作用），凯瑟琳和另一位客人喝下了乙醚，然后向周围的人求助，"放声大笑，眼睛睁着，没了光彩"。凯瑟琳自得其乐，而同为客人的著名童话作家汉斯・克里斯蒂安・安徒生（Hans Christian Andersen）却震惊不已，他在日记中写道，这次经历"不可思议……我感觉好像和两个疯子在一起"[44]。

凯瑟琳的《自然的夜界；又名鬼魂和鬼魂预言家》(*The Night-Side of Nature; or, Ghosts and Ghost Seers*)是其关于超自然思考的集大成之作，在当时乃至今日，这本书都是其最著名的作品。《自然的夜界》可以算作一部鬼故事集，但实际上它也是开放自由的价值观念与催眠、圣伤、幽灵及其他奇异现象的故事相交织的产物，整本书生动活泼，让人如临其境。凯瑟琳旁征博引，借用从古至今的一个个故事，呼吁人们用不偏不倚的态度看待"另一个"世界存在的可能性，并抨击了那些彻底否定其存在的人。生活在一个工业化、机械化、利益至上的科学所营造的现实中，人们能适应更为广阔的世界吗？[45]凯瑟琳有自己的想法：

> 我们自身的奥秘，我们周遭世界的奥秘，正悄悄浮现在我们的心头……一路追寻它们的踪迹，指引我们的只有那若隐若现的

微光。我们必须摸索着前进,穿过眼前昏暗的道路,冒着误入歧途的危险,同时可能还要充分考虑到,讥讽之光会如影随形(这是个相当好用的武器,对于弱者是致命一击,对于智者却毫无用处),它曾推迟了无数真理的诞生,却从来没有阻止过某个真理的到来。虚伪的怀疑论观点未经调查就予以否认,贻害无穷,甚至比盲目轻信、不加问询就全盘接受所教还要令人不齿;实际上,它只是另一种形式的无知,不过伪装成知识的模样罢了。[46]

凯瑟琳认为,在中世纪时期,"没有人想过探寻所见事实背后的自然因素"[47]。因此,任何一个以女巫或术士身份出现的人,都被认为受到了上帝的诅咒,而不是受到了某种自然因素的折磨。随之而来的是迫害,男子、女子和幼童被杀死,作为祭品进献给她所谓的"迷信的恶魔"。现在人们认为这种行为既野蛮又不合情理,此时的社会主流观点已和中世纪时期的截然相反:"从相信一切到不相信任何事……人类的精神本质被遗忘了;所有理智无法理解、理解力无法解释的东西都被说成不可能之事。"[48]

尽管如此,凯瑟琳还是坚信事情已有转机。虽然当时社会上随处可见物质主义者们打着快速致富的算盘,一台台机器、浓烟,还有迷信生产力的新思潮,但"不久之后,理性之人自然不再将莎士比亚被口口相传的名言奉为圭臬,还会承认'天堂里多的是哲学中未曾想象到的东西'……感谢上帝!我们已经度过了(那个时期)"[49]。

凯瑟琳友善的语气真诚又易于接受,再加上她包容的态度,号召了许多人加入自己的行列,这本书也热销数千本:六年多的时间里,《自然的夜界》共发行六版,畅销欧美各地,读者纷纷沉醉于凯瑟琳描绘的"神秘的边界",无法自拔。一位评论家曾这样描述这个地方:"目之所及是乌云密布的苍穹，双耳所闻是妙不可言的声音，抑扬顿挫却无章法可循，双足行走在幽深的群山间——这里，在自然的夜界，就是克罗夫人安营扎寨的地方。"接着，这位评论家表达了对自己早年信奉物质主义的懊悔之情——"这种惯常的恶习好像总觉得自己比世人聪明似的"——并称赞凯瑟琳在处理许多人难以理解的问题上技高一筹，她的观点"确切可信……读者通常会顺着她的思路走"。[50]实际上，凯瑟琳发出了反对非人化技术的第一声，此后不久，文学界便掀起了更广阔的对抗风潮。[51]〔例如布拉姆·斯托克（Bram Stoker）在唯灵论运动顶峰发表的《德古拉》（*Dracula*）中，范·赫尔辛博士（Dr. Van Helsing）嘲讽式地悲叹，在我们的"启蒙时代，人们甚至连亲眼所见的事物都不相信"[52]。〕《自然的夜界》被广泛阅读，并被多次引用，足以证明凯瑟琳·克罗在探索未知领域方面的先驱地位。不过，《自然的夜界》的畅销却掩盖了凯瑟琳的其他成就；甚至在她在世期间，其小说作品也鲜有人问津，而她装满超自然现象的头脑也开始分崩离析。

《自然的夜界》让凯瑟琳一举成为爱丁堡乃至更大范围内社会、艺术、文学以及科学领域的标志性人物。四年后，到1852年，凯瑟琳已经出版了六部小说，并着手创作第七本；编纂短篇故事和中篇小说集《光明与黑暗》（*Light and Darkness*），于1850年出版；还为期刊投稿三十余篇。罗伯特·钱伯斯经营的《爱丁堡杂志》上刊登了凯瑟琳的多篇作品，1850年，查尔斯·狄更斯在其新创杂志《家庭箴言》（*Household Words*）上连载凯瑟琳写的故事《暗中搞鬼》（"The Loaded Dice"，虽然狄更斯认为这个故事"过于压抑"，并让编辑删去了其中黑暗、病态的内容，特别是"妹妹发疯的片段"。[53]）同年，凯瑟琳之子约翰·威廉辞去在第八十三军团的职务，回到达纳威街与母亲同住。10

月,约翰与苏格兰军官之女菲米·孟席斯(Phemie Menzies)成婚,不到一年,凯瑟琳成了祖母。家庭和工作上的事务一定让她不堪重负。

即便如此,凯瑟琳还是没有停止超自然现象研究,甚至几乎到了疯狂的程度。她日夜研习文本和日记,沉迷于各种理论,想要验证人类到底能不能与灵魂交流的欲望日益强烈。[54]凯瑟琳还急切地想要出版《自然的夜界》第二部,概述自己对超自然现象的看法,不过她觉得还需要收集更多的证据才能以理服人。因此,凯瑟琳似乎没有被自己满满当当的时间表吓住,她长时间穿梭于爱丁堡、伦敦和欧洲大陆,参加降神会和展示会,除了记下自己的见闻外,心无旁骛。然而凯瑟琳已不再年轻了——此时她大约在五十二岁到六十四岁之间——时间一长,身体和精神劳累造成的损害就显现出来了。

1854 年 2 月,凯瑟琳身边的一切看起来都惨淡无光,四处游历可能也是她散心的方式之一。其最新小说《林妮·洛克伍德》(*Linny Lockwood*)的市场表现不及其他作品,而凯瑟琳本人在探索唯灵论复杂世界的过程中进展缓慢,让她渐生挫败感。她的猜想一个也没有得到证实,最终凯瑟琳只得向同意出版《自然的夜界》续集的美国出版商坦白,印刷时间还需延后——还有"许多与这些现象紧密纠缠的东西未被发掘"[55]。凯瑟琳需要一个友善的环境,于是她决定回到爱丁堡,和罗伯特·钱伯斯以及乔治·库姆聊聊。但此时已是 2 月,经过旅途颠簸,最终安顿下来后,她已经身患重病。

凯瑟琳情绪低落,身体虚弱,未完成的工作和毫无进展的猜想让她头脑一片混乱,没过多久,凯瑟琳就跌入人生的最低谷。2 月 26 日晚,罗伯特·钱伯斯发现凯瑟琳出现在爱丁堡街头,身上一丝不挂,口中念念有词,认为自己是个隐身人,后来他把这幅场景描述为"可怕又疯狂的暴露"[56]。据说随后凯瑟琳立刻被裹上衣服，由挚友们扛进室内，不过在整个过程中她已经引发了巨大的关注。很快，女作家裸奔的故事就在爱丁堡传得沸沸扬扬。

几天后，作家、演员范妮·肯布尔(Fanny Kemble)听说了这件事，她的叙述中增加了不少细节，尽管其准确与否已不可考：凯瑟琳看到了圣母玛利亚和耶稣基督，"两人都命令她赤身裸体地走上街头"，在街上转一转，只加了一个要求——"她得到保证，只要右手拿着牌盒，左手拿着手帕，就绝对不会让人发现她赤裸着身体……在这种病态幻想的支配下，克罗夫人按照指示走上了街头"。[57]一时间流言四起，有人嗤笑，有人不安，而范妮的描述不过是流言蜚语的冰山一角。这个耸人听闻的故事越传越离谱，丝毫没有停止的迹象。查尔斯·狄更斯也加入了嬉笑的阵营，并乐此不疲地添油加醋，加入了自己出言不逊的特色。"她失常的怪异表现之一，"他写道，"就是不能忍受任何黑色的东西了。这是一件可怕的事，甚至是在他们不得不给她的火加炭的时候……她现在待在疯人院里，恐怕是无药可救地疯了。"[58]

我们不知道究竟发生了什么，不过实际情况可能远远没有这么戏剧化。可以确定的是，由于精神和身体上的劳累，凯瑟琳产生了心理上的问题，后来罗伯特·钱伯斯介入其中，不过比起把赤身裸体的凯瑟琳扛到楼上，他更可能是在她陷入昏迷的时候帮了她一把。(想想苏格兰2月的气候，一个在午夜时分赤身裸体走在街上的人是多么可笑，哪怕是个精神有问题的人。)五六天后，凯瑟琳在伦敦的汉韦尔精神病院(Hanwell Asylum)接受了约翰·康诺利医生(Dr. John Conolly)的诊疗，康诺利医生算得上当时精神疾病领域最权威的专家，诊断结果让大家舒了一口气：医生说，凯瑟琳压力过大，而她长期不间断地沉迷于鬼魂幽灵更是雪上加霜。[59]他让凯瑟琳回家休整几个月，不要再胡思乱想。

凯瑟琳立刻致信各大报纸，详细解释了事情的来龙去脉，然而已于事无补。当时，女性已经因为昏厥、抽搐，最糟糕的还有"癔病"（当时人们竟然认为这是子宫在身体内自由游走造成的[60]）而饱受诟病。那些本来就对女性持有偏见之人，更是抓住机会，利用凯瑟琳的故事抗议女性在社会中新取得的突出地位，指责唯灵论只是带有欺骗性质的哗众取宠。[61]凯瑟琳的闹剧给人们带来了无尽的笑料，她的故事也被人们口口相传。凯瑟琳的故事首先登上了报纸，第一篇是《泰晤士报》上一则匿名的短篇报道，接着还有两篇分别刊登在《生命者》(Zoist)的两期上，这份报纸还刊载了凯瑟琳的辩驳及其一位友人的驳斥（尽管《生命者》展现了双方的观点，但除此之外，这份报纸在对待凯瑟琳这件事上丝毫没有心慈手软①）。凯瑟琳还出现在画家威廉·贝尔·斯科特的作品中，以及畅销小说作家阿彻·克莱夫夫人（Mrs. Archer Clive）的日记里。随后不计其数的信件和短笺在英国流传开来，其中最著名的流言传播者当属查尔斯·狄更斯——"当然，她现在就在疯人院里！"[62]——以及罗伯特·利顿勋爵（Lord Robert Lytton）。简而言之，可怜的克罗夫人已经成了戈黛娃夫人（Lady Godiva）②。

当时，人们对唯灵论及其信徒宣扬的观点产生了强烈的（尽管并

---

① "（她）赤身裸体地走在街上，第一次将她玲珑的身段和洁净的皮肤展现在众人面前，供人欣赏，那么以我匮乏的理解力来看，她一定是疯了……正需要——医生的治疗，医生把她送回去……一方面可能是因为她已经治愈了，另一方面也可能是因为她实在太不好相处了……我希望（克罗夫人）能把她就真实科学中深奥未解之谜的研究结果公诸科学世界，希望她再给我写信的时候，不要试图哪怕是稍稍凌越基督教精神，虽然她已被拒于门外。"选自《生命者》，1854年4月。

② 传说，戈黛娃夫人是一位盎格鲁—撒克逊贵族妇女，她为了争取减免丈夫强加给市民们的重税，裸体骑马绕行考文垂的大街。——译注

非完全出乎意料）抵制情绪，因此查尔斯·狄更斯的反应也在情理之中。但是平心而论，凯瑟琳为自己的轻率行为付出了不可估量的代价，想想这样的后果，狄更斯的反应显得尤为残酷无情。毫无疑问，凯瑟琳将其视为自己的朋友，而狄更斯在很大程度上也给予了凯瑟琳的作品以高度的赞扬，比如他对《自然的夜界》的评论："《苏珊·霍普利》和《莉莉·道森》的女作者已在业内占据一席之地，只要她愿意，随时都能获得发言权。读她的作品，你从不会感到索然无味或者一无所获，她的布局谋篇总是滴水不漏。"[63]虽然后来狄更斯借用其评论反对凯瑟琳的观点，对"常常想要极力证明些什么的通病"感到忧心忡忡，但长期以来，他都是凯瑟琳文学作品的支持者。在爱丁堡丑闻过后，狄更斯公开表达了对凯瑟琳的厌恶和鄙视，认为她是"灵媒、蠢货"，如此不堪的指责竟来自一个与她共度数个美好夜晚的人。[64]不过，狄更斯是凯瑟琳唯一失去的朋友，这足以说明她的人格魅力。乔治·艾略特和哈丽雅特·马蒂诺自始至终都是凯瑟琳的支持者，在她奋起反击《生命者》的编辑之时，她们赞扬凯瑟琳超凡的勇气；西德尼·史密斯、罗伯特·钱伯斯以及乔治·库姆也坚定不移地站在她这边。[1]

尽管凯瑟琳获得了许多朋友的贴心支持，这件大事仍然给她的职业发展带来了灾难性的打击，让她陷入前所未有的混乱状态中。《自然的夜界》第二部的出版计划被永久搁置，后来凯瑟琳仅出版了一本关于唯灵论的书，内容简略而且遇到了"重重麻烦"[65]。但是凯瑟琳没有放弃写作，她转而为孩子们写书，创作出了更为简单轻松的作品。

---

① 乔治·艾略特与凯瑟琳 1852 年在爱丁堡相识，她和哈丽雅特·马蒂诺与凯瑟琳都有信件往来。她们的来往信件存放于肯特大学的特色馆藏区。

凯瑟琳分别为儿童和青少年精心改编了两个版本的《汤姆叔叔的小屋》;还出版了《阿瑟·亨特和一先令的故事》(*The Story of Arthur Hunter and His First Shilling*)、《猴子历险记》(*The Adventures of a Monkey*)等书。这些收入足够凯瑟琳度过惬意的余生,不过看到一百五十多年来,她的其他作品无人问津,我们不禁叹惋这场灾难给凯瑟琳带来的沉重打击。要是在今天,这个事件不用多久就会被其他名人的出格举动盖住风头,不过在维多利亚时代的英国,受到礼仪和社会声誉的管束,这样离经叛道的轻浮行为等同于职业生涯的毁灭。

但这并不代表 1854 年之后凯瑟琳一直生活在无尽的懊悔之中。相反,她一如既往地展现出令人羡慕的热忱,重新获得了生活的力量。凯瑟琳身体复原后已是夏末,随后她去比利时和儿子、儿媳以及孙女住在一起,泡温泉,享受天伦之乐。她甚至与四年未见的威廉·萨克雷偶遇,萨克雷像个老朋友一样把她称作"欢快温厚的克罗夫人"[66]。1860—1870 年间,这位杰出的语言大师四处游历,或与友同行,或独自度假——新婚之时在希腊的时光还历历在目——在欧洲大陆和英国安享迟暮之年。凯瑟琳和儿子在温德米尔湖畔租下一处房屋,不时从巴黎、滨海布洛涅(Boulogne)和迪耶普寄信回来。在迪耶普,她恰巧与大名鼎鼎的伊丽莎白·盖斯凯尔住在同一家酒店,两人相识并数次共同进餐。[67]不久之后,凯瑟琳和儿子约翰·威廉以及儿媳菲米在肯特福克斯通的桑盖特路(Sandgate Road)22 号定居。1872 年,已上高龄的凯瑟琳去世。

尽管凯瑟琳·克罗在写作生涯临近尾声之时,失去了许多拥趸(也因此没有得到当代读者的关注),但她仍然是维多利亚时代英国最天赋异禀、博学多才的女作家之一。评论家未曾忽视凯瑟琳的文学才能,尤其是她的写作风格——将看似不可能发生的场景与简单易懂甚至司空见惯的人物和对话结合起来:一位评论家曾说过,"一言以蔽之,这位作家深谙真实的力量"[68]。凯瑟琳对女性及其生存困境的描写也大受称赞,她描绘了女性被视为男性的附属品而非独立个体,因而面对成年生活时手足无措的故事;讲述了无知以及父母的冷漠无情怎样导致可怕的婚姻;反映了女性因缺乏教育而在英国不断变化的社会中不堪一击的现象。[69]凯瑟琳将心目中的女性形象付诸笔端:她们足智多谋、勤勉努力又勇猛豪迈;这样的人物形象,是对随后维多利亚时代日益推崇的理想女性形象的早期挑战。"她笔下的女主人公们……可能会被简·奥斯汀学派的人贬低成无药可救的低俗,"1897 年英国作家阿德琳·萨金特(Adeline Sergeant)写道,"但是克罗夫人在处理这些人物及其所处环境时,不带一点粗俗的色彩……读者可以体会到文字背后真切的常识,感受到看见事物真实状态的力量。"[70]

# 第五章

## 萨拉·柯勒律治
### (1802—1852)

*Sara Coleridge*

1800 年(差不多是凯瑟琳·克罗出生、玛丽·鲁滨逊英年早逝的时间),萨拉·弗里克·柯勒律治(Sarah Fricker Coleridge)①和丈夫塞缪尔·泰勒·柯勒律治以及四岁的儿子哈特利第一次来到格雷塔府(Greta Hall),这里秀丽的风光让她心旷神怡。经过三百多英里的颠簸,萨拉终于在这栋简约且舒适的住宅中安顿了下来,她自称"住在一个非常令人愉悦的地方"1。房子白色的轮廓简洁明快,不过整体上看却有些简陋:房子是草草建成的,家具不是二手就是三手的,墙上空荡荡的,什么装饰也没有。房子建在遍布青草的高地上,这意味着一到冬季,就会有寒冷刺骨的穿堂风,吹得窗户咔嗒作响。(罗伯特·骚塞称之为"风的宫殿"。)不过格雷塔府是个难得的好地方:凯西克

---

① 在湖畔诗人的族系谱中,出现了许多名叫"Sara"或"Sarah"的人。萨拉·弗里克·柯勒律治(Sarah Fricker Coleridge,注意这里的"Sarah"有一个"h")是塞缪尔·泰勒·柯勒律治的妻子,罗伯特·骚塞之妻伊迪丝·弗里克·骚塞(Edith Fricker Southey)的姐姐。萨拉·哈钦森(Sara Hutchinson)是柯勒律治的情人,而萨拉·柯勒律治(Sara Coleridge)是萨拉(Sarah)和塞缪尔·泰勒的女儿。很明显,塞缪尔·泰勒给女儿取名"Sara"而没有 h,表明这取自其情人而非妻子的名字。

(Keswick)镇近在咫尺；黑压压的斯基道峰（Skiddaw）高耸入云，几乎紧贴屋后；柯勒律治一家的好友威廉及多萝西·华兹华斯也住在临近的格拉斯米尔（Grasmere）。在楼下，透过窗户可以一览圣约翰谷（St. Johns-in-the-Vale）的全貌，这是一片风景如画的湖区山谷；而在楼上，德文特湖及其一圈小岛的风光尽收眼底。塞缪尔·泰勒·柯勒律治深深沉醉其中，连刮胡子时都遇到了麻烦，因为镜子正对着窗户："群山和高峰在云雾中探出头，一束束迷蒙的阳光在我眼前倾泻而下……我是自然女神阳奉阴违的仆人，每天向她奉献肥皂沫和鲜血。"[2]

时过境迁，如今这幅奇妙的景色已被千篇一律的现代建筑所取代，然而在格雷塔府内，一切还是 19 世纪早期的样子。厨房和主门厅的地板依旧如初，几个铁壁炉也保存至今。二楼的书房是房子里最气势恢宏的房间，大扇的窗户，高阔的天花板。塞缪尔离开后，罗伯特·骚塞与妻子搬进来和柯勒律治夫人住在一起，这个书房成了他常去之地，不过现在这里已经成了家庭图书馆。原先这栋房子里的藏书就多达五百余本——这也是骚塞和柯勒律治夫妇移居至此的原因之一。现在，除了这些旧书藏本外，这里还增加了以湖畔诗人为主题的现代作品。

罗伯特·骚塞、威廉·华兹华斯以及塞缪尔·泰勒·柯勒律治三位湖畔诗人的作品被大量收入各类选集；关于他们的传记作品不计其数；其信件被多次印刷出版；他们的作品更是很少断版过。甚至还出现了几本书，专门讲述这些著名诗人的妻子、女儿和姐妹的故事［凯思琳·琼斯（Kathleen Jones）的《激情澎湃的女性们》（*A Passionate Sisterhood*）就是一个典型的例子］。但是，不论这些女性对诗人们而言如何重要，她们的文学贡献不是受到边缘化，就是被贬低为"微不足道"。

很不幸,出生在格雷塔府的萨拉·柯勒律治就遭受了后一种命运。萨拉一生都活在父亲塞缪尔·泰勒·柯勒律治的沉重阴影之下,同时在维多利亚时代的英国,她还要受到严苛的女性行为准则的压迫。年轻的萨拉见识不凡,二十二岁时便已出版了两部作品,并可以自如运用六种语言,可即便如此,她还是无法逃脱女性需要完成的第一要务。因此,萨拉的作品反映了一位屡受干扰之人的生活状态。她的作品不是像乔治·艾略特或者夏洛蒂及艾米莉·勃朗特那样的史诗或鸿篇巨制,因为这样的大部头作品需要较长的不受干扰的写作时间,而这正是她所缺乏的。实际上,萨拉·柯勒律治的作品主要是散文、译作、导言、附录和诗歌——都是她在短暂的闲暇中匆匆写成的——而不是小说。(然而,她创作的唯一一部小说却成了其流传最广的作品。)萨拉的许多作品并非原创:她花费了十八年的时间编辑重排父亲的作品。

萨拉生活在后革命时代保守的政治环境中——与刚过去不久的沃斯通克拉夫特时代的反叛风格截然相反——乍一看,她似乎甚至对父权社会的价值观念持认同态度。萨拉既没有试图说服我们接受女性文化传统,也没有直接抨击这种压抑的价值观念;她更从未加入过任何抵制不公或剥削的阵营。受这些因素的影响,萨拉似乎一直为人们所忽视——她太拘于传统,自然吸引不了多少关注。

但是,重新审视萨拉·柯勒律治,会发现此人不仅是一位值得研究的才女,也是一位为出版作品而开辟了一条独特道路的女性,可见其聪慧和远虑。萨拉的作品帮助父亲树立了哲学家和诗人的形象和地位,其作用不容小觑,与此同时,她也借此(哪怕是巧妙地)证明了自己异于常人的文学天赋。在温和顺从的外表之下,萨拉在"家中的天使"和"出版社女斗士"两种角色之间随心所欲地转换(她曾用后者形容哈丽雅特·马蒂诺），从事文学创作，从未公然打破任何规则。[3]从本质上看，她过着一种双重生活，而且总是处于接二连三的困境之中。萨拉与抑郁（神经性的"癔症"）及糟糕的毒瘾做斗争的同时，还继续投身学术研究，致力于"整修一座文学殿堂"这项伟大的事业（当然是为了父亲，而她其实对父亲并不了解），并创作了一部小说，这部作品后来被誉为该类体裁英语小说的开山之作。

在塞缪尔·泰勒·柯勒律治浩如烟海的文章和信件中，萨拉偶然发现了父亲对自己的描写："一个非常有趣的宝宝，皮肤极其白皙，还有一双蓝色的大眼睛——她笑起来就仿佛沐浴在如月光般温和的阳光中，那是她寂静的欢喜。"[4]1852年，萨拉因乳腺癌去世，在生命最后的时光里，她还在进行整理工作。在此过程中，她逐渐清楚地意识到，在那个安谧祥和的格雷塔府，当她在地板上玩耍时，一家人其实一点儿也不幸福。[5]

1802年的圣诞节，柯勒律治夫人独自一人在家诞下萨拉，因为此时塞缪尔远在威尔士，正和情人萨拉·哈钦森缠绵。他回到家里探望初生的婴儿——"女孩！我从来没想到生的是女孩"——从这时起，塞缪尔对萨拉的养育责任便结束了。[6]新年来临之际，他又一次不合时宜地离开了家，甚至没有把萨拉的出生记录在家谱首页的世系表中，而他的三个儿子哈特利、伯克利（Berkeley，很小的时候死于肺结核）和德温特（Derwent）却无一例外，都被记入世系表中。在女儿萨拉心中，这个疏忽"预示着我们长达一生的分离，我每次跟他待在一起的时间最长不过几个星期"[7]。

塞缪尔远离妻子和子女，加上沉迷于鸦片，风流成性，他的婚姻一直处于岌岌可危的状态。数年来，夫妇双方都感到疲惫不堪。最终，塞缪尔选择了永远离开。此后,柯勒律治夫人的妹夫罗伯特·骚塞(不久后的桂冠诗人)接下了照管格雷塔府和一大家人的责任。骚塞姨夫和他的孩子们的到来,的确丰富了格雷塔府的生活,也充分激发了萨拉的潜能。在骚塞这位天才的熏陶之下,加上母亲无微不至的关怀,萨拉渐渐成长为一个积极的思考者。她沉浸在学习的世界中;她潜心钻研文学和语言学领域的问题,这些领域所有的话题都让她兴奋不已。[8]萨拉的两位哥哥起初在安布尔赛德(Ambleside)接受正规的学校教育,后来进入牛津深造。几年下来,萨拉甚至已经把哥哥们远远甩在身后:"(她)在家里接受的教育会让你感到震惊,"1815 年骚塞曾这样写道,当时萨拉只有十三岁,"她精通法语和意大利语,拉丁语也不错,目前正在学习西班牙语。同时她还开始接触音乐,这方面的行家纷纷称赞她显示出了超凡的天赋。"[9]

　　根据萨拉自己的说法,尽管家中没有父亲的身影,学习之余,她每天都过得很开心:玩耍嬉戏,舞蹈转圈,在滨海小镇阿伦比(Allonby)采摘银莲花,还经常去户外探险。[10]骚塞定期会从二楼书房舒适的生活中抽身,和萨拉及孩子们一起,攀登湖区诸多山脉,或者去沃拉岩(Walla Crag)野餐。[11]天气状况不佳时,他们就和小猫玩耍,还给小猫起了名字,比如吵吵胖胖亲亲(Hurlyburlybuss)、钦奇利亚男爵(Baron Chin-chilla)、教皇琼(Pope Joan)以及女大公妞莉茉莉哈莉蒲莉丝柯莉(Arch Duchess Knurry-murry-hurry-purry-skurry)等。[12]骚塞在随笔《群猫伊甸园回忆录》("Memoirs of Cats Eden")中记录了格雷塔府中诸多"猫失鬼"("cat-astrophes")的故事,这篇文章后来收录在骚塞的散文集《医生》(The Doctor)中并出版,当然书中值得一读的东西还有很多。骚塞专门为萨拉和孩子们创作了童话故事,其中最著名的就是《三只小熊》。他对萨拉的关怀无微不至,因此萨拉非常尊敬他(1829

年萨拉结婚时，把她交到丈夫手中的人不是父亲塞缪尔，而是姨夫骚塞）。

    骚塞还帮助萨拉开启了她第一份真正意义上的文学事业。起初，骚塞让萨拉的哥哥德温特负责翻译马丁·多布里茨霍费尔（Martin Dobrizhoffer）的《阿比坡尼族的历史》（*Historia de Abiponibus*），赚取稿费抵部分学费。萨拉同意协助哥哥翻译，不过很快德温特就飞奔至剑桥，放弃了翻译工作。于是，萨拉开始独当一面，自行翻译这部作品。十九岁时，她的译作《阿比坡尼族的历史：马背上的巴拉圭人》（*An Account of the Abiphones, an Equestrian People of Paraguay*）由约翰·默里公司出版。此书的出版本身就是一个惊人的成就：约翰·默里是拜伦作品的出版商，1815年还出版过简·奥斯汀的《爱玛》——就是那部心不甘情不愿地献给乔治王子的作品。默里书桌上的信件真是堆到了天花板那么高，全都来自想跟他交好的作家，因此，他对萨拉的兴趣也是对其能力的高度肯定。[13]不过即使是由著名出版商默里出版发行，这本书还是反响平平，但萨拉的才能和学识依然得到了赞扬。查尔斯·兰姆（Charles Lamb）是一位诗人，曾创作了广为流传的青少年版莎士比亚故事集。他写道："她如何破译多布里茨霍费尔，我浅薄的拉丁文知识怎么都琢磨不透。"[14]兰姆丝毫不吝惜溢美之词：

    是的，我见到了柯勒律治小姐，我希望有一个像她一样的——女儿。上帝如此偏爱她——这该死的（我忘了是在给贵格会教徒写信）阿比坡尼族历史竟然有五本，想想她竟然要在五本八开本书里苦苦钻研，然后把它们删节到三本……还要把愚蠢的耶稣会信徒的拉丁文翻译成英文，她这么小小年纪，本该读读写写浪漫故事呀。上帝保佑她姨夫别把她培养成《季刊评论》的评论家![15]

查尔斯·兰姆非常认可萨拉的才能(他也很有远见,后来萨拉果然成了著名期刊《季刊评论》的评论家)。其他人则有些厌烦萨拉过于活泼,有时还急急忙忙的风格,不过很快这些令人不悦的评论就不值一提了,因为她从约翰·默里那收到了 113 英镑稿费,相当于今天的 8900 多英镑。这是萨拉一次小试牛刀取得的成功。尽管萨拉可能并不在意父亲的评价,但十年后,塞缪尔终于得空读了这本书,他迟到的评价一定让萨拉心生欢喜:"在我看来,我女儿的翻译,比我这么多年来读过的纯正英语母语作品还要更胜一筹。"[16]

萨拉确实是一位奇才,但从事写作却从来不是她应该考虑的事。她所承受的角色期待和同时代大多数年轻女性并没有什么两样:随着萨拉临近结婚年龄,她的写作热情也无法阻止最终需要放弃写作的结局。萨拉和其他年轻女性一样,日日为步入婚姻做着准备(音乐课、舞蹈课),她和伙伴们一样对婚后生活一无所知,因为在当时严格的社会环境中,想要了解婚姻的点点滴滴并非易事。夫妻双方宣誓后发生了什么,布莱顿欢乐的蜜月之旅后又有怎样的故事,小说对于这些内容惜字如金。当时具有说教性质的行为文学作品还在被广泛传阅,除了其中晦涩难懂的暗示,以及已婚友人偶尔的来信,女孩们完全不知道走下婚礼圣坛后等待她们的是什么。女人的生命中只有一件大事,那就是婚姻;同时还有数不清的办法帮助年轻女子为嫁作人妇做好准备,这实在令人吃惊。但是我们必须了解到,在当时,女性的道德问题(实际上是男性财产和子嗣的圣洁性问题)日益成为英国社会的热门话题(1837 年维多利亚女王登基后,在其统治期间,这些话题依旧热度不减），受这种社会思潮的影响，纯洁被视为女性至高无上的美德。因此，为了保护少女的纯洁，两性知识被牢牢封锁在她们生活之外——因为人们害怕，一旦女性接触到任何一点这样世俗的东西，她们就不再单纯了。女性被严严实实地保护在一个个泡沫中，几乎对自己的身体构造一无所知（更别说丈夫的身体构造了），这样的后果就是，无数处女新娘觉得新婚之夜简直就是一场噩梦。显然，如此保守迂腐的遮遮掩掩造成了种种不便，可是就连医学界在两性问题上也语焉不详。有人问一位医生，年轻女性需要为婚姻生活做哪些准备，这位医生答道："尊敬的太太，什么也别告诉她，因为她一旦知道就不愿结婚了。"[17]

萨拉·柯勒律治对婚后生活的实际状况所知甚少，不过她清楚地意识到，婚后她的生活方式必然会发生诸多变化，并且前景一片黯淡。1823 年，萨拉二十一岁，这一年她接受了堂兄亨利·纳尔逊·柯勒律治（Henry Nelson Coleridge）的求婚，不过她向亨利提出，还要等相当长的一段时间后才能和他步入婚姻殿堂。亨利同意了——他同样需要时间巩固自己在法律界的发展——于是，萨拉带着全新的紧迫感投入工作之中。

骚塞推荐萨拉翻译一部 16 世纪法国士兵的回忆录，约翰·默里欣然抢下译著版权并以《巴亚尔骑士的事迹、考验和超凡才能欢乐史：完美无畏的忠诚骑士》（*The Right Joyous and Pleasant History of the Facts, Tests, and Prowesses of the Chevalier Bayard, the Good Knight Without Fear and Without Reproach*）为题出版。这本书没有多布里茨霍费尔的作品篇幅长，但翻译难度却大大增加。在萨拉苦心琢磨其含义时，柯勒律治太太记下了女儿忙碌的场景——不停地在桌子和书架之间来回奔跑，一点儿也不觉得累："她不厌其烦地查阅参考书、字典（书房里有一些古法语字典）等。巴亚尔骑士的许多事迹都发生在意大利,因此萨拉需要阅读大量意大利历史的对开本书籍,这些书对于她来说趣味无穷,她似乎非常喜欢看。"[18]萨拉完成这本书的翻译后,立刻开始翻译第三部作品《让·德·特洛伊回忆录》(*Memoirs of Jean de Troye*),但这本书一直未能出版。1826 年,也就是萨拉举行婚礼的前一年,骚塞提议从现在起,萨拉仅以消遣为目的写作,无须承受截稿日期和出版印刷的压力,因为他认为萨拉在文学创作上付出的精力会导致她不能专心提升"必须履行的职责,无论何时,只要她从单身状态进入婚姻,这些职责都是她不得不面对的"[19]。萨拉明白这一天正一步步临近,但面对自己的新身份,她却有些笨拙——"唉,我现在有一大堆针线活要做!我做针线活太慢了"——就萨拉的个性而言,她一点儿也不喜欢通过观察学习东西。相反,她直接拿起了书。"你曾跟我提过一本专门写给年轻主妇的指导书——我记得是金夫人写的,"萨拉在给友人伊丽莎白·克伦普(Elizabeth Crumpe)的信中写道,"你不觉得这本书里写了很多朗德尔夫人书里没写到的东西吗?"[20]伊丽莎白在回信中表达了相同的感受,萨拉以对居家食谱的钻研取代了自己的神学和哲学追求。

尽管萨拉看上去非常配合,但在内心深处,她极其反感这种不公平的待遇。想到自己连最后一点精神追求都要被剥夺,萨拉沉郁不乐。她向哥哥德温特坦言:

> 以我的趣味、脾性和习惯,如果我是你那性别的人,我会幸福得多,而不会像现在这样无助。在这个世界上,最适合我的职业莫过于做乡村牧师——我会因修习这个职业所必需的知识而感到快乐,而且肯定不会厌烦也不会逃避履行牧师的职责……我不会结婚。[21]

萨拉的写作——萨拉生命中唯一享有支配权的部分,总是让她灵感迸发、心潮澎湃、充满无限可能的生活组成部分——生涯很快就要进入尾声。她为这种生活的结束伤心不已,就好像是在哀悼友人离世:"我多么后悔,这宏伟的藏书室近在咫尺之时,没有好好利用它……在永远离开它之前,我有太多想要做、想要看、想要抄写和转录的东西了!"[22]经过婚礼前前后后的折磨,萨拉陷入了深度抑郁。她爱着亨利——从某种程度上说,萨拉甚至对婚姻带来的剧变有些期待。(在举行婚礼之前,萨拉曾写信给未婚夫,说自己想到要告别格雷塔府和过去的生活,就抑制不住地伤感,但是她知道并且也觉得步入婚姻后"会更好"[23]。)不过她付出了怎样的代价?在萨拉婚姻的第一年里,很多时候她甚至无法下床。随着身体每况愈下,身为女性应尽的职责让她痛苦不堪,萨拉开始想方设法缓解这种令人厌恶压抑的痛苦。

不知从何时起,萨拉开始尝试喝鸦片酒(一种与酒精混合的鸦片酊)。1825 年,她第一次提到了这种东西,并表现出对这种药物已颇为熟悉,由此推断,此时萨拉刚刚开始对鸦片上瘾,而随着时间的推移,她对鸦片产生了无可救药的依赖。父亲塞缪尔与鸦片抗争的故事流传已久,萨拉早已见惯了这一切,她目睹父亲每天服用一定剂量的鸦片后,"快成了白痴"[24],这让她错愕不已。因此,萨拉知道,自己一旦沾染上麻醉药物,就注定会有不幸的结局。然而,从萨拉向哥哥的解释中可以看出,她未曾预料到戒食鸦片会遇到什么困难,所以她似乎无所顾忌,继续用"黑滴剂"(鸦片烟的别名)抑制疲惫的神经。"它有百利而无一害,"萨拉写道,尽管此时如果没有鸦片,她已经无法入睡了,"'伟大的可爱之花,缓解了饱受病痛折磨的可怜之人的痛苦',我为奥尼尔夫人(Mrs. O'Neil,著名诗人)的诗句而欢呼。"[25]

尽管奥尼尔夫人笔下的"可怜之人"竭尽全力挣脱"可爱之花"的罗网,但长期以来,"可爱之花"擒获"可怜之人"的案例还是屡见不鲜。[26]食用鸦片酒的人起初会感到精神愉悦、心情平静,接着渐渐沉睡,再醒来时状态却进一步恶化;常常出现抑郁、迟钝、口齿不清的情况,同时伴有焦躁不安的症状,而唯一的解决方法就是再来一剂。不是所有人都会对鸦片酒产生依赖——骚塞用它对付间歇性失眠和花粉病,查尔斯·兰姆用它治疗感冒,珀西·雪莱(Percy Shelley)用它缓解头痛,还有成千上万的女性用它缓解痛经,鸦片酒甚至被成勺喂给吵闹的孩子,让他们安静下来。[27]但是,频繁大量服用鸦片酒的人若想戒掉鸦片,就会出现肌肉僵化、腹痛、恶心、腹泻等断瘾症状。这些症状再加上鸦片本身的副作用(可怕的便秘、皮肤瘙痒、口干、呼吸困难),只会加剧原本想用鸦片酒减轻的痛苦。

更确切地说,萨拉的"病"源自内心深处的不满,而非身体上的疾病。不过在心理学这门学科诞生之前,人们不可能理解身体和心理之间的关系,更不用说压抑的社会结构和女性的"疾病"之间的关系了。[28]对于萨拉来说,她不停陷入"精神错乱"的状态,很明显是小时候的一起事故造成的——她曾落入河中,差点儿淹死。萨拉从未想过,被迫从少女转变成家庭主妇才是关键原因。随着时间的推移,淑女礼仪将她紧紧束缚住,她的身体状况随之恶化:萨拉生下第一个孩子后,身体虚弱,"觉得自己再无完全恢复健康和强壮的希望"[29];生下第二个孩子后,她三天中只有一个晚上能入睡,同时体重骤减,甚至完全闭经[30]。摄入鸦片酒使得她的身体状况进一步恶化,不过食用鸦片也让萨拉得以逃脱这样一种残酷的事实,而且免受人们的非议:她所珍爱的那段学习时光,仅仅是为单调乏味、低眉顺眼的生活——这种生活赋予了她女性规仪范围内最大限度的自主性,同时却剥夺了她曾拥有的奋起反抗的全部自由——做铺垫吗?

　　尽管如此,萨拉还是别无选择——婚姻是女人生命的意义所在,萨拉也下定决心要圆满实现自己的人生意义。萨拉平静地接受了这一切。在婚礼前,她多次表示自己欣然接受这种转变:"我天真的、少女般的幻想现在都变成了别的东西,而你就是它们的目的——为了你的舒适和愉悦——我所有的希望和心愿都只有这一个平凡的目标。"³¹塞缪尔·泰勒·柯勒律治没有出席萨拉的婚礼,尽管这是女儿人生中的重要时刻。事实上,除了 1822 年和 1826 年两次短暂探望外,塞缪尔在近二十年的时间里都没有和女儿见过面。不过他送给女儿的结婚礼物却寓意深刻:威廉·索思比(William Sotheby)翻译的维吉尔的《牧歌》对开本,用以"嘉奖天才和勤奋造就的六语才女"³²。①

　　这对新婚夫妇在汉普斯特德(Hampstead)的唐谢尔希尔(Downshire Hill)21 号建起了自己的小家,当时这里已经是严格意义上的伦敦郊区了。此时,亨利已成为一名可以独当一面的律师,他每周一乘公交车去上班,然后一直待在林肯律师学院(Lincoln's Inn),直到周末才回家。萨拉的母亲有些担心女儿和女婿相隔太远,害怕女儿无法适应"从异常喧闹的家里搬到一个特别孤独的地方"³³,但是萨拉却觉得没什么。她沉浸在广袤的神学世界中,或者写几首小诗,潜心学习。不过没过多久,萨拉悠闲的学习生活就画上了句号,因为她成了母亲。萨拉生下赫伯特(Herbert)后紧接着又生了伊迪丝,很快她就因为丧失自我、失去了属于自己的时间而痛苦不堪,仅仅待在两个

---

① 《牧歌》是一本拉丁文诗集,书中除拉丁文原文外,还收录了西班牙语、德语、英语、意大利语和法语五种译文。——译注

小宝宝身边就让她心痛到无法呼吸。根据萨拉母亲的描述,萨拉"坐在马车里(马车是我们按小时租赁的,载着孩子们以及奶妈一起穿越荒野),全程没有跟可怜的孩子们说过一个字"[34]。尽管她经历了多次严重的精神崩溃,怀孕和生产却始终如阴云般笼罩着她的生活。十年间她总共怀孕七次,经常流产,曾两次诞下足月的病婴,但他们没多久就夭折了。

为了缓解痛苦,萨拉开始沉溺于鸦片酒之中,常常连着好几天躺在床上看书。她非常珍惜来之不易的清净和安宁,在下一次任务到来之前,争分夺秒地学习。萨拉发现,这是争取学习时间最简单的方式。在这段宝贵的时间里,她渐渐对文坛有了了解。萨拉迷恋上了(有人甚至说是有些羡慕)同时代的几位女作家,其中包括汉纳·莫尔、剧作家乔安娜·贝利(Joanna Baillie)、诗人费利西娅·赫门兹(尽管萨拉认为她被高估了)。萨拉对隐晦文学情有独钟,所以还有"以微妙的欢笑、不经意的讽刺、女性化及高雅的幽默为特征的简·奥斯汀,她即使不是最伟大的女性小说家,也一定是最完美的一位"[35]。

同时,萨拉开始了对哈丽雅特·马蒂诺作品的长期研究,两人在教育方式上的看法非常相似。亨利似乎赞同用说教的方式教育小赫伯特和伊迪丝,不过萨拉的见解更深入:"了解孩子们的人远远无法想象,比起你的言传,孩子们更容易受到身教的影响。"[36]又一场大病后,她决定用自己力所能及的方式教育两个孩子:写诗。萨拉为"赫比"(Herby)和"E"创作了数百首教学诗歌,涵盖地理、历史和语言等多个主题。1834 年,在宠爱她的丈夫的支持下,萨拉将部分诗歌结集成册,出版了诗集《好孩子的诗歌教育课》(*Pretty Lessons in Verse for Good Children*)。这本书的出版没有让萨拉感到欣喜若狂,写几首像下面这样关于拼写和词汇的小诗,对于她来说简直是大材小用:

"哦,姐姐! 你把这字写错了:

栗字肯定没有两点米。"

"栗字肯定有两点,

翻翻我的课本就能看见。"[37]

又如下面这首论述卧床休息之益处的小诗:

老虎,被关在笼子里,

肯定有点不快活;

他在英国的新家,我保证,

狮子觉得死气沉沉。

但他们坦然接受命运;

很少奋起抗争;

赫伯特也该躺下脑袋;

我确信他无理可辩。[38]

不过,《诗歌教育课》给萨拉带来了不错的收益。当时儿童文学还是个新兴的文学市场,也是为数不多的、女性可以涉足而不必承受过多非议的文学领域。这个市场早已做好准备迎接这样一部作品的到来;这本书前后出版五次,最晚的一次甚至在 1927 年。萨拉编写这本书时,经历了新生儿夭折的痛苦和抑郁的折磨,正处于人生中最黑暗的阶段。不过,你从这样节奏欢快的诗歌中一点儿也感受不到这种情绪:

当赫伯特学会了所有名词

> 还有四种变位
>
> 他的爸爸多么高兴
>
> 他的阿姨,还有所有的亲戚![39]

　　而萨拉同时期创作的、未收录在书中的诗歌,却清晰地展现了她当时阴沉的心理状态和日益增长的愤恨之情:

> 我羡慕寻找猎物的野兽
>
> 和在我眼前蠕动的脏兮兮黏糊糊的爬虫,
>
> 那欢唱的鸟儿让他的喜悦广为人知
>
> 啊!他在下落!——他不再欢唱!
>
> 他的嬉闹、歌唱和飞翔都已停止
>
> 可我还是羡慕他,因他落在自己的巢窝
>
> 利箭深深插入他的胸膛。[40]

　　健康的身体和繁荣的文学市场只给了萨拉短暂的喘息机会。似乎是命中注定的,1834 年 7 月末,内疚、倦怠和"狂乱"接踵而至——塞缪尔·泰勒·柯勒律治因病去世。萨拉从来没有真正了解过父亲,不过通过阅读父亲的作品,她开始对父亲的思想产生了崇敬之情,把他身上绝无仅有的优秀品质视若珍宝,哪怕只是远远地欣赏,看着它们在父亲作品的字里行间闪烁着微光。让她感到悲痛的是塞缪尔哲学体系的毁灭,使她深陷痛苦、无法自拔的是"(他)生命之光的熄灭"。然而,对于父亲的离世,萨拉的焦虑不安到此为止,因为她也从中发现了难得的机会:

尽管他离去了,却留下了许多东西来缓解我们的遗憾之情,如果他的作品能广泛流传,造福后人,我们会非常高兴。或许人们不会全盘接受他的哲学和神学观点,他去世后出版的作品的影响力也一定会因为文本残缺不全而大打折扣,但是我认为我们有理由相信,他留下的作品,无论是否出版,都会带来思维模式的升级和革新……这些作品绝不会马上流行开来,但它们对真理的阐释会塑造思想,感染许许多多人的心灵。[41]

塞缪尔的离世赋予女儿萨拉的生活以新的意义:她准备重新编排父亲的作品,将其远见卓识发扬光大,在那些不同意父亲哲学观点(或者,更常见的情况是不理解其哲学观点)的人面前,为父亲的思想辩护。可是为什么是萨拉呢? 为什么偏偏是塞缪尔存世的三个孩子中最不受宠的一个,突然跳出来要帮父亲整理作品呢? 萨拉常常用"义务"和"责任"这样的词解释自己为何要担此重任,并强调自己仅仅想要用父亲的智慧"启迪世界"。虽然这些原因中不乏真实成分,但萨拉突然出人意料地宣称自己对父亲的遗产享有所有权,也充分说明了她担此重任的意图。我们可以推断,塞缪尔·泰勒的离世不仅给萨拉创造了机会,让她通过保护和推广父亲的作品,塑造孝顺的好女儿形象,也让她得以证明自己的天赋——借助父亲的权威,萨拉可以跻身文学界而免受人们的非议。此时,萨拉的身体和精神都已经完全康复。从她接下来几年的作品产量来看,她在这项新任务上投入了与单身时期从事文学创作同等的热情。萨拉在给丈夫的信中写道:"一定要重新出版塞缪尔·泰勒·柯勒律治的作品,(但是不能是)杂乱或者孤立的。再版时应该……有一套完整的论证结构,强有力地证明他的独到见解。然后让人们庖丁解牛般一点一点剖析这些观点……如果观点是正确的,那么它们最终就会流传开来。"[42]

当时,塞缪尔·泰勒最新出版的《诗集》(*Poetical Works*)在各大期刊上广受热议,萨拉的第一个任务就是纠正纸媒甚嚣尘上的歪曲和误读。托马斯·德·昆西在《泰特爱丁堡杂志》(*Tait's Edinburgh Magazine*)上先后连载了四期长篇议论,这一系列文章成了萨拉瞄准的攻击对象,有很大一部分原因是文章歪曲了萨拉母亲的性格。除此之外,萨拉还有许多纠纷需要解决。她认为,J. A. 埃罗德(J. A. Heraud)在《弗雷泽杂志》(*Fraser Magazine*)上的评论草率而无情,约翰·威尔逊(John Wilson)在《布莱克伍德杂志》(*Blackwood's*)上发表的文章非常不负责任:"(威尔逊)那个傻瓜根本没资格评价我父亲的老师……华兹华斯确实是柯勒律治的老师! 这是对这位活莎士比亚露骨的奉承。"[43]萨拉态度强硬,同时目标明确,她没有停留在报纸低俗的口水战上,而是仔细整理加工了父亲的作品,为他重新树立起声誉。就这样,萨拉又一次投入研究。她不照料孩子的时候,就和亨利一起整理塞缪尔的新版《圆桌谈话》(*Table Talk*),收集评注,准备出版四卷本《文学遗著》(*Literary Remains*),并开始创作长篇散文故事《范塔斯敏》①,这部风格独树一帜的作品于 1837 年出版。

《圆桌谈话》仅仅是萨拉计划再版的丛书中的第一部,尽管她很享受这项工作(从身体到精神全面振奋起来),但她也渐渐意识到编辑是个吃力不讨好的活。19 世纪早期,英国政治和社会领域日趋保守,整个社会对女性从事创作深感不安,因此女作家面临着前所未有的障碍。萨拉·柯勒律治为《圆桌谈话》付出了巨大心血,而图书出版时却连她的名字都没有出现。塞缪尔尚有诸多作品未整理再版,这意味着

---

① 范塔斯敏(Phantasmion)为故事主人公,意为"幻想、幻影"。——译注

萨拉可能还要一次又一次面对这样的局面。从她的日记中可以看出，《圆桌谈话》印刷出版时，她几乎已经到了崩溃的边缘：

> 人们工作或者求名，或者得利，可没有哪项工作比编辑塞缪尔·泰勒·柯勒律治五花八门、支离破碎、杂乱无章的遗作更没有回报的了……我觉得我正在整修一座文学殿堂，如果我不这么做的话，它总是会遭到人们的各种责难。然而，当看到我所做的一切得到的不只是简简单单的忽视，还有真真切切的冷漠，有时我又觉得，我似乎浪费了大片光阴。[44]

1836 年春，一场流感席卷唐谢尔希尔。面对繁重的社会习俗以及女性只能活在他人世界里的这种社会期待，萨拉已经疲惫不堪。在这场流感中，她大概是全家人里病得最重的一个。萨拉卧病在床，泪流不止，她的编辑工作被迫搁置，孩子们也被赶出房间去和奶妈玩耍。[45] 多么让人气恼啊！她睡觉，看书，用鸦片酒麻醉自己，而随着秋天的到来，又到了回亨利的家乡奥特里圣玛丽（Ottery St. Mary）的时节，这是一年中萨拉总想逃避的旅程。她不想去奥特里，但亨利坚持要去。于是在五天"极其痛苦的"旅程后，萨拉到了亨利父母家，在那里度过了病恹恹的几个星期，此时三十四岁的萨拉终于使出了撒手锏。10 月 14 日，她带着孩子和奶妈返回伦敦，不过在旅途的第一天，她便让马车在伊尔切斯特（Ilchester）停下，然后宣布自己病得太重，无法继续赶路了。孩子们和奶妈一起返回奥特里，而萨拉则在伊尔切斯特安顿下来等候亨利。此时亨利正在别处处理工作，刚好不能来接她：

> 知道我行程受阻，你一定很难过。我虔诚祷告的上帝啊，我

真的不能赶路了。昨天到了以后我的情况更糟了——到了歇斯底里的境地,夜晚又一次失眠了。今天我本想出发,但发现实在做不到……我从来没像过去的二十四小时这样难受过。亲爱的,请不要责备我,写信到伊尔切斯特来吧。如果身体状况允许,我一定会出发。我能忍受疼痛,但疼痛太可怕了,我又疲惫到了极点。如果在这里静养,我会慢慢恢复,但如果开始赶路,我就无法恢复了……与你分隔两地让我心碎,可我实在没有办法。[46]

萨拉找到了一家舒适的小旅馆,在楼上的房间里度过了与世隔绝的五个星期。这一时期留存了许多信件,显示了许多内情,尤其是萨拉一次次抱怨自己身体不适——某一天身体状况有所改善,接着第二天又"受到感染""精疲力尽",或者"阴道剧痛"。这些症状的出现和消退与亨利有着千丝万缕的关系:只要亨利给她设定了出发日期,症状就会立刻再次出现;而当她说服亨利让自己留下之后,症状又会慢慢减轻。[47]我们永远无法知道这几个星期里她是不是在装病,但是萨拉所作所为背后的深意却昭然若揭:不管是不是有意识的,萨拉的极度不满都让她想要摆脱一切责任——对丈夫和孩子的,对家庭的,对母亲的,乃至对整个社会的责任。而一到这里,有了自己的私密空间,她也就康复了。

每天早晨,萨拉都会给丈夫写信,请求他让自己在这里多待一段时间,有时候还流露出沮丧不悦的情绪——"生活就像一潭死水……我怎么能生活在这里?"——有时又有些愧疚,因为住宿花费和"造成诸多烦恼"而内疚不已。还有一次,她直截了当地表达了自己的熊熊怒火:"现在我已被他的利爪钳制,倾倒在地:我甚至不能自主呼吸、自由活动。如果有朝一日能摆脱他的掌控,我一定会把这个恶魔赶走,他要是再靠近我,等着他的就是尖齿叉子。"萨拉把亨利强加给自己的这次旅程比作"黑鹭"——这趟行程最终摧垮了她的身体——借此暗示一切都是亨利的错。[48]情况汇报和博取同情是萨拉每日写信的一贯主题,完成这些常规任务后,她就匆匆吃完早饭,开始专攻此行的正事——《范塔斯敏》。

《范塔斯敏》是一个"以昆虫世界为主题的喜剧性儿童故事",这个"奇幻故事"的篇幅和小说差不多,情节天马行空,随处可见异想天开的人物角色。萨拉到伊尔切斯特前刚刚写好故事的初稿,而她离开伊尔切斯特之时,故事已经校改完毕,准备付印了。[49]《范塔斯敏》不会成为畅销作品,从它的出版状况来看,这本书也根本不可能畅销。《范塔斯敏》首印数仅为二百五十册,书里没有插图,甚至连作者的名字也没有,定价却高达九先令,这意味着《范塔斯敏》一鸣惊人的可能性微乎其微。[50]在看过这本书的人当中,有人热情称赞"其思想的力量和典雅性"——这句话出自塞缪尔·泰勒·柯勒律治的侄孙约翰·杜克·柯勒律治(John Duke Coleridge)为《范塔斯敏》再版所作的序言;也有人早已厌倦这一体裁,对这本书全无兴趣,比如《季刊评论》的一位批评家曾这样说道:"这是……一个童话故事,我们觉得,是英国最后一个童话故事了,很特别的一个。它既没有德国特色,也没有法国风情。它就是它。"[51]这位批评家与英国文坛大多数人观点一致,认为童话故事这种体裁早已过时。1823 年,埃德加·泰勒(Edgar Taylor)翻译出版格林兄弟的童话集《德国流行故事》(*German Popular Stories*),引发一片热潮,此后,伦敦迅速成为童话故事的天下:图书、小册子、杂志,还有改编的舞台剧以及芭蕾舞剧。萨拉非常了解,公众已经看厌了仙女的故事:"出版童话故事就等同于出版没人看的书,只会被人一脸嫌弃地扔到一边……(但是)如果加以丰富的变化,这种体裁的作品会是孩童的良师益友。"[52]

　　实际上,自 1837 年出版以来,《范塔斯敏》一直未得到认可,人们仅仅把它当作又一部体裁过时的作品。然而,现代学者认为,虽然萨拉·柯勒律治的《范塔斯敏》有着典型的童话故事框架——故事从主人公寻找一样东西开始,经过重重考验后,主人公衣锦还乡,结婚生子,或者成为统领一方的国王,但故事中还散布着我们今天所谓的奇幻文学的种子。[①]《范塔斯敏》与那些发生在"很久很久以前",或者"太阳以东,月亮以西"的故事不同,它是为真实而生的。故事发生的这片土地真实感,故事里的人物清晰可辨,尽管他们存在于一个与我们的世界完全不同的空间,而且常常被赋予魔力。此外,故事的背景绝不仅仅是某个人物的凭空想象,而是就发生在这里,发生在此刻。[正因如此,J. R. R. 托尔金(J. R. R. Tolkien)认为刘易斯·卡罗尔的《爱丽丝梦游仙境》不能算作"奇幻小说"——这与当时的主流观点相反——因为在作品结尾,爱丽丝醒来后发现自己只是做了一个梦。[53]]实际上在书中,萨拉·柯勒律治细致描绘了主人公旅途中遇到的各种奇异事件,极力增强故事的可信度。故事的结尾与《爱丽丝梦游仙境》

---

①　童话和奇幻文学的定义一直是饱受争议的话题,但大多数学者认为,两者的主要区别在于可信度、主人公的性格,以及其创造的世界是否与我们的世界存在某种联系(通过魔法门、衣橱、梦境等)。未来可能有不少子类别体裁出现,如奇幻诡异(fantastic-uncanny)、奇幻神异(fantastic-marvelous)文学等。同时,关于童话和奇幻文学起源的问题也会日益突出:奇幻文学是否脱胎于童话故事? 或者说童话故事是否应纳入奇幻文学? 简单来说,目前这些问题尚无定论。若想了解更多信息,请查阅 *The Greenwood Encyclopedia of Folktales and Fairy Tales*, ed. Donald Haase (Westport: Greenwood, 2008); Michele Eilers, "On the Origins of Modern Fantasy," *Extrapolation* 41, no. 4 (2000):317 - 337。

的结尾大不相同,全书最后一句中,凯旋的范塔斯敏望着他的新娘:

> 范塔斯敏环顾四周,突然有一瞬间的恐惧涌上心头,生怕(妻
> 子)是个精灵,然后消失得无影无踪……但她就站在那里,她的脸
> 庞依旧在灿烂的阳光下闪闪发光,他记忆中最珍视的一切和最向
> 往的一切并没有像梦一样消散。[54]

故事如此真实,它就发生在不是十全十美的普通人身上。在范塔
斯敏最终呼吸到平静的空气之前,他已经在激荡和绝望中摸爬滚打多
年,而之所以会经历这些,很大程度上是因为他做事考虑不周——这
一点也与传统意义上的童话故事不同,毕竟童话故事里的主人公从始
至终都是完美无缺的。范塔斯敏展现出了多样的性格,既有英勇无畏
的一面,也有卑劣不足的一面。他刚偷听完王后和美人鱼之间的秘密
交谈,紧接着又把一个小孩从生死线上救了回来;他为天下人谋求公
平正义,但对敌人却残酷无情(有一次,满腔怒火的范塔斯敏变成了一
只掘地虫,把整个敌军"搅得天翻地覆,到处都是折断的胳膊、腿、肋骨
还有船桨,有人骑在马背上,也有人倒在马蹄下……任马踢,任马踩,
任马踏"[55]);他甚至还追求多名女性。但亚林(Iarine)出现之后(她双
臂圆润,"白得耀眼",优雅的脖颈堪称无法复制的艺术品),范塔斯敏
终于找到了自己余生的挚爱。[56]他和我们一样,优点和缺点并存。他是
一个有血有肉的人。

萨拉在作品中表现了对创造幻想世界的空前重视,令人叹为观
止,这也是其作品最突出的特征。[57]棕榈地(Palmland)有独特的地理特
征和历史传统,其居民也有鲜明的特色——"天生擅农耕,对艺术和制
造技术一窍不通"[58],这样的偏好导致了棕榈地与周围国家之间的冲

突。这个世界完全独立于我们所处的世界。尽管也有其他作家尝试创造类似的平行世界[如勃朗特姐妹创造的安格利亚(Angria)以及E. T. A. 霍夫曼(E. T. A. Hoffmann)在《胡桃夹子和鼠王》(*The Nut-cracker and the Mouse King*,这本书后来被改编成芭蕾舞剧)中创造的玩具世界],但萨拉对棕榈地的描写极尽细致。从其冲突不断的历史,到其人民,再到魔力与预言和知识与经验并重的逻辑体系,棕榈地是作者有意识地从平地上一砖一瓦建造起来的。

抛开故事的细节和曲折性不谈,对于萨拉来说,《范塔斯敏》有着更为深远的意义,她仅仅是想带着读者走进他们心中那个激动人心的地方;在这里,正如她在给哥哥德温特的一封信中所说,"一连串虚构故事交织在一起……事物的诗意之美得到生动的显现,真理展露无遗,由此激发年轻读者们探寻真理的想象力"[59]。萨拉在自己的《范塔斯敏》的封面上写下这首短诗,进一步阐释了自己的人生观:

> 去吧,小书,歌唱爱与美,
> 把凡夫俗子都引到仙境;
> 告诉他缥缈梦幻乃是神圣的职责,
> 比他努力劳作创造的一切更有价值——
> 劳作充满无尽的害处。
> 不过你若是遇见了高尚又温柔的心灵,
> 向往神圣的作品和高贵的爱情,
> 告诉他自然壮丽的幻想,
> 加入严肃的思考和神圣的冥想,
> 绝非俗世的魅力所能及。[60]

遗憾的是,萨拉想要表达的思想并没有得到广泛理解。手里能拿到一本《范塔斯敏》的人本就不多,其中又有些人觉得书里的描写过多,过犹不及,就像"吃多了蛋白杏仁饼……刚开始的时候很好吃,吃到最后就恶心想吐了"[61]。然而,这本书传到美国超验主义者的手中后,又找到了立足之地。[62]无疑,这部作品复杂深刻,需要读者付出极大的耐心阅读。不过,《范塔斯敏》确实是文学史上具有划时代意义的重要作品,值得一读。1840 年,《波士顿季刊评论》(*Boston Quarterly Review*)就肯定了这一点,杂志以虚构的对话形式,刊登了一篇不同寻常的"文学短评",这不仅是一则通告,也是对《范塔斯敏》的高度赞扬:

> 评论家 N 先生(正读着)——"《范塔斯敏》"。
>
> P 教授——柯勒律治女儿的作品……
>
> 评论家 N 先生——她也是亨利·N. 柯勒律治的妻子。
>
> P 教授——是这样。很明显这家人没有不平等的关系。在思想的天空中,这两三颗星辰的转动是美丽而又罕见的离奇景象。
>
> 评论家 N 先生——呵,在我们这个闭塞的无名小镇,可别指望能得到恰如其分的(评价)。我还听到有人嘲笑这本书无法理解,甚至觉得它愚蠢可笑呢。
>
> P 教授——不可……如今人们的想象力太匮乏了,理解力控制了自然(状态)的心灵,所以这样一部诗意隽永的作品无法立刻被(所有人)接受……
>
> 评论家 N 先生——那这是一个童话故事吗?
>
> P 教授——它采用了虚构的手法,但探讨的却是人类的意义。故事讲述了一个年轻人从天真到成熟、从全凭感知到探寻真

理的成长过程,主题算不上新颖,但绝不老套。作者借昆虫世界,推动主人公的成长蜕变,在这个世界里,其他人都要在地上爬行,而范塔斯敏却可以在天空翱翔。

评论家 N 先生——这个意义是显而易见的,还是您自己的解读?

P 教授——这种意义不是通过呆板、寓意深刻的英语寓言表现出来的,你也无法从故事的一页页里找到。(相反)在你寻找绘画的乐趣之时,你也会发现更多的绘画……它是孤独的时光里自成曲调的旋律,是赏心悦目的美景,它对自然的探索是热烈和纯净的。如今市面上到处都是为追逐名利而草草写就的书,读一本这样的书,再看看这份心灵成长的真实记录,你就会发现不同之处。[63]

对于这两位虚构的读者,以及如今那些认为《范塔斯敏》是萨拉·柯勒律治最伟大的作品的人来说,萨拉在伊尔切斯特度过的五个星期颇有价值。不过亨利却不这么认为,他 11 月 17 日来接萨拉的时候,忍耐力已经到了极点。即便如此,这段日子依旧意义重大。萨拉暂时告别母亲、妻子和女儿的身份,远离了那种自我否认的生活,终于可以扮演全新的、充满自信的角色——女作家和知识分子。这样的角色转变似乎给了她自信,让她重新评估自己的编辑工作。[64]塞缪尔·泰勒的作品是萨拉获得的遗产,也是她的任务;现在她可以掌控局势,出版她认为适宜的作品,并得到应得的认可。不久后,亨利的去世给了她完全的自由。

到 1842 年,萨拉已经连续五年全身心投入文学工作之中了。她和亨利两人不遗余力地整理编辑塞缪尔·泰勒的《文学遗著》。1836年至1839年,这部四卷本作品以每年一卷的速度出版发行。萨拉还开始系统地重读父亲的一些作品,这是一项浩大的工程,因为要读懂这些作品,她需要对父亲在神学和哲学上的渊源烂熟于心,但这项工作也是必不可少的,因为只有这样,新版《反思指引》(*Aids to Reflection*)、《朋友》(*The Friend*)和《文学传记》(*Biographia Literaria*)的出版计划才能成为现实。[65] 1836年至1840年间,萨拉还多次怀孕,三度流产。1840年,只有一周大的伯莎·范妮·柯勒律治(Bertha Fanny Coleridge)夭折。这是萨拉人生中经历的最后一次婴儿早夭:"这次丧女让我们深感失望,甚至可以说是悲痛。因为虽然可能有些奇怪,这些还不会说话的小东西,一双双迷瞪瞪又无辜的眼睛,自他们出生那一刻起,就紧紧抓住了父母的心……(但是)显然,这些小宝贝不属于这个世界。"[66]

与此同时,亨利的身体每况愈下。1842年,亨利已经卧床不起,并且已无好转迹象,因此萨拉无法继续托病,她不得不接下丈夫繁重的家庭责任。眼见亨利肃穆地大步迈向坟墓,现在,赚钱养家以及整理亨利事务的责任落在了萨拉肩上。她第一次被迫处理自己一无所知的家庭事务,同时还要面对丈夫日益逼近的死亡。[67]

次年1月,亨利死于神经退行性疾病。萨拉确实很悲痛,不过她哀悼的不是丈夫的离世,而按照当时社会上的普遍观点,萨拉在婚内丧偶,她的生命已经丧失了大部分意义,美好的生活也一去不返了。相反,她悲痛的是与自己相伴二十年、风雨同舟的伴侣的离去。"世间没有哪两个人,比我们在心灵上和思想上联结得更紧密,或者说更深刻地融入彼此的生命中,日日夜夜,分分秒秒,"萨拉写道,"……(但)这种痛苦并非我所不能承受,因为仁慈的上帝赋予了我强大的意志力。在失去人世间的幸福欢乐的同时,我也渐渐可以……安然(与它)挥手作别。"[68]八个月后,萨拉最终调整好情绪,走出了人生的这段阴霾,看上去她的孀居生活非常欢快:

> 我努力让自己快乐起来,这是我从未体验过的……现在我渴望观赏艺术精品,或者人脑对自然更精细的加工作品。我试着关注朋友们的兴趣所在,加入时下的论战,仔细揣摩体会形形色色之人的心境和性格……我不再对逝去的事物黯然神伤,或者陷入浑浑噩噩、无所事事的沮丧之中。我的心里甚至泛起了快活的涟漪。[69]

亨利去世后,萨拉与外界的交往大大增加,在随后的几年内,她结交了英国文学界的众多知名人物:亨利·克拉布·鲁滨逊(Henry Crabb Robinson)、诗人奥布里·德·维尔(Aubrey de Vere)、即将上任的首相威廉·尤尔特·格拉德斯通(William Ewart Gladstone)都是萨拉的笔友;此外还有女作家乔安娜·贝利和安娜·詹姆森(Anna Jameson)。[70]她还与伊丽莎白·巴雷特·勃朗宁交流如何减轻对鸦片酒的依赖。在生命的最后几年中,萨拉每隔一天就要摄入大量纯吗啡才能入睡,剂量大到可怕。当然,她还能控制自己的毒瘾,不至于影响正常的生活和工作。

同时,萨拉也没有停止工作。亨利去世当年,她出版了父亲的《反思指引》,这套全新的两卷本书中收录了她的文章《论理性主义》("On Rationalism"),进一步阐释了柯勒律治式的理性。后来,《文学传记》《莎士比亚注解与批评》(*Notes and Lectures Upon Shakespeare*)、《他自己时代的散文》(*Essays on His Own Times*)及《塞缪尔·泰勒·柯勒律治诗集》(*Poems of Samuel Taylor Coleridge*)陆续出版——这几部作品或多或少都打上了萨拉的印记,其中有长篇介绍(《文学传记》中,导言几乎占了一卷书),有附录详细阐释父亲的思想。这是一项庞大的工作,不过萨拉的投入和不懈努力使得塞缪尔·泰勒·柯勒律治的作品不断出版重印,并让其始终处于公众视野的最前列。这位"微不足道"的女作家却帮助父亲避免了同样伤人的名号,实在奇怪。整理父亲作品的闲暇,萨拉还是《季刊评论》的批评家、赫伯特和伊迪丝的母亲——赫伯特在伊顿公学上学,伊迪丝则跟着萨拉在家学习。她还是一位高产的散文作家,作品内容涵盖诗歌、哲学、执政、艺术和教育等领域。

萨拉·柯勒律治五十岁时撒手人寰,留下了大量未出版的文章和一本刚刚开头的自传(后来由其女儿完成并出版),自传中讲述了她在"亲爱的格雷塔府"度过的欢乐童年,回忆了那段高产的创作历程,接着步入婚姻,为人妻为人母,以及随之而来的糟糕的身体状况、低落的心理状态以及麻醉药物的使用。使用麻醉药物是一桩悲剧,弗吉尼亚·伍尔夫对此痛惜不已。1940年,伍尔夫读过一本萨拉的早期(带有误导性质的)传记后,曾撰文悼念这位被遗忘的女作家,"一位历经波折、个性鲜明的人物,她在消逝的光辉和日常的光线间穿行",其才华因社会的苛责而大打折扣,"她有意书写自己的人生,却未能得偿所愿"。[71]

第六章

黛娜·马洛克·克雷克

(1826—1887)

*Dinah Mulock Craik*

许多家庭主妇,比如简·奥斯汀笔下的贝内特太太都觉得,有钱的单身汉总想娶位太太,可事实却恰恰相反,单身男子要花时间做的事情太多了。他需要追求事业,大部分情况下是与军队、宗教以及政治相关的职业;维护自己的庄园;或者混迹剧院、酒吧,赌博寻乐;再或者打猎、钓鱼,和朋友厮混。男人的生活忙碌而丰富。当然,对于女性来说,情况就大不相同了。一位单身女性就算很有钱,也总是需要找个丈夫的。经济上的独立可能会赋予她一定程度的自由(以及成为挑选者的权利),但在她找到丈夫之前,在人们眼里,她的人生仍是不完整的。如果没有找到人生伴侣、交换结婚誓言,她的人生意义就无法实现,生命也是静止的。《亲爱的希伯小姐》(*Dear Miss Heber*)是一部18世纪的通信合集,正如作者艾尔芒格小姐(Miss Iremonger)在书中所说:"直到步入婚姻前,我们都是在走向婚姻的路上!"[1]

即便社会舆论如此,但并非每位女性都能找到自己的伴侣——单身女性越来越多,并且几乎都是被迫单身。16世纪时,仅有5％的上层社会女性终身未婚;在简·奥斯汀时代,这个比例增长至25％。[2]而在其逝世仅三十四年之后,1851年人口普查显示,在二十周岁至四十周岁的女性群体间,竟有 42% 的人不在婚姻状态(比如黛娜·马洛克·克雷克,当时她已经二十五岁了),包括寡妇在内,当时英国共有两百五十万单身女性,她们都过着自给自足的生活。[3] 突然多出来如此多的未婚女性令人恐慌,也引发了媒体的百般猜测。1862 年,作家、社会评论家 W. R. 格雷格(W. R. Greg)在《女性为何会多余?》(*Why Are Women Redundant?*)这篇长度几乎与一本书相当的文章中表示,这些不幸的单身女性"不能促成他人生命的完整,为他人的生活增色添彩",而"只能成为孤立、残缺的存在",完全是男性肆意挥霍的后果;英国男性正在逃避应担负的对女性的责任,他们向往"奢靡和虚幻",对无聊的一夫一妻旧制丧失了兴趣,并保持着一种"不正常的社会状态……同时也预示着更多的不幸和畸形"。[4]

而实际上,这个问题要复杂得多。19 世纪,政治、社会和经济环境飞速变化,想要获得以往幸福欢乐的婚姻难度越来越大,其中一部分原因是英国的男女比例出现严重失衡。在黑死病肆虐时期,女性患病率较低[①],再加上成千上万的男性移民北美、新西兰、澳大利亚和南非(这些人或者收入太低,不能负担英国的生活成本,或者找不到工作,就像拿破仑战争之后出现的许多无业游民一样),如此一来,男女比例严重失衡。截至 1851 年,英国女性人口已经比男性人口多出 365000

---

① 根据沙伦·N. 德威特于 2010 年的研究,在黑死病盛行时期,由于男性普遍较脆弱且生理压力更大,其死亡率更高。参见 Sharon N. DeWitte, "Sex Differentials in Frailty in Medieval England," *American Journal of Physical Anthropology* 143, no. 2 (October 2010):285 - 297. 德威特的研究同时表明,这种趋势不仅存在于中世纪时期——在 17 世纪的伦敦,女性尽管面临怀孕和分娩的风险,但始终比男性长寿;至少从 19 世纪中期开始,欧洲女性的平均寿命比男性长两到三岁。

人。[5] 随着积累物质财富的机会不断增加,社会对物质财富的追求更加强烈。这似乎也加剧了单身女性过多的现象,因为新婚贵妇对婚姻的期望也水涨船高:现在她希望婚姻不仅能给她带来一处住所,更希望是一栋"豪宅",里面有服侍她的侍女和仆人,最好满目水晶,处处是蕾丝花边(为了赶时髦,就像维多利亚时代的中上层妇女常做的那样[6]),每月还要有零花钱,能让她继续养尊处优。在这个家,她会不惜重金,按照新维多利亚时代的时尚潮流,把房子布置成一个与世隔绝的场所,让丈夫和孩子们远离当时开拓进取却腐败堕落的外部社会[7]:她需要给家里添置地毯、窗帘、墙面装饰、灯具、人物画像以及数不清的器皿和家具,不仅是为了装点温馨的家居环境,也是为了把丈夫留在家里,不让他去酒吧鬼混。[同时代出版的《家庭主妇实用手册》(*The Practical Housewife*)给出了不少建议,并提醒读者,男性"如果厌倦了家里的生活,就有了极大的行为自由和丰富的外界资源,因此,把家里装点得舒适而魅惑不失为一个好策略……"[8]]

　　还留在英国的适婚男性已经没有多少,面对代价高昂的婚姻,他们也感到犹豫不决,这一点不难理解。甚至更多的男性觉得结婚完全是遥不可及的事:年轻男子通常只能靠着微薄的年金过活,如果想要攒下足够的钱结婚,就不得不节衣缩食几十年。因此,除了特别富有或者极具进取心的男子,许多男性很可能到了五十多岁才开始考虑结婚的事,即便是此时,他在求爱的过程中还是免不了遭遇让人晕头转向的社交细节。W. R. 格雷格所谓的"奢靡和虚幻"——那些阴郁的干扰,在他看来,是英国男女结婚困难的真正原因,它们让男性逃避责任的意愿更强烈,而这些奢靡和虚幻的东西对于男性来说,远没有结婚花费高昂,而且简直是唾手可得。

　　但是,尽管存在这些现实的障碍,女性仍在为婚姻(也只是为了婚姻)毫不松懈、一心一意地努力着。[9] 按照当时社会的观点,未婚女性一无是处;她,连同日益壮大的单身女性群体,注定永远感觉自己是"浮于社会表层的累赘",正如约翰·斯图尔特·穆勒(John Stuart Mill)所说,"对于所有以结婚为目的而接受教育的女性来说,她们所学习的东西中几乎没有可以称作'有用'的东西,就算有,这些东西一般情况下也没有实际用处,除非她们结婚了"。[10] 摆脱这种无休止攻击的唯一方法就是找个丈夫,什么样的都行,因此,婚姻市场很快就变成了疯狂的、不择手段的寻夫战场。《女性博物馆月刊》(*The Lady's Monthly Museum*)杂志上曾刊登了一封虚构信件,生动形象地描绘了这场狂热的寻夫之旅:

> 在过去三年里,爸爸和妈妈一直在想方设法把我嫁出去,为此他们带着我从家里的乡村别墅来到伦敦,又从伦敦辗转到布莱顿,从布莱顿又到巴斯,又从巴斯到了我现在所在的切尔滕纳姆。一路来回奔波,家里的马车快要散架,拉车的马有一匹已经瞎了,另一匹也跛了,而我却毫无进展,至今也没让一条鱼上钩。我开始担心,不是他们引诱女婿的方法错了,就是我等他上钩的过程出了问题。[11]

这段话听起来让人觉得匪夷所思,不过用塞缪尔·巴特勒(Samuel Butler)的《众生之路》(*The Way of All Flesh*)中一位八成是老姑娘的女人的话来说:"她还能做些什么?逃跑吗?她可不敢。"[12] 逃跑这种解决方法过于极端,但对于上流社会出身的未婚女性(比如黛娜·马洛克·克雷克,其父系家族有爱尔兰贵族血统)来说,其他解决方法也没什么吸引力。对于出身名门的女性来说,找个工作(比如家庭女教师或是教师)是自降身份的行为,根本不能考虑,所以她们最好的选择是去一个代理家庭帮忙,而不是自力更生。她可以搬到某个远方亲戚家里,成为"家庭和友人家里的希望之星",就像《好消息》(*Good Words*)杂志里那个亲爱的玛丽阿姨一样。[13]她当然也可以留在家里照顾年迈的父母(尽管在庞大的贵族家庭中,多数小女儿都需要承担这样的责任),同时积极投身当地的慈善工作:准备茶点,筹划募捐,给生活困难的邻居熬汤喝,或者做些针线活拿到集市上卖。这些工作将会一直是她生活的全部意义,除非她接受了期盼已久的求婚。但是,如果她确信没有追求者求婚,也没有人需要她的帮助,上流社会的老姑娘们还可以去修道院,祈求"永远告别以自我为中心的烦扰生活",就像安妮·朱迪思·彭尼(Anne Judith Penny)在《单身生活的午后》(*The Afternoon of Unmarried Life*)中描绘的一样。她写这本书当然出于好意,但也揭露了残酷的事实:"在你这个年纪,你应该接受,而且百分之百确信,信仰是真实有用的……意识到这一点后,当你痛苦到不能为自己祈祷时,你还能获得极大的安慰。"[14]

如果单身女性觉得这些方法都不可行,万不得已的情况下,她还可以全然抛弃家族继承,打点好行囊,前往英国的殖民地,那里到处都是单身汉——绝对很快就有人向她求婚!因《女性为何会多余?》一文而闻名的 W. R. 格雷格认为这个终极解决方案非常有效,他甚至设计方案,帮助大批单身女性解决婚姻难题:成千上万的单身女性可以到国外去(当然,为了保证得到适当的陪护,规模要适中),这样她们存在的意义才能最终实现。[尽管这个方案让我们啼笑皆非,但许多绝望的女性还是接受了格雷格的建议。当时,有关"婚姻殖民"的说辞流传很广,女性应履行的道德准则受到广泛认可,因此许多机构纷纷涌现,帮助来自各阶层的千万未婚女性移居海外,其中包括家庭殖民贷款协会（Family Colonization Loan Society）、英国女性移民协会（British Women's Emigration Association）等。[15]]

这些解决方法一个比一个荒谬，而且都忽略了单身阴云笼罩下女性的情感需求，这是更为私密的范畴："多余"是一种痛苦的体验，是女性失败的外在标志。无论她去哪里，总是会遭到愚弄和嘲笑，"每件衣服、一言一行……都会受人讽刺"，这是内利·维顿（Nelly Weeton）的回忆，她总是依赖他人的慷慨恩赐，从未得到原谅。[16]正是因为这样的遭遇可能会降临到任何一个女性身上，我们突然可以理解为何在《傲慢与偏见》中，贝内特太太那么急切地想要把女儿们嫁出去；为何二十七岁的夏洛特·卢卡斯愿意接受柯林斯的求婚，要知道，这个人"既不聪明也不讨人喜欢"，他对夏洛特的吸引力"一定是不真实的"。尽管这桩婚姻有自降身份的成分，但夏洛特解决了自己的心头大患——她终于要结婚了，不必再成为别人的笑柄。夏洛特没有什么财产，又相貌平平，她"觉得非常幸运……他会成为自己的丈夫"[17]。伊丽莎白和小说里的每个人都心知肚明，夏洛特不得不把自己托付给这个不相配的人，她心里其实一点儿也不高兴，这是"一幅最丢脸的场景！"然而，内心的痛苦和煎熬显然不是简·奥斯汀关注的重点，也不是当时社会经常讨论的话题。

解决女性多余的方法和女性多余这个问题本身一样，既不可思议又自相矛盾。在社会中，当结婚成了强制性却几乎不可能完成的任务，一个自身没有过错的女性，又能做些什么？比如，弗洛伦斯·南丁格尔及激进主义者巴巴拉·博迪雄（Barbara Bodichon）都认为，女性应采取的最适宜的做法是要求婚姻自由，同时与男性一样平等参与工作。保守派自然不会任由这种观点传播，他们加紧宣传，把女性独立描绘成无趣透顶的生活状态，引起人们的恐慌情绪："浪费生命，消耗精神,只能赚到微薄的收入维持生计,还要时刻面对无法抗拒、暗中蛰伏的种种诱惑。"[18]但是,没有哪种解决方法能成功避免这场危机,因为至少在某种程度上,最基本的情感方面的问题始终未能解决;女性还是会因为自己无法控制的事情,因为没有得到自己往往本来就不想要的东西而受到指责。

单身女性需要颠覆性的、更有人情味的方法,在世间找到自己的一席之地,而黛娜·马洛克·克雷克就是一个极好的范例。黛娜以女性生存为题材创作了多篇文章,后来又将这些文章结集成册,以"一个女人关于女性的思考"(*A Woman's Thoughts About Women*)为题出版,书中摈弃了自怨自艾的消沉态度,并提出了以教育和自立为基础、更实际和理性的全新方案。在黛娜看来,办法再简单不过了:不要相信虚假的借口,认为女性总是无助的——"我们必须自救……充分调用各方面的能力,包括身体上的、精神上的,还有智力上的"。在此过程中,年轻女性无论有没有丈夫,都会发现内心的坚毅和自身的力量,成为当代女性的典范:"脚走痛了,身上沾了灰尘,但内心依旧一尘不染;毫无疑问,会经历种种磨炼,但绝不会退缩,也不会屈服……年轻的女孩们,相信自己,依靠自己!"[19]

针对抑郁问题,黛娜也给出了直截了当的建议:"这种命运可能是所有女性都必须承受的最艰难的遭遇……(但是)天底下没有,也不应该有无休止的痛苦。"[20]她还强调,这种情况不是女性固有的弱点或缺陷造成的,而是在文化影响下,女性受到摧残的结果。黛娜写到,女性不再健全,因为她们受到的教育让她们相信只能成为别人的妻子,否则她们就什么都不是。在这样的思想教育下,年轻女孩只能把自己兜售给出价最高的竞价者,有没有炽热的感情或者以后会不会幸福完全不在考虑范围内。她们忍受着精神上的痛苦,抛下对爱的感受,开始了毫无意义的搜寻,去寻找"晚宴、华服、手套、豪宅和蓝白相间的窗帘"[21]。这是不应该的,也是不能忍受的:

> 我们应该让每个女孩都知道,草率、无爱的婚姻,同没有经过法律程序的结合一样不光彩。不管单身生活可能会多么黯淡、沉闷和辛苦,不幸的婚姻一定比这糟糕十倍——无处不在的诱惑、无法摆脱的悔恨和折磨,除了死亡外无路可逃。世间多少新房,都应该挂上但丁地狱之门上那句人尽皆知的题词:"入此门者,当放弃一切希望。"愿所有女子,所有向往真正的婚姻,渴望体验婚姻之圣洁、美好和灿烂的女子,永远不要被赶进这可恶的大门![22]

《一个女人关于女性的思考》这部作品没有鼓动女性参与残酷的混战——这正是夏洛特·特纳·史密斯、玛丽·鲁滨逊和萨拉·柯勒律治在婚姻生活中的遭遇,相反,黛娜在书中强调,单身女性也是独立的公民,需要工作和接受教育的自由权利;朱迪思·彭尼的建议——"从公众审视的目光中退回"到"私下的慈善活动及平和的热情中去"——并非老姑娘必然的命运。[23]不,黛娜·马洛克·克雷克从经验中得出结论,切实可行的生活方式才是应有之义,除了嫁作人妇外,女性还有其他的存在意义。

1857 年,黛娜·马洛克·克雷克完成了《一个女人关于女性的思考》,当时她已经三十二岁,还是未婚。之前引用过 1851 年的数据,其中记载了成千上万名自力更生的英国女性的生存状况,黛娜的经历与她们类似。在她的记忆中,一直是自己赚钱养活自己,按照自己的方式生活,没有花过别人一分钱。黛娜在《一个女人关于女性的思考》中塑造了一个成功女性的形象,而她本人的一生也是对这一形象的真实呈现——坚韧不拔、聪慧过人、完全独立、永不言弃。黛娜出生于 1826 年,父亲叫托马斯·马洛克(Thomas Mulock),母亲叫黛娜·梅拉德·马洛克(Dinah Mellard Mulock)。黛娜的童年经历对其独立自主、勇敢无畏的价值观念的逐步形成,产生了深远影响。黛娜一家住在纽卡斯尔安德莱姆(Newcastle-under-Lyme),她常常去屋后的一片青草地,一待就待到日落时分,有时跟着"一群脏兮兮、笑哈哈的捣蛋鬼"跑来跑去,有时和弟弟们一起踢球,有时还在篝火上烤土豆,去邻居家的花园里挖地洞。黛娜还有一项危险系数极高的绝技,"一定程度上满足了她调皮的天性"——用一根棍子掌握方向,坐在一块冰上顺流而下。(后来,有一位玩伴不得不卧床休息,不是因为生病,而是因为"所有可以穿的衣服都在厨房里挂着,等着用火烘干"[24],黛娜后来这样写道。)整天待在外面还有一个好处,她正好可以远离争吵不断、越来越不安定的家;黛娜父亲出现了一些症状,就是我们今天所谓的躁郁症。在黛娜的童年时期,他曾反复入狱、出狱。[①]

黛娜在专为乡下女孩开办的走读学校里上学,学校费用低廉,她也不可能接受到萨拉·柯勒律治那样的教育。在她的学校里,拉丁文和哲学不在授课范围之内,取而代之的是科学、数学等更实用的知识,

---

① 黛娜的父亲一直被视为一个执拗、动辄吵架的人,但最近有研究显示,他的暴力倾向远比人们之前所了解的更严重。托马斯·马洛克常常表现出欣喜若狂后,立刻变得愤怒、沮丧,有一次情况尤为严重,甚至出动了警察,强行把他从妻子和孩子身边拖走。参见 Karen Bourrier, "Narrating Insanity in the Letters of Thomas Mulock and Dinah Mulock Craik," *Victorian Literature and Culture* 39 (2011): 203–222;及储存在加州大学洛杉矶分校查尔斯·E. 扬研究图书馆(Charles E. Young Research Library)的马洛克家族档案。

阅读的书籍也偏向传授"有益的常识"而不是描绘幻想。"文学作品非常有限，"后来黛娜在钱伯斯的《爱丁堡杂志》上如是写道，"因为我们不是有钱人，家里没有藏书，也不住在爱好阅读的群体中间……在我们忙碌的一家中，(也)不可能享受到听某个人读书的乐趣。"[25] 不过虽然有这些障碍，黛娜在青少年成长时期，还是逐渐形成了对书的喜好：附近的一名书商非常慷慨，他向黛娜一家开放了自己规模尚可的借阅图书馆，借此良机，没过多久黛娜便沉醉在了简·奥斯汀、爱德华·布尔沃-利顿（Edward Bulwer-Lytton）、沃尔特·司各特爵士的作品的世界中，当然还有查尔斯·狄更斯早期的连载作品。[26] 她甚至还开始自由创作，不是夏洛特·特纳·史密斯那样个性鲜明的诗集，也不是让人充满成就感的译著，而是一篇名为《群猫宴会》（"The Party of Cats"）的童话，讲述了她的小猫罗斯带着邻居家的一群小猫，去一片大黄地上野餐，共度欢乐时光的故事。

尽管黛娜在乡村的生活充满欢乐，但人们更应该感到庆幸，1840年黛娜一家搬到了伦敦，因为正是从那时她给在纽卡斯尔的朋友的信件中，我们看到了她极强的自我管理能力。黛娜十三岁时，已经是个小大人的模样，她想象自己孤身前往巴斯，而且完全有能力安排好旅途中的一切事务；评判其他心智发展不全之人——"如今的青少年，尤其是绅士，都蠢到了极点，几乎没有例外"[27]——还就人生中的磕磕绊绊，给朋友忠告：

> 童年终究是美妙的，只是太过短暂，而接着五花八门的烦恼便迎面而来。这十二个月已经改变了我。我不觉得自己现在没有在纽卡斯尔的时候快乐，但我欠缺考虑的状况已经减少了很多，我觉得这样对极了。[28]

尽管这些话从一个扎着辫子的小姑娘口中说出,听着可能有些天真,但黛娜这种自信迟早会派上用场。十九岁时,黛娜母亲去世,随后父亲便抛弃了一家老小,她被迫开始在伦敦自谋出路。黛娜父亲为何突然弃儿女于不顾,这种反常行为背后的原因我们不得而知。但不管怎样,情况都非常残忍:父亲整理好行李搬了出去,甚至连话都不愿与黛娜说,就这样把身无分文的她扔在世上。黛娜一家在纽卡斯尔的律师只得到了笼统的消息,称孩子们"穷困潦倒……马洛克先生对他们不管不问",黛娜开始冷静下来思考自己的出路。[29]很幸运,弟弟们都已长大,可以自己赚钱谋生,可是黛娜怎么办呢? 遵循惯例,寻求姑妈或表亲的庇护? 像夏洛蒂·勃朗特笔下的简·爱一样,做个家庭女教师,为了每年三十英镑的微薄收入埋头苦干? 对于这个精明的小女孩来说,这些选择看起来一定都很荒谬。黛娜不是那种可以轻易接受别人监护的人,她也不愿依赖或者受制于他人的慷慨。

早在 1841 年,黛娜就开始涉足文学领域,后来她这样写道,这是唯一一个女性能和男性"在同一水平面"交锋的职业,"(还)常常在男性自己的领地上把他们打得落花流水"。[30]《斯塔福德郡广告报》(Staffordshire Advertiser)上刊登了黛娜创作的第一首诗歌,这是一首关于维多利亚女王诞下小公主的短诗。很快,凯瑟琳·克罗的密友罗伯特·钱伯斯就从他在伦敦的线人 S. C. 霍尔夫人(Mrs. S. C. Hall)处,得知了这位聪慧过人的青年才俊;紧接着自 1845 年起,钱伯斯在《爱丁堡杂志》上先后刊登了黛娜早期创作的大量诗歌,到 1846 年,署名"D. M. M."的作品在英国各地已随处可见。[31]黛娜笔耕不辍,写出了许多作品,其中有穷困潦倒的主人公慢慢发现自身财富的故事,有关于爱和忠诚的佳话,有长篇小说也有短篇故事,围绕着希望、自立、谨慎和实用的主题展开。黛娜还亲自参与作品的宣传,手里抱着一摞自己的作品,兴致勃勃地从城市一头走向另一头,这里放一首诗,那里留一个故事;结识新交,提高知名度;勇敢地向每一个愿意买自己作品的人介绍自己。[32]

黛娜发现,不同杂志的读者群不同,针对不同的读者群进行创作,可以让她在更短的时间内获得更大的知名度,她依靠这样的方法占据了出版业的半壁江山。钱伯斯的《爱丁堡杂志》售价相对其他杂志较低,因此主要面向工人阶级。所以黛娜为这一阶级的读者创作了情节简单、富有现实色彩的故事,强调坚持不懈的精神及家庭责任感[《皆大欢喜》("All for the Best")、《好种子》("Good Seed")、《小磨难》("Minor Trials")和《没妈的孩子》("The Motherless Children")]。《本特利氏杂志》(*Bentley's Miscellany*)和《弗雷泽报》(*Fraser's*)则面向上流社会的读者,这是一群愿意花半克朗购买杂志的读者,因此给他们写的故事应该更富有想象力,同时弱化道德说教[《自我预言家》("The Self-Seer")、《托尔韦国王的妻子》("The Wife of King Tolv")和《雅典人海厄斯》("Hyas the Athenian")]。对于罗伯特·钱伯斯的高级出版物《人民报纸》(*Papers for the People*)的读者,那些文学品位极高的人,黛娜为他们创作了情节复杂、对话丰富的长篇作品[《人民报纸》整本合集专门用来刊载《混血儿:老家庭女教师的故事》("The Half-Caste:An Old Governess' Tale")]。[33]黛娜早期短篇故事的文学价值很难判断,其中很重要的原因在于这些故事不是经过大幅删改,就是经由报社编辑增加了大量内容以填满整个版面。[34]不过,黛娜这些作品风格的演变以及其后期作品足以证明她的能力。在这一时期,她的语言运用能力得到了进一步的提高,并逐步抛弃了复杂、颠倒的文辞,为其后来人们所熟知风格的形成奠定了基础。她也越来越擅长从日常生活中获得灵感[比如绘画作品、民间传说等,《莱蒂小姐的经历》("Miss Letty's Experiences")就是黛娜受街头人群的启发写成的],并为作品中表达的思想注入了生机和活力。除此之外,她还完善了原已成熟的创作原则:其核心是宣扬获得幸福生活所需要的刻苦努力、勤俭节约和亲情互爱。[35]

黛娜除了为杂志撰稿之外,还抽时间出版了数部儿童文学作品:《矿工迈克尔》(Michael the Miner);《如何赢得爱,又名罗达的教训》(How to Win Love, or Rhoda's Lesson),教导年轻女孩要考虑他人的需求;《科拉·蒙蒂》(Cola Monti),讲述了一个画家通过认真投入和实践锻炼,养成了守时和负责的优秀品质。《科拉·蒙蒂》的扉页上有这样一句话——"自助者天助",有力地表明了黛娜想要向读者传达的思想。

写作算不上赚钱的生计,不过写作所得足够让黛娜在卡姆登镇(Camden Town)租下一间小屋,写作也让她产生了新的自信。黛娜曾非常在意自己不同寻常的身高("我是一个女巨人"[36])和瘦削的身材,觉得自己平凡而普通,不过作为一名职业女作家,她似乎表现得更为镇定自若。当时,黛娜的朋友、同为作家的玛格丽特·奥利芬特(Margaret Oliphant)和她都住在这个租金低廉、"破旧偏僻"的地方,她曾这样回忆起黛娜独特的个性:

> 她是个个子很高的年轻女性,体形苗条柔弱,总是目不转睛地盯着对方的眼睛,让我这个害羞的挑剔之人很不舒服。这场景令人尴尬,她似乎想要看透盯着的这个人……但黛娜总是那么友好,那么充满活力,虽然有些好为人师,却是个令人敬重的人。[37]

经过三年辛苦的商业化运作，黛娜二十一岁时得到了母亲托管的四百英镑财产（按照简·爱当家庭教师每年三十英镑的可怜收入来算，这笔丰厚的财产不知要积攒多久），此时她终于可以每月休息几日，享受自己刚刚获得的（尽管有限的）成功。与此同时，她找到了一个室友，弗朗西丝·马丁（Frances Martin）——这个姑娘年纪比她还小，后来创立了工人女子学院（College for Working Women），此学院是从倡导妇女参政论的伊丽莎白·马勒森（Elizabeth Malleson）所创建的女工学院（the Working Women's College）分离出来的。黛娜和弗朗西丝一起，"以最独立的方式"在社会上立足。据伊丽莎白·盖斯凯尔的回忆，"两人住在一起，执笔写作……在那个时代，这种现象不仅罕见，可能也是绝无仅有的"[38]。黛娜和弗朗西丝声名鹊起，两人开始在家里举行简单的晚会，邀请她们认识的所有文学界人士，这种做法可能有些不合常规，却是非常精明的举动。晚会的宾客里有同为钱伯斯的杂志撰稿的安妮·玛丽亚·霍尔（Anne Maria Hall）、卡米拉·图尔明（Camilla Toulmin）、乔治·利利·克雷克（George Lillie Craik，此人与黛娜未来丈夫的叔叔同名）、戏剧家乔治·洛弗尔（George Lovell）、诗人约翰·韦斯特兰·马斯顿（John Westland Marston），以及亚历山大·麦克米伦（Alexander Macmillan，此人几年前刚刚成立了自己的出版公司）。黛娜总是"活力四射，热情高涨"，她对关于女性的话题兴趣盎然。[39]和凯瑟琳·克罗一样，黛娜也参与了唯灵论运动，有时甚至会把晚会上的文学讨论变成一两场降神会（但是需要指出的是，黛娜在早期作品中对通灵论持怀疑态度；作品中某个人物出现虚幻经历后，总是会意识到这不过是一场梦，以此把这个不真实的现象掩饰过去[40]）。

黛娜二十二岁时，杂志撰稿收入已足够负担起她的各项开销，她终于可以好好休息一下,不必再按月为杂志撰稿。她还第一次开始尝试创作长篇小说。黛娜的长篇小说处女作《奥格尔维一家》(*The Ogil-vies*)获得了不错的关注度(鉴于她对文学行业敏锐的观察力,这是意料之中的事),不过评论家们却认为这部作品稍显稚嫩,其谋篇布局的人为痕迹较重,环境也不够真实,核心情节拖沓,缺乏新意。(黛娜只借鉴了她所熟悉的为数不多的小说——19世纪30年代她在纽卡斯尔那家二手借阅图书馆里读到的书籍。[41])但是,黛娜是一个擅长快速学习的人,她的第二次尝试充分展现了其文学天赋。

在《奥丽芙》(*Olive*)中,我们可以发现,黛娜早期作品中形成的风格和特点进一步成熟,同时加入了前瞻性的观点。主人公奥丽芙·罗思塞是一个勤勉的年轻女孩,一直受到卑微出生和外表缺陷的困扰,不过尽管存在这些不足,她在内心深处仍是一个难得的好人。从维多利亚时代人们眼中的不利条件来看,奥丽芙可能处于最弱势的地位。她天生残疾——"驼背……可怜的人儿,可怜的人儿!"[42]——因而成了父母的心头大患:他们知道奥丽芙永远嫁不出去,始终会是他们的负担。父母的无情和冷酷让奥丽芙从小就形成了孤僻的个性,她常常暗自垂泪,时间一长,奥丽芙开始憎恨自己,觉得自己不配拥有幸福:

> 她没有少女的困惑和憧憬,一点儿也没有……奥丽芙甚至连爱情也不去幻想了。她觉得幸福永远与她无缘,也就放弃了少女们沉迷其中的幻想……她甚至不曾意识到自己错过了幸福;因为在她读过的书里,几乎没有哪本书教她萌生感情;她听过的所有求爱故事或婚礼经历,既没有引起她的共鸣,也没有让她心生慕意。她生活在自己的小小世界里,纯洁无瑕,不悲不喜,全然不为爱的喜悦或痛苦所动。[43]

当时,女性作家常常在小说里塑造出残疾或伤残的男性形象。这些人物受到残疾的影响,无法自由行动,因此不得不在孤立的空间内生存和思考——就像女性一样。这样一来,残疾的男性就被赋予了女性特质。与身体及能力没有缺陷的男性相比,他们更加温和、善解人意,因而他们的动机更好理解,情意更易确定,甚至更容易受制于他人。《呼啸山庄》里的林顿·希思克利夫是"一个病恹恹的易怒之人",他是画眉田庄争夺战里被人利用的棋子。在《弗洛斯河上的磨坊》(*The Mill on the Floss*)中,菲利普·威克姆是唯一发现并欣赏女主角真正价值的人,而他恰好常常抱恙,且"情绪变化"如女性一般。甚至充满男子气概的罗切斯特先生,经历毁容和失明的变故后性情才变得温和起来,简·爱也才原谅了他曾犯下的罪过,两人步入婚姻的殿堂。[44]然而,残疾对于女性人物形象而言却产生了一种双重否定的效果:她可以从结婚的道德责任中解脱(人们通常认为腿脚不便的女性是没希望结婚的),这样她便能独立自主地生活。(在 18 世纪,要是能有更多的英国女性享受到这种自由该多好!)因此,奥丽芙方可师从一位画家,成了一名自力更生的艺术家,过上了舒适的生活,并在此过程中逐渐克服自我厌恶和羞耻的心理。后来,奥丽芙倾心于一位中年鳏夫,此人也是残疾,承受着内心的痛苦。两人在彼此身上找到了安慰,"微笑着,依偎在一起……沐浴在爱的温暖与祥和之中"[45]。

《奥丽芙》是一部感情强烈的作品,它表达了人人避之不及的感受:嫌弃、孤独还有身体上的不适。[46]这本书的成功之处在于黛娜开诚布公的态度,以及直面不安事实的大无畏精神。评论家赞扬了黛娜的创作天赋,认为她为笔下的人物增添了趣味和鲜明的个性——连黛娜作品里最卑微可怜的人物,似乎也"在现世生活的平凡装束下,掩藏着一股英雄气概"[47]。《奥丽芙》成书时,黛娜只有二十四岁,这本书给了她极大的创作自信,也磨炼了她与编辑之间的沟通技巧。在开始创作其代表作之前,她已经成了文坛响当当的人物。

《奥丽芙》问世后的两年里,黛娜又创作了两部小说——《一家之主》(*Head of the Family*)及《阿加莎的丈夫》(*Agatha's Husband*)。前者是一部模仿艾略特《米德尔马契》而作的乡村戏剧,人物众多,形象活泼生动。后者记录了一对新婚夫妇的生活:此间猜疑之心此消彼长,家族荣誉几经浮沉,误解和贪婪贯穿其中(当然,对于性的话题还是讳莫如深),故事情节引人入胜。五年间黛娜共创作了四部小说,包括《奥格尔维一家》和《奥丽芙》,每部作品都收到了一百五十英镑(相当于今天的一万四千英镑)的版权费。[48]其出版商查普曼与霍尔出版公司认为,这笔报酬相当慷慨。该出版公司之前凭借查尔斯·狄更斯的《匹克威克外传》(*The Pickwick Papers*)小赚了一笔,给狄更斯支付的版权费与此相当,而黛娜身价不及狄更斯,对于一个初出茅庐的作家来说,一百五十英镑已经高于市场价格。[49]他们觉得黛娜没有抱怨的理由。

黛娜当然不同意这种说法。她的作品销量不错(非常好,即使稍逊于狄更斯的作品),黛娜认为自己应该得到更高的报酬。她先前的小说再版发行,获得了广泛赞誉,查普曼与霍尔出版公司赚得盆满钵满,而她卖力工作,却只分得了残羹冷炙。她为何不能分得更大一杯羹?《一家之主》已经发行了六版,其利润肯定不止这么多。起初黛娜温顺地请求:

> 除了已经给我的一百五十英镑,你们可以从所有利润里再匀一点给我吗?我知道我没有权利,但这也不算无礼……于我而

言,尽可能为自己争取利益非常重要——我的脑袋已经因为辛苦工作而变得迟钝了。[50]

黛娜得到否定的答复后,随即开始寻找新的出版商。她通过玛格丽特·奥利芬特联系上了出版行业的领军者——赫斯特与布莱克特出版公司(Hurst and Blackett),并立即与之商讨新书《模范绅士约翰·哈利法克斯》的出版事宜。黛娜依旧为经济来源发愁,她向老朋友亚历山大·麦克米伦求助,请他在自己等候出版公司回应期间,分配给她一些额外的工作。她需要一些定期的、要求不高的工作,"机械性的文字工作——'审稿人'之类的工作——能给我带来固定收入……我将不胜感激"[51]。

尽管黛娜的小心谨慎不失为明智之举,但事实证明此举并无必要。赫斯特与布莱克特出版公司随后为《模范绅士约翰·哈利法克斯》开出了诱人的价码:一次性支付三百英镑,销量超过一千二百册后再追加一百英镑。此外,如果此书销路一直很好,发行第二版所得收益的一半将归黛娜所有——这部作品确实销量喜人,后来再版数次。1856 年,《模范绅士约翰·哈利法克斯》正式出版,此时黛娜三十岁。从这时候起,她再也不需要为经济方面的问题而担忧。

黛娜向麦克米伦请求找一份兼职工作,这是否显示了她对新书前景的隐隐担忧?[52]这种推测是合理的:《模范绅士约翰·哈利法克斯》是首部以出身低微的商人为主角的英语小说,黛娜一定很担心作品的接受度。但是,这样的作品出自黛娜之手,没有人会感到吃惊——黛娜是一位老练、适应性强的实用派作家,她紧紧把握住了文学发展的趋势,写出这样的作品完全在情理之中。而且此书的出版恰逢其时。

　　19世纪50年代初,1851年万国博览会的余波仍在整个英国蔓延,这场博览会是当时史上最激动人心的技术和贸易展。专为博览会建造的水晶宫里展出了一万四千多件展品,其中包括来自世界各地的物品:配备了八十块刀片的猎刀、塞缪尔·科尔特(Samuel Colt)发明的连发式左轮手枪,还有水蛭气压计、蒸汽动力锤等。展会上还展出了一大批家用及农业机械,这些工具的使用缩减了一半的工作时间,比如伊莱亚斯·豪(Elias Howe)发明的缝纫机,赛勒斯·麦考密克(Cyrus McCormick)发明的收割机,以及用于切割石头、折叠信封、印刷、纺织和烹饪的设备。甚至展览馆本身也是工程设计的杰作:这座由玻璃和钢铁共同制成的透明建筑,足足有四个圣保罗大教堂那么大,更不用提在为期五个月的万国博览会期间,超过六百万人进入水晶宫参观(日参观量最大的时候,水晶宫内同时容纳了九万两千名参观者,创下当时室内集会规模的纪录)。[53]

　　然而,虽然万国博览会上展出了各类珍宝,但展会最具革命性的方面当属中产阶级人群的出现:他们有的面带微笑,自信地看着自己的发明接受人们的审阅;有的四处张望,确保自己组织的活动顺利进行;还有些中产阶级仅仅是同上流社会人士一起前来参观,之前他们尚无法同上流阶层交往。[54]这些男性(以及女性)都是新兴中产阶级的代表,他们勇于承担保守的贵族阶层为维持现状而躲避的风险,积极投入工业生产,不久后便成为英国经济的主导力量。在万国博览会上,中产阶级的出现也显示了婚姻市场面临的社会剧变:贵族出身不再自动等同于经济上的成功。实际情况是,权力正在从土地所有者向制造者和分配者(农民、银行家、商人和制造商)转移,中产阶级新贵的神话正在上演。

　　如此一来,黛娜选择这样一个人物形象作为小说的主人公再合适不过了。约翰·哈利法克斯是典型的凤凰浴火重生的形象,他辛勤努力,坚韧不拔,是对万国博览会上的中产阶级的真实写照。同时,哈利法克斯也是英国风云变幻的社会现实的缩影,随着中产阶级不断壮大,他很快有了大批同盟。小说开篇,年轻的约翰在制革工埃布尔·弗莱彻家附近躲雨,埃布尔有个羸弱的儿子名叫菲尼亚斯(Phineas,又是一个残疾的人物),这本书是以他偏女性化的口吻叙述的。约翰和菲尼亚斯相互吸引,读者很快就会发现,约翰有着高尚的灵魂,他不会屈就于这种困苦的生活:

> 他站着,在画面的中央,时至今日这幅情景依旧清晰如昨——狭窄肮脏的小巷直通大街,透过巷口望去,尽头的绿野闪着微光;另一边房门大开,织布机织袜子的呼呼声不绝于耳,让人感到昏昏欲睡,孩子们嬉闹着赤脚走在水沟里,水沟里漂着一串串土豆皮……云隙间突然涌出一道生命的光亮。这个陌生的小伙子抬起头,看着那束光。"雨快停了。"我说道,却不知道他有没有听见我说的话。是什么让他想得这么出神?——可怜的小工人,根本不会因为有自己的想法而受到赞赏。[55]

埃布尔一字一顿地问道:"你是值得信赖的人吗……我说,你是值得信赖的人吗?"约翰·哈利法克斯感觉到这一时刻至关重要,在下一轮问话中,他直直地盯着埃布尔的眼睛。"现在我要给你(钱)吗?"埃布尔问道。约翰斩钉截铁地答道:"我只要挣到的钱,先生。"[56]于是,善良、温和的约翰·哈利法克斯被直接带去埃布尔的制革厂,负责收集兽皮用于加工。这是一项非常辛苦的工作(毫无疑问也是恶臭难忍的),但约翰始终怀着感恩之心:"只要是老老实实做事,我不在乎做什么。"[57]

生活一天天继续,约翰慢慢成了他想要成为的人。在菲尼亚斯的帮助下,他在阁楼上温暖的卧室里自学读书和写字。他开始建造模型机并显示出了数学天分。约翰从将沉的船上救下两个人,却谢绝了对其英雄行为的物质奖励。他还充分发挥自己的才能,成了制革厂的文员,拥有了更大的话语权,并和自己的心爱之人——一个名叫厄休拉的活泼女孩喜结良缘。最终,经过多年努力,他买下了属于自己的磨坊,并为磨坊配备了最先进的技术。工业革命的浪潮悄悄来临,和蔼的约翰成了附近地区的工业领袖,平静祥和地度过了余生。

一尘不染、自立、隐忍、节俭——约翰是一个让人难以置信的正直公民。他如此完美,以至于小说主角成长道路上必经的挣扎和苦难,对他来说都是不存在的:每个潜在问题在发酵成熟前就得到了妥善解决。在遇到妻子之前,约翰对女人完全视而不见。他从不喝酒,从不挥霍,从不浪费时间,也从不花时间在没有明显益处的爱好或娱乐上。这种几近荒谬的正直,让约翰得到了自己想要的一切。卢克斯摩尔伯爵(Earl of Luxmore)是旧时代贵族的代表,愤怒的他暗中破坏了约翰的磨坊,即使是在这种情况下,约翰还是通过发明新的驱动力(蒸汽),巧妙避开了这个麻烦,获得了更大的成功。约翰身上集中体现了新兴中产阶级的道德品质,这位受报酬驱动的新型男性是女性梦寐以求的丈夫人选;他是拥有不平凡格局的平凡人,并因此受到了奖赏。另一方面,18世纪的代表人物,比如斯夸尔·布瑞斯伍德和伯爵大人,整日狂欢作乐,胡吃海喝,无所事事,讲着下流的笑话,像贵族一样猎狐——他们注定会被专注的、有进取精神的约翰所超越(也注定得不到令人满意的婚姻)。

黛娜笔下的主人公约翰是读者心中价值体系的象征。在布局严密的故事情节中,黛娜进一步强化了时兴的社会价值观,她不仅借此显示了自己对社会的敏锐理解力,也让《模范绅士约翰·哈利法克斯》成为不可忽视的热门书籍。这本书很快便被抢购一空。两年内,赫斯特与布莱克特出版公司共印刷四版,同时还有十一家英国出版公司和四十五家美国出版公司出版发行了多个版本的《约翰·哈利法克斯》(廉价版、插画版等)。[58]黛娜在书中宣扬的观点——辛勤工作的人可以在任何职业中取得成就——成为读者热切讨论的话题,他们赞扬约翰实现了自己渴望已久的梦想。甚至有成百上千的读者蜂拥至图克斯伯里(Tewkesbury),参观约翰·哈利法克斯生活和辛勤劳作的地方,或许带着一种愿望,想要把他的精神品质带一点回家。此时,对读者产生激励作用的圣洁天使"马洛克小姐"已经名扬天下:在1863年的畅销书榜单上,《模范绅士约翰·哈利法克斯》仅排在《汤姆叔叔的小屋》之后[59],而黛娜的作品也是"继狄更斯的作品之后被最广泛阅读的"[60]。

然而整个文学界的反应却没有这么激烈。在评论家看来,约翰完美无瑕的品行实在令人恼火,他的能力虽然让他取得了经济上的成功,却不足以让他进入上流人士的客厅。诚然,约翰自立自强,干劲十足,为人善良,"但他无法,也不可能学会优雅绅士的举止和礼仪,他不可能仅仅通过自学习得上流社会的腔调"[61]。不过,面对作品取得的大范围成功,这些负面评论又有什么用呢?尽管存在批评的声音,《模范绅士约翰·哈利法克斯》仍在疯狂热销中,而且没有减弱的迹象。评论家们不得不迎合大家的意见:

> 约翰·哈利法克斯这一成功形象的塑造前无古人、后无来者。我们知道,他势不可挡,无与伦比。他是无尽的;他超越了时

间；他被上百万纯洁的心灵铭记；在他的完美无瑕和不朽的永恒面前，我们毕恭毕敬地放下了长矛。[62]

此时，黛娜已经成为社会话题方面的专家，报社编辑纷纷向她约稿，请她撰写文章或说教性的故事，进一步阐明自己的立场。在这一时期，黛娜创作了《一个女人关于女性的思考》（这可以算得上她最著名的非虚构类作品）、小说《以命偿命》（*A Life for a Life*）、连载故事《女主人和女佣》（*Mistress and Maid*，讲述了跨越阶级差异的女性友谊）。黛娜也给自己的作品开出了高价（每个故事高达两千英镑），她最终成了狄更斯的《荒凉山庄》中那个令人厌烦、喋喋不休的女商人的化身，在维多利亚时代，这类人就是人们心中的噩梦。① 黛娜和杰里比夫人一样，不允许他人操纵她职业上的事务，并敢于打破行为规则，争取她认为自己应得的东西。玛格丽特·奥利芬特曾写道，黛娜的出版商亨利·布莱克特"因为（她）分毫不让的开价方式而变得脸色苍白"，他向别人讲述这段经历时，"一脸惊恐，表情凝重，一点笑容都没有"。[63]

杰里比夫人的丈夫和孩子常常蓬头垢面，饥肠辘辘，家里还有成堆的家务没做。而黛娜与杰里比夫人的经历不同，她没有需要照顾的人——黛娜没有丈夫，1863年后，她连弟弟也没有了。遭到父亲托马斯·马洛克抛弃的经历激发了黛娜的斗志，她开始自力更生，而两个弟弟的遭遇就不同了。年轻的汤姆放弃了前途无量的艺术事业，为了

---

① 杰里比夫人全身心投入关爱非洲儿童的慈善事业，因而疏忽了维多利亚时代女性应承担的种种家庭事务：仆人没有规矩约束，到点了晚饭还没准备好，饭菜更是难以下咽，孩子们光着身子在街道上疯跑，可怜的杰里比先生也完全被忽视了。许多认为女性在婚后应该放弃所有不必要事务的人，都会把杰里比夫人当作好妻子的反面教材。

谋生，他做了海员，却不幸丧命——船只第二次航行出港时，汤姆从桅杆上摔下来，摔断两根大腿骨后丢了性命。在很长一段时间内，本换了许多份工作，有时他也会和黛娜待在一起，住在位于汉普斯特德乡村的怀尔伍德小屋，后来他又奔向澳大利亚从事工程建设，去巴西拍摄新建铁路的照片。本跟父亲很像，性情多变，反复无常，根据奥利芬特的回忆，本"令人不安，（黛娜的）朋友都不待见他，但黛娜却从不对他厌烦"[64]，后来他精神错乱的状态难以控制，家人不得不将他送入哈林顿·图克医生的精神病院。经过五天的软禁生活后，本在试图逃脱的过程中受伤，不幸丧命。

弟弟本的死让黛娜几近崩溃，本是她在世上仅存的最亲近的人，他陷入抑郁之时，还不忘"给予她关怀和爱护"[65]。黛娜惊到说不出话来，她一蹶不振，悲伤到无法继续工作，这种体验在她的人生中还是头一遭。黛娜给表亲写信，告诉他们自己准备去苏格兰疗养一段时间：

> 葬礼需要立刻准备好，因为有规定，还要一切从简。我一个人也没叫，因为没有人会来帮我……我可怜的弟弟，（1863年）2月27号，他突然回到家里对我说："姐姐，我快要疯了——你一定要照顾我。"我确实照顾他了。现在他已经安息了，感谢上帝……怀尔伍德10月就要租出去了，屋子里家具齐全，但我要彻底和它告别。我再也不想回到伦敦了。[66]

怀尔伍德的下一任主人是伊莱扎·梅特亚德（Eliza Meteyard），也是一位单身女作家，后来创作了著名的《乔赛亚·韦奇伍德的一生》（*Life of Josiah Wedgwood*）。在房产过渡的同时，悲痛万分、心烦意乱的黛娜默默收拾好行李，搬去苏格兰的一个小镇，这里靠近威姆斯贝(Wemyss Bay)和格拉斯哥,她在这儿有些朋友。此行路途艰难,因此我们有必要研究一下黛娜这么做的原因。本的离世似乎是最重要的原因,猜想一下,黛娜可能是为了远离原先的环境,让自己不再面对本痛苦和不幸的精神错乱的场景。若是再仔细深究,我觉得黛娜选择住在格拉斯哥附近,并在此长期逗留,还有一个原因。[67]是不是也因为她的爱人住在这里呢?

　　黛娜·马洛克与小乔治·利利·克雷克相识的具体时间不详。乔治的叔叔经常参加黛娜组织的派对,他可能是陪着叔叔参加派对时与黛娜相识的;也可能是通过另一个家庭成员詹姆斯·克雷克(James Craik,格拉斯哥圣乔治教堂的牧师)与她相识的。两人初次见面的场景一定相当普通,但第二次见面却令他们终生难忘——根据后来的描述,这次见面"充满了非同寻常的戏剧性"[68]。对于藐视常规的黛娜来说,突然之间,维多利亚时代理想的两性关系(类似于那个残疾的比喻)莫名其妙地变成了现实:乔治因受伤失去了活动能力,黛娜立刻飞奔前去照料他,爱情之花在纯净的(她没有像性急的女猎手一样,暗中盘算把他当作丈夫的人选)母性关怀下绽放。两人的邂逅故事轰动一时,四处传播,自然渐渐传出了不同的版本,但几乎可以百分之百确定,其中一定有一个版本是真实的。①

――――――――――

① 关于这个非同寻常的故事,其细节已不可考(乔治和黛娜都从未公开谈论起这件事)。不过有记录显示,确实出现了火车事故。1861 年,黛娜给表兄写信,向他询问铁路公司应对人身伤害承担何种责任,在回信中,黛娜的表兄对其"正直友善的行为"表示了赞赏。此外,1861 年人口普查官员在怀尔伍德附近调查时,曾将乔治·利利·克雷克登记为"来访"。参见 Reade, *Mellards*, 87;以及 Karen Bourrier, "Rereading Dinah Mulock Craik," *Women's Writing* 20, no. 3 (2013):295n13。

小乔治·利利·克雷克在格拉斯哥从事会计工作,他也经常去伦敦照看日渐煊赫的家族。(老乔治·利利·克雷克出版了诸多具有开创性意义的作品,其弟亨利·克雷克是一位牧师,也是著名的语言学家。[1])1861年(显然此时他已经与黛娜相识),在一次探亲途中,乔治乘坐的火车脱离了轨道,在城外某处发生撞击,乔治被甩到雪地上,快要失血而亡。他的一条腿需要截肢——谁能在他恢复期间照顾他呢?有一种说法称,乔治在失去知觉前,只能结结巴巴地吐出"马洛克小姐"的名字,随后黛娜立即被叫到他身边。还有一种说法称,火车在临近怀尔伍德的地方撞成碎片,黛娜看到混乱的场景后,打开家门让受伤的人进来休息。在另外一个版本中,乔治在旅馆里接受手术,而黛娜恰巧在场。不管经历了怎样的过程,乔治·利利·克雷克最终躺在了黛娜家的沙发上,一条腿被截了肢。没过多久,尽管乔治比照顾他的黛娜小得多(那时他只有二十四岁,而黛娜已经三十三岁了),两人还是渐生情愫。黛娜曾向本描述过这种"不可言说"的感情,当时乔治就在隔壁房间休息,他在这儿休养了将近一年时间:

> 我确信如果让他为我粉身碎骨,他一定会这么做——这不是

---

[1]　黛娜童年时期,还没有接触到邻居的借阅图书馆时,老乔治·利利·克雷克的《新西兰人》(*The New Zealanders*)就是黛娜为数不多的藏书之一。他的作品还包括《种种困难下的求知历程》(*The Pursuit of Knowledge Under Difficulties*)、弗朗西斯·培根和埃德蒙·斯宾塞(Edmund Spenser)的传记以及合著《图说英格兰历史》[*Pictorial History of England*,老乔治从中截取了部分内容,整理成《英国商业史》(*History of British Commerce*)]。其弟亨利曾出版《希伯来语基础;又名希伯来语入门》(*Principia Hebraica; or, an Easy Introduction to the Hebrew Language*)和《亚欧主流语言的突出特征和本质联系》(*The Distinguishing Characteristics and Essential Relationships of the Leading Languages of Asia and Europe*)等书。

人们为他人付出(而且是慷慨付出)后才生成的感情——也不是经历了近九个月的朝夕相处,发现彼此所有缺点后,都会产生的结果。他们一家都是顶好的人,但他们都认为,最好的人当属乔治。[69]

从如此深切的爱恋来看,黛娜在本去世后飞奔至格拉斯哥,似乎私人因素多于职业发展的考量。同时,尽管火车事故已经过去了两年,她和乔治的爱情依旧新鲜如初:在苏格兰休养数月后,黛娜觉得自己的精神正渐渐复原。她开始准备写一本新书,"一个全新的故事,里面不掺杂一丁点爱情的成分",她曾和好友乔利夫人(Mrs. Jolly)笑言。这本书就是《克里斯蒂安的错误》(*Christian's Mistake*)。此时,黛娜甚至会在信件中给其他心情低落的家人以鼓励和支持。[70]不过,在她的朋友中间,无一人知晓她即将结婚的消息。黛娜不想引发骚动,因为在当时看来,三十五岁的她已属中年,大张旗鼓的婚礼似乎"太过胡闹"[71]。因此,1865年4月29日,就在黛娜三十九岁生日过后没几天,黛娜和乔治在巴斯举行了一场非常简单的婚礼。与乔治结为夫妻让黛娜感到难以置信,婚后她欣喜若狂,甚至开始对自己长期的单身状态不以为意:

> 当人们幸福地结为夫妻——他们确实是无比幸福的！……我的人生信条从未动摇,单身女性一个人也可以过上幸福的生活——如果这是她的选择——单身生活胜过一切,不过还是比不上最幸福的婚姻生活……但是,啊——我们太幸福了！[72]

与此同时,黛娜的老友亚历山大·麦克米伦在伦敦的出版公司发展迅猛,他正在寻找一位合伙人。乔治·克雷克是一位经验丰富的会计,他的新婚妻子是产量可观的作家——完美的结合。麦克米伦向乔治发出邀请,乔治欣然接受,于是婚后不到两个月,乔治和黛娜·克雷克就返回了伦敦。乔治开始在麦克米伦手下工作,在麦克米伦的出版公司里,他广受尊敬和爱戴;而黛娜也一反常规,她“深深沉浸”在婚房里,继续执笔写作。[73]黛娜没有遵从行为手册的指示,放弃自己婚前的计划,实际上,她的做法恰恰与之相反。婚后五年内,黛娜共写出五部小说[《克里斯蒂安的错误》《贵族生活》(A Noble Life)、《两个婚姻》(Two Marriages)、《女人的王国》(The Woman's Kingdom)以及《汉纳》(Hannah),这几部作品小有名气,不过都没有达到《约翰·哈利法克斯》的高度],还有一部系列小说《勇敢的女人》(A Brave Lady),其核心主题之一是强调女性对自身财产享有的权利。同时黛娜还占领了杂志和儿童文学市场,尝试翻译作品,帮乔治审读麦克米伦出版公司的手稿。[74]

不久后,两人建了一栋房子,在此度过了余下的二十年时光。这栋房子建在伦敦城外广袤的田园间,位于靠近布罗姆利的肖特兰路(Shortlands Road)上,在这里乡村风光一览无余,房屋的风格却不是时下流行的——“我们的生活差点儿就要被哥特风湮没了!”不过,这栋房子温暖、坚固、实用性强,和它的主人一模一样。“我用书建造起了这栋房子,”黛娜写道,“这是我做过的最艰苦的工作,至今还没有做完。”[75]如今这块地方已经成了郊区,原有的地面被填埋、重新铺砌,而在其鼎盛时期,游人如织,曾有人称赞这里“美到了极点”,“客厅的角落里藏着几本书,墙上挂着名画,散发着芬芳的花园是女主人精心栽培的杰作”。[76]黛娜·克雷克正是在这个与世无争、有爱人相伴的世外桃源里,度过了生命中的最后十八年。她不停地写啊写,尽情享受与乔治·克雷克生活在一起给她带来的"安定的爱和闲适"[77]。

　　不知是因为黛娜年纪大了,还是乔治在火车事故中留下伤病的缘故,又或者是其他原因,两人一直没有生育孩子。不过,世事难料,黛娜确实成了母亲。1869 年的新年,清晨五点,路边出现了一个九个月大的女婴,在寒风中冻得快要断气,当时已近四十三岁的黛娜径直走向这个孩子,把她抱回了家。这个"忽闪着蓝色大眼睛的小生命"[78]一定激发了黛娜心中强烈的怜爱之情,但对于某个可怜的女人来说,她的出生却是一场悲剧。即便如此,黛娜的行为着实可以称作冒天下之大不韪。在当时的文化中,血缘关系非常重要,人们相信性格特质是代代相传的,因此,收养一个来历不明的婴儿肯定会被视为一种疯狂的行为——她不担心孩子是非婚所生吗? 果真如此,孩子母亲放荡的品行不会遗传给孩子吗? 维多利亚时代的社会对这个问题不依不饶,在这种社会环境下,孤儿或者私生子除了由国家监护,成为邻里的负担外,没有别的选择。但黛娜却不这么认为;这个孩子是一个礼物,是一个没有子女的女人刚得到的珍宝,现在,这个孩子就是他们的女儿了。黛娜给她起名多萝西,取希腊语中"上帝的礼物"之意,每日照料她,自是心满意足。多萝西所有的衣服都是黛娜亲手做的,她非常享受为人母的分分秒秒。在多萝西幼年时期,黛娜的作品产量有所下降,不过她一点儿也不在意。她的新使命"比写作要好上两万倍"[79]。

　　自《模范绅士约翰·哈利法克斯》后,黛娜出版的作品都销量平平。在风云突变的文学市场上[下一章你会看到,新兴的"惊悚"小说("sensation" novels)开始占领市场],黛娜的名气日渐下降,尽管如此,在生命的最后阶段,她依然笔耕不辍,创作出多部作品。黛娜一直奉行实用主义原则,在这一时期,社会问题仍是其作品的核心主题,尤其是"女性问题"和中产阶级话题。黛娜在其最后一部长篇小说《年轻的贾丁夫人》(*Young Mrs. Jardine*)中传达了这样一种观点:婚姻中存在的某些问题必然会导致关系破裂,"酗酒、放纵等让男人降低身份、给孩子带来毁灭性影响的行为,赋予了妻子拯救自己及孩子的权利"[80]。《亚瑟王:与爱无关》(*King Arthur: Not a Love Story*)力证收养行为需要法律监管(因为当时尚无适用的法律)。《汉纳》叙述了一个男人同亡妻的姐姐成婚的故事,自 1835 年起,这种行为遭到英国法律禁止,尽管这样的规定很不合理。[黛娜认为,这是国家对人权的侵犯,并且比起她经常讨论的一些社会道德观念,这种法律层面的不公更让她大为恼火;她甚至远赴瑞士,参加好友威廉·霍尔曼·亨特(William Holman Hunt)与亡妻之妹伊迪丝的婚礼,在当时,这个典礼显然是不符合法律规定的。]黛娜在儿童文学方面也颇有建树——《瘸腿小王子》(*The Little Lame Prince*)在美国大获成功,其旅行见闻《康沃尔旅行实录》(*An Unsentimental Journey Through Cornwall*)、《美丽法国》(*Fair France*)等也获得了不错的反响。1887 年 10 月,黛娜突发心脏病逝世,此前她还在为多萝西筹办婚礼。终其一生,黛娜共出版了五十二部著作,发表的文章、诗歌和短篇故事更是不计其数。

黛娜的作品专为中产阶级读者量身定做,如乔治·艾略特所说,这些人都是"小说读者,单纯而简单",因此,黛娜在知识分子间一直没有什么名气。不过黛娜本人对此却不以为意。她这样回应,像《弗洛斯河上的磨坊》这样的书,可能"达到了小说作品的极致……但是……它有什么作用呢?(试问)它能给沉重的心灵减轻重量,对迷茫的灵魂施以援手,安慰悲伤之人,救助受蛊惑的肉体,或是指引迷途的羔羊回归平静吗?它能吗?答案是一片沉默"[81]。人们必须承认,女性也是完整的个体,很多情况下,她们的无私和娇弱只是精心打磨的外壳,于内,可以保护内心活动免受审查;于外,则可以防止女性因受挫而爆发的可能。然而,随着惊悚小说的风靡,女性的天性很快就有了释放的机会。

第七章

# 玛丽·伊丽莎白·布雷登

## (1835—1915)

*Mary Elizabeth Braddon*

玛丽·伊丽莎白·布雷登是一名演员,在女演员与妓女无异的那个时代,和玛丽·鲁滨逊一样,她的文学创作之路充满艰辛。不过最终,玛丽·伊丽莎白·布雷登具有划时代意义的作品,那些震撼人心的小说连连打破出版商的畅销书记录,她也成了 19 世纪最富有、最成功的作家之一。不过,为了更好地理解这个非同一般的故事以及玛丽·伊丽莎白·布雷登的作品,我们必须先了解她所生活的那个时代。

　　每个学过历史的人都知道,在维多利亚时代,工业革命给整个英国带来了日新月异的变化。随着纺织厂和煤矿井架如雨后春笋般出现,文学领域也经历了翻天覆地的变化。乔治·艾略特的最后一部小说《丹尼尔·德龙达》(*Daniel Deronda*)发表于 1876 年,当时,随着"惊悚"小说这一女性文学新潮流的到来,她也渐渐放弃了自己老练精湛的写作风格。惊悚小说常常被讽刺为"一代女性天才的巅峰之作",它是死亡和危险的代名词,书中少不了肉欲的刺激和赤裸裸的激情;情色秘密、低俗的转折和跌宕起伏的悬疑情节——别忘了,还有一群放荡的女性人物,她们可能作恶多端,甚至杀人不眨眼。[1]乔治·艾略特和我们的女作家们绝对写不出这样的作品(至少不会付诸笔端)。这类小说充满情欲色彩,富有挑逗意味,轻浮过度而庄重不足。

尽管乔治·艾略特与惊悚小说这一颠覆性的现代文学体裁没有直接关联,但她也意识到了推动惊悚小说出现的社会条件。在《丹尼尔·德龙达》中,她把矛头直指问题的关键所在:

> 我们女人不能从事探险活动——不能开辟西北航道,不能探索尼罗河的源头,也不能去东方猎虎。我们必须待在自己长大的地方,或者园艺师想要把我们移植过去的地方。我们像花一样被培育长大,要尽可能地看起来美丽动人,还要呆呆笨笨,毫无怨言。这是我关于这些植物的看法:它们常常觉得无聊透顶,因此有些就染上了毒。[2]

当然,女性受挫也不是什么新鲜事了,但在 19 世纪 60 年代,社会对女性令人窒息的压制日益加剧,已经到了前所未有的白热化程度。女性无论做出何种选择,似乎都会招来责难。如果她找不到丈夫,她就是社会弃儿;如果她设法找到了丈夫,她又成了荡妇。她应当装点自己的家,但不能装饰过度,否则就是虚荣;但是如果她装点得不够好,她又可能会成为精于家务的邻居口中的笑柄。衣着打扮依旧展现了女性对标准规范的坚守(或背弃)的态度,也是评判女性又一个几乎不可能完成的平衡的方式。正如一份时尚杂志所建议,系紧紧身衣显示了"良好的修养和节制有度的感情",而松垮的胸衣则体现了对更宏伟、神圣生活的追求,因而不愿受纹饰和潮流的桎梏。[3]

除了这些外在因素,社会对于女性抛头露面、表现负面情绪的行为也越来越厌恶。虽然当时女性创作的作品呈爆炸性增长,因而女性在社会中的活动范围不断拓展，但社会依旧希望女性是寡言少语、温婉和善、懵懂天真的无名之辈，就像埃利斯夫人（Mrs. Ellis）在《英格兰的女儿》（*The Daughters of England*）中所说的那样：

> 女人的一生，从摇篮到坟墓，都是围绕感情而不是行动展开的；她最崇高的任务常常是默默忍受，一言不发；她最诚挚的喜悦统统与他人有关；她一无所有，她自己什么都不是；如果没有参与别人的生活，她的经历完全是一片空白……她同情心泛滥，只能为他人而活……（她的）笑容和眼泪都不属于自己。[4]

惊悚小说家便抓住了这一契机，他们笔下的女性人物挣脱了逆来顺受的枷锁，为改变她们数代以来的从属地位做出了真真切切的努力。这些女性孤身一人在月夜下骑行；在"情欲的冲动"下与情人私奔，玛格丽特·奥利芬特想起这些满脸惊恐。[5] 面对家庭生活的痛苦，她们没有默默承受、委曲求全，而是付诸行动：伪造自己的死亡、放火烧毁家园、变换身份，甚至谋杀丈夫。她们满嘴俚语，喝着威士忌，肆无忌惮地利用自己的身体达到目的，必要时甚至不惜抛弃自己的孩子。乏味无助的哥特式女主人公已一去不返，取而代之的是女性恶魔，"一头金发、身材曼妙的美女，让人神魂颠倒的外表下却隐藏着心机和铁石心肠"[6]。

倘若这些超现代风格作品出自 19 世纪前半叶的女性作家之手，当时社会和技术上的种种限制很可能会将其扼杀在摇篮之中。作者也会遭到指责——"她已经疯了"，然后被锁起来，与世隔绝直至被人遗忘。而对于极端保守的维多利亚时代的人来说，出版和发行领域的进步是一场悲剧,因为这种发展悄无声息地剥夺了他们享有的审查特权。随着印花税、纸张税及其他"知识税"的取消,廉价月刊杂志大举进攻市场,其发行量甚至让《本特利氏杂志》和《新月刊》(*The New Monthly Magazine*)等老牌报刊的编辑都目瞪口呆。这些老牌报刊年发行量在 7000 份到 8000 份,而这些新生报刊(由于印刷技术和铁路运输的进步,生产成本非常低廉)的发行量远远超过这个数字。以《康希尔杂志》(*Cornhill*)为例,其面世第一年发行量就达到了 80000 份。[7]《康希尔杂志》《圣吧杂志》(*Temple Bar*)和《麦克米伦杂志》等廉价杂志内容通俗,读者群遍布整个英国,令各大老牌报刊望尘莫及。曾经的报刊读者是受过良好教育并且有闲暇的有钱人,他们偏好正派、说教性的故事,因而这类题材成了报业市场的主流,但如今随着英国经济的发展,他们正沦为广大读者中的少数派。

贵族阶层自然对这种混乱局面大为恼火,在阅读上金钱和时间都不如自己宽裕的普通市民,竟然成了推动出版业发展的主力军。狄更斯和艾略特等阳春白雪的作家怕是永远不可能在这里生存,毕竟在这个市场上,书籍或杂志成功与否,"取决于聪明、上进、受过点教育的中产阶级",正如一位不满的作家所说,这些人的审美品位不过是"墙上的摆件"或"用来抚慰哀伤平庸的甜蜜"罢了。[8]

这位评论家认为,世界还没有真正落入这群垂涎欲滴的无赖手中,他的这种论断并非毫无道理。廉价报纸及其"上进"的读者们确实改变了故事创作、出版和营销的方式。惊悚派走的是商业化路线,出版即为了盈利,从不打着高雅文化的幌子。惊悚小说注定不会出现在某位绅士的书橱里——为了和周围的书保持一致的风格,用压花小牛皮重新装订,极有可能只是用来欣赏(或是吹嘘),然后便被束之高阁。相反,惊悚小说径直流入借阅图书馆,这些廉价的三卷本小说(以及后来草草写就的一卷本小说)成了上至中产阶级商人及妇女、下至家佣爱不释手的读物。这些小说往往是连载的,时间跨度在半年到一年之间,因此作者不可能编织出复杂的人物关系网络,也不可能创造曲折繁复、不紧不慢的故事情节。每月连载的核心目的就是激发读者购买下一期的欲望;创作者没有时间修改作品,也确实没有这个必要。正如怀旧派哲学家、英国圣公会神学家亨利·曼塞尔(Henry Mansel)写过的那样,"就这些作品的诞生而言,除了供求关系的市场定律外,想象不到其他神圣的影响因素"[9]。它们是关于行动和阴谋的故事,其中充斥着露骨的调情、犯罪、危险和自杀行为;其目的是给人带来抓心挠肝的感觉,而不是发人深省。这正是广大读者想要看到的内容,因此他们纷纷购买惊悚小说,惊悚派的影响力随之扩大。

这类作品的创作者必须承受截稿日期的巨大压力,按道理说男性应该更有优势,因为大多数男性早已习惯忙碌的工作生活,但事实恰恰相反:女性是这一领域强有力的竞争者。[10]她们似乎对新市场的高速发展感到非常兴奋,或许更重要的是,她们深深沉迷于这类风格。这是因为,为保证销量,惊悚小说必须包罗万象,当然明令禁止的内容除外。[11]作者的任务可以简单地归结为从诸多卑劣行径中选择自己的着眼点。因此,在一次又一次欣喜的释放之后,维多利亚时代的女性开始摆脱束缚。女主人公们用发疯、患病(不管是不是装的)、离婚、重婚、通奸、掩饰身份、逃跑、蓄意破坏及谋杀等行为,逃离家庭的残暴统治,奔向绿意盎然的牧场,即使她们的创作者还做不到这些。

女性读者欣然接受了所有内容,这毫不奇怪。她们一眼就能看出主人公的生活和她们多么相似,她"坐在家里,用细毛绒线做玫瑰花,而她的傻哥哥却被推到外面的世界里奋战"[12]。所以说,惊悚小说呈现了一种共同的幻想。在小说的字里行间,不论是女作家还是读者,最终都能找到自己愤怒、痛苦和悲伤的影子,却不会损害她们努力保持着的、身着紧身衣的美好形象,尽管这种形象似乎虚无缥缈。但是许多人认为,甚至对独立生活的幻想也是不应该的,因为这会破坏和腐蚀英国的道德基础。可以预见到,惊悚小说会遭遇坚决的反对潮流,而且这种反对常常是荒唐可笑的。

一位男性批评家哀叹逝去的平静,因为"犯罪与女性的结合……足以让任何一个稳重的中年绅士窒息"。他不禁怀疑起读过这种小说的女孩们,并警示道:"教女孩们法语和音乐的年轻家庭女教师看起来慈眉善目,言谈举止平凡而普通;但如果我们能洞悉一切,她很可能在卧室里藏着一本讲女杀手的书。"[13] 还有些人提醒人们注意,这种不加节制的激情从本质上说是腐朽堕落的,因为暴露在"残忍的阴谋家的诡计"[14] 之下,会损害人的内在道德品质,甚至有一位医生认为会"提高月经的频率"[15]。主教弗朗西斯·佩吉特(Francis Paget)目瞪口呆,他对惊悚小说嗤之以鼻,觉得它是羞耻到极点的东西,甚至在其仿作《柳克丽霞;又名 19 世纪的女英雄》(*Lucretia; or, the Heroine of the Nineteenth Century*)中,不惜发出了"字正腔圆的怒喝"[16]。他怒发冲冠,他气得发抖——这些亵渎神灵的女人正在毁灭英国! 还是有意为之! 她们关于欺骗和犯罪的邪恶讨论正慢慢渗透到其温文尔雅的同胞的灵魂中,把他们变成了一大群残忍无情、狂热激进的人。还有性! 性描写竟出自女性之手,佩吉特对此错愕不已:

从来没有哪个男人敢写出并出版这样的书籍;从来没有哪个男人对女性的激情做出此番描述……没有! 从这些女人写出的东西来看,她们的所作所为与人类公敌无异,粉饰罪恶,给挥霍行为镀金,事无巨细地尽情描述恣意的激情,鼓励最大限度的虚荣、奢靡、任性和自私……女性做了这些,就是滥用了自己的能力,糟践了自己的才华,她们本该是同辈中明亮耀眼的灯火,她们本该是缺乏经验的年轻人的楷模……可耻啊,可悲啊,她们将自己置于如此悲哀的境地,自此再无纯洁之物,因为她们的心智和良知都被玷污了！这样的书竟然还有读者,这是怎样的堕落,这对于我们来说是多么可悲![17]

尽管这种低俗体裁的领军人物——那些女作家——都是女性群体的反面教材,但在她们中间,玛丽·伊丽莎白·布雷登无疑是首屈一指的人物,绝对算得上最恶劣之人,至少当时的批评家都一致认同这种观点。埃伦·普赖斯·伍德(Ellen Price Wood),即人们熟知的"亨利·伍德夫人",也在惊悚小说市场上大放异彩,这一地位的取得很大程度上要归功于其 1861 年出版的小说《东林怨》(*East Lynne*)。不过人们普遍认为,她还没有布雷登那么道德败坏,因为其作品中的人物总是会因为自己犯下的罪行而受到惩罚。这一切都改变不了布雷登对传统的蔑视:她与已婚男人同居,并生下六个私生子;不管公众或褒或贬,她只想以自己认为最好的方式生活。

1835 年 10 月初,玛丽·伊丽莎白·布雷登出生于伦敦。和众多即将成名的女作家(当然,本书中记述的所有女作家几乎都属于此类)一样,玛丽的父母在她很小的时候便分开了,因而她的童年生活比大多数女孩都要颠沛流离。对于玛丽来说,这意味着童年时期一次又一次变换住址,她和母亲先是从伦敦搬到东萨塞克斯郡,然后又搬回伦敦,接着在伦敦市内,又搬到了汉普斯特德的肯辛顿,最后搬往奇西克定居。玛丽数次转学,因此受到的教育也是碎片式的。虽然缺乏系统的教育,但她增长了社会经验并培养了强大的适应能力,这又一次呼应了大多数女作家的经历。童年时期,活泼好动的小玛丽跑遍了住处周围的每个角落,和所有能玩到一起的人成了朋友,其中包括母亲的厨师萨拉·霍布斯(Sarah Hobbs)。霍布斯常常哼着污秽的歌,在奇西克的时候,还在厨房里养了一只家鼠。[18]玛丽不四处疯玩,或者偷偷跑到集市上看表演的时候,她也会读读查尔斯·兰姆、沃尔特·司各特爵士还有查尔斯·狄更斯的作品[在她看来,《尼古拉斯·尼克贝》(Nicholas Nickleby)里"没有一页索然无味的内容"[19]],或者学法语,练钢琴,在母亲的指导下记诵莎士比亚的独白(以此在邻居间逗乐)。玛丽的母亲于1868年去世,在此之前,她一直陪伴玛丽左右。

写作也是玛丽的日常消遣方式之一,尽管她经常半途而废。多年以后,她回忆起这段岁月,说道,"八岁到十二岁之间是一个高产时期,未完成的手稿多如牛毛"[20]。玛丽想起自己曾动笔写过"以加来围攻战(the Siege of Calais)为主题的历史小说";"关于哈茨山(the Hartz Mountains)的故事,其中讲述了利用德国巫术进行的大胆飞行";还写过一个名为《老扶手椅》("The Old Arm Chair")的故事,大意是一对贫穷的夫妻发现了藏在家具垫子里的一笔钱,由此摆脱了穷困潦倒的境地。[21]玛丽的作品虽然题材多变,但着眼点都很宏大。玛丽的母亲也爱好文学,她一直支持着这位初出茅庐但已展现出极高天赋的小作家。[22]

毫无疑问,玛丽本该耐心等待追求者的求婚,不过似乎从一开始就能清楚地看出,这个开朗的卷发女孩根本不会按照社会的要求去生活。相反,她牢牢抓住了自己的命运——化名为玛丽·塞顿(Mary Seyton)加入了巡回表演的队伍。到二十五岁时,玛丽作为"女配角",也就是跑龙套的女演员四处演出,足迹已经遍布英国乡村的各个角落,不过她至少担任过一次主演:玛丽曾在约克郡贝弗利的大礼堂主演汤姆·泰勒 1857 年的戏剧《静水流深》(*Still Waters Run Deep*)。[23]在一次奇妙的交汇中,她还出演了由乔治·迪丁·皮特(George Dibden Pitt)改编的凯瑟琳·克罗的舞台剧《苏珊·霍普利》,该剧"曾在伦敦上演三百余场,地方演出场次更是不计其数,场场掌声雷动"[24]。我们不知道玛丽在剧中扮演的具体角色,不过从后来她给同是作家的好友乔治·奥古斯塔斯·萨拉(George Augustus Sala)写的信中可以推测,她很有可能出演了苏珊·霍普利本人:

> 我感到很高兴,你(现在)在白金汉郡,而不是在苏珊·霍普利居住的那个人们互相谋杀的阿普顿。而对于像我这样亲身参演的人来说,还有比"阿普顿"这个词更可怕的东西。我确信你的卧室里藏着"我被谋杀的哥哥安德鲁"。某一日,你刮胡子或挂衣服的时候,不小心碰到壁板上暗藏的弹簧,他就会突然倒下来,身体已经溃烂发青。[25]

玛丽是个好演员——据说她的声音非常甜美。不过,从第七轮演出季后,玛丽的注意力从表演转移到了其他方面。近十年间,玛丽如饥似渴地从所有能读到的书里汲取营养,"无所不读"[据朋友阿德莱德·卡尔弗特(Adelaide Calvert)的回忆,"从卡莱尔到罗斯金(Ruskin),再到哈里森·安斯沃思(Harrison Ainsworth)、费尼莫尔·库珀(Fenimore Cooper)"],她不再花时间记台词,而是把精力都用在尝试创作诗歌和戏剧上。[26]("她总是试着把最后三四个词记对",以便其他演员能对上词,但实际上"她一半的台词都是即兴发挥的"。[27])尽管玛丽的表演打了折扣,但她的创作活动却蓬勃发展起来。玛丽在写作上取得的成功,一定程度上要感谢其第一位赞助人约翰·吉尔比(John Gilby)①的支持。紧接着,她开始给地方性报刊写短篇故事和诗歌[后来这些作品结集成册,以《加里博尔迪和其他诗歌》(*Garibaldi and Other Poems*)为题出版];创作了第一部小说《死亡三次》(*Three Times Dead*);执笔创作戏剧《阿卡迪亚爱情故事》(*Loves of Arcadia*)。尽管玛丽早期取得的成就有限,但这些微小的成功对她此后的发展却产生了重大影响,很快她就清楚地找到了未来的方向。玛丽与演员朋友们告别,收拾好行装,回到伦敦,开启了自己的作家生涯——在这里,文学市场已经等候她的作品多时了。

此后两年,玛丽·伊丽莎白·布雷登声名鹊起,成为惊悚小说的开山鼻祖,这在很大程度上离不开其编辑约翰·马克斯韦尔的努力,当然还有他以廉价报刊为主导的出版帝国。不过,玛丽的写作风格与大众口味出奇地一致,完全符合当时人们的阅读需求,因此不管她选择在何处发表作品,都会大获成功。[28]廉价报纸数量激增,推动了人们对惊悚小说的热烈追捧,并塑造了对这一题材的作品的审美标准,而铁路网的出现更促进了报纸发行量(还有许多事物)的爆炸式增长。

---

① 长久以来,玛丽与吉尔比的关系一直是个未解之谜,因此,关于两人之间交易的性质也是众说纷纭。吉尔比是不是单恋着玛丽? 他和玛丽最后的雇主约翰·马克斯韦尔(John Maxwell)之间是职业上还是私人感情上的竞争? 玛丽在职业生涯早期获得的(吉尔比给予的)经济支持,是不是让她产生了感激之情? 几十年间各种谣言一刻也没停过,但我们仅仅能了解到的事实是,吉尔比确实是玛丽的赞助人(尽管无从知晓这种赞助到了何种程度),不管两人的关系曾经如何,在玛丽动身去伦敦时,两人不欢而散。(吉尔比在给玛丽的最后一封信中写道,"对于你的不屑,我深表同情,我想知道你的性格有没有一点可取之处"。)参见 Jennifer Carnell, *Literary Lives: A Study of Her Life and Work* (Hastings: Sensation Press, 2000), 127。

这时,人们可以在早晨一边喝咖啡、吃面包卷,一边看有关前一天发生的骚乱的报道;同时,得益于另一技术进步,他们也可以独享床头灯下的阅读。[①] 桃色新闻、谋杀以及各类不幸事件的报道,还有常常由此引发的诉讼案件,吸引了众多付费读者。此时,来源于现实生活的人物形象吸引力大增,远远超过之前老旧的人物类型,为了跟上这一趋势,连载小说作者纷纷迅速调整写作内容。

在典型的哥特式小说中,反派人物总是能被一眼看穿——他的脸上和身上处处打着魔鬼的烙印,他踏上的每一寸土地都植入了邪恶的气息。反派人物性格免不了在外表上体现出来,比如"野蛮的目光"或者"奸诈的笑容",深色头发或是外地口音,或者像艾米莉·勃朗特在《呼啸山庄》中对希思克利夫的描写——"半开化的野性还潜伏在阴郁的眉毛之下"[29]。反派人物浑身都是秘密,总是在盘算,他们在黑暗中思忖,在暗地里等待时机,以期一举俘获猎物。不过,报纸的新读者们渐渐发现,在现实中却不是这样泾渭分明。有时,溺死亲生孩子的却是金发新娘,把父亲推向行进列车的竟是亲切友善的家庭女教师。倘若现实世界潜在的毁灭者可以是任何人,那么小说以此为题材,不是会更有趣吗?反面角色可以是简·爱,而不是伯莎·梅森,可以是玛丽安娜·达什伍德,而不是约翰·威洛比,可以是多萝西娅·布鲁克而不是尼古拉斯·布尔斯特罗德[②]!

---

① 19世纪早期,煤气灯取代蜡烛,用于住宅中不方便使用明火或者易引发危险的地方(如通风的走廊、婴儿室及厨房等),因此如果不考虑经济压力,人们可省下许多蜡烛用于晚上读书。但是,如果生活拮据,而读书又不可或缺,人们当然也可以在卧室里点一盏煤气灯,减少蜡烛的消耗。不过煤气灯不清洁、味道重,而且对肺部有害。参见 Flanders, *Inside the Victorian Home*, 203 - 210。

② 多萝西娅·布鲁克是乔治·艾略特的作品《米德尔马契》中的女主人公,尼古拉斯·布尔斯特罗德是该小说中的反派人物。——译注

经历七年的演艺生涯后，玛丽·伊丽莎白·布雷登对真实人物的塑造已了如指掌，1860 年她初返伦敦后，立即显示出了这种能力——玛丽全然抛弃了颂扬贞洁的无聊故事。[30]《托马斯上尉》（"Captain Thomas"）和《冷冷的拥抱》（"A Cold Embrace"）是玛丽在伦敦的报纸上发表的最早的短篇故事，两个故事中，男主人公的言谈举止乃至担忧烦恼都与普通人无异。嫉妒给他们的关系带来了困扰，他们也试图进行修补（后来得到了不同程度的改善）。失去爱人的潜在危险既推动他们前进，又让他们感到害怕，于是固执的念头悄然产生，进而阻碍交往。至于经济问题，这是真实且赤裸裸存在的问题（不仅仅是说不清道不明的"债务"），作者对此的处理也比之前的小说具体、大胆得多。["我——是我给这栋房子添置了家具！"一个男人怒吼着，他已被嫉妒吞噬，更难掩狂躁之情，"……现在，我却被告知（他）在我的房子里会多开心。"[31]]

玛丽常常以男性第一人称视角讲述故事（实际上，这是一个非常大胆的选择），其作品中还流露出娴熟的狄更斯式幽默。一个男人暗自思忖，"我真讨厌这个穿着精致傻笑着的女人"，然后他又突然想起，这场婚宴，他的"牺牲盛宴"，正是丈母娘出钱办的。[32]另一个男人这样评价自己恃宠成娇的女儿弗雷德里卡，她会"摘下盘发的纱网，扯下发簪和头发上卷曲的玩意儿……径直走到（追求者）面前，说'我疯了，我爱你，让我去死吧！'——这就是父亲作为一家之主的遭遇！"[33]

玛丽非常了解读者群体，在选择出版平台上，她也显示了自己对民情的准确把握。玛丽经过深思熟虑后，选择《迎宾》（*Welcome Guest*）作为自己的出版阵地，此报纸是约翰·马克斯韦尔经营的诸多报刊之一。当时，马克斯韦尔先后抓住几个好时机，完成数次收购，已一跃成为一便士及半便士廉价报刊市场上的佼佼者。其报刊发行量不断攀升;他与伦敦地区的出版商关系稳固,收益可观;他与玛丽之间的关系也是互惠互利的:玛丽可以通过马克斯韦尔的报纸把自己的作品交到最想看的读者手中(如追求感觉刺激的中产阶级),而马克斯韦尔则可以借连载玛丽的作品保持报刊盈利,毕竟他几乎不用花多少钱就能买下玛丽的作品。[①]

没过多久,马克斯韦尔和玛丽对彼此而言成了无价的珍宝(玛丽获得了稳定的收入,马克斯韦尔得到了精彩的作品),两人几乎每时每刻都在一起工作。在接下来的一年里,玛丽写出的所有作品几乎都是由马克斯韦尔或是与他有关系的出版商出版的,包括短篇故事《我的女儿们》("My Daughters")、《我的第一个快乐圣诞》("My First Happy Christmas")、《塞缪尔·洛古德复仇记》("Samuel Lowgood's Revenge")以及《律师的秘密》("The Lawyer's Secret"),还有杂文《四脚上的伦敦》("London on Four Feet",表达了对马、驴子等在城市中运货的牲畜的赞美和同情)和《罗马式晚餐》("How the Romans Supped")。除此之外,玛丽还在《迎宾》上刊载故事;再版首部小说《死亡三次》,改名为《毒蛇踪迹》(*The Trail of the Serpent*);其戏剧作品《阿卡迪亚爱情故事》在伦敦斯特兰德剧院(Strand Theatre)上演;诗集《加里博尔迪和其他诗歌》问世。她的作品几乎散布于伦敦的各个角落,而此时她在伦敦不过生活了六个月。

1861 年初,二十五岁的玛丽担任马克斯韦尔的助手后不久,两人发展

---

① 玛丽早期"廉价的惊悚小说"给她带来的经济收益微乎其微。我们不确定其中的原因,但她的稿酬始终只有马克斯韦尔其他撰稿人的一半,即使《奥德利夫人的秘密》和《奥罗拉·弗洛伊德》出版后,情况也没有发生改变。参见 Carnell, *Literary Lives*, 184n5。

成了情人关系,并在马克斯韦尔位于梅克伦堡广场(Mecklenburgh Square)的住所同居。显然这是一个低俗、饶有趣味的丑闻(完全可以作为玛丽某个低俗、饶有趣味的故事的原型)。在当时,非婚同居被视为不知廉耻的淫荡行为,玛丽和马克斯韦尔的情况则更为严重,因为约翰·马克斯韦尔实际上已经结婚了,而且有五个年幼的孩子。他的妻子玛丽·安·克劳利(Mary Ann Crowley)生下最后一个孩子后精神失常,搬去爱尔兰居住。然而,离婚法不可违抗[只有(女方)存在通奸或虐待行为,方可解除婚姻关系],因此,即使妻子患了当时所谓的"产褥期精神病"(后来玛丽·布雷登在其代表作中,也为主角奥德利夫人安上了同样的病症[34]),身体每况愈下,马克斯韦尔还是不得不维持与妻子的婚姻关系。对于年轻的玛丽来说,这无疑是个小波折,算不上大障碍,因为在她看来,规矩和惯例就是为打破而生的。于是,1861 年 6 月,玛丽和马克斯韦尔建立了事实婚姻关系,直到 1874 年玛丽·安·克劳利去世后,两人才经过法律程序结为夫妻。两人沉浸在新婚的喜悦之中(对于玛丽来说,还有怀孕初期的恶心反应),立刻投入下一个任务中:创作并出版空前成功的小说。

《奥德利夫人的秘密》的成书过程本身也极具传奇色彩,因为它的问世全是机缘巧合。[35] 1861 年,英国国内风云变幻,马克斯韦尔开始创办一本新杂志,这本杂志尽管有数位顶尖编辑[①],但创立伊始就问题重

---

① 《罗宾·古德费洛》的编辑包括小说家兼历史学家弗雷德里克·查尔斯·拉塞尔斯·拉克索尔爵士(Sir Frederic Charles Lascelles Wraxall)和查尔斯·麦凯博士(Dr. Charles Mackay)。后者是小说家玛丽·科雷利(其作品销量超过了同时代大多数男性作家)的父亲,群体愚蠢行为历史著作《非同寻常的大众幻想与全民疯狂》(*Extraordinary Popular Delusions and the Madness of Crowds*)的作者。

重。《罗宾·古德费洛》(*Robin Goodfellow*)在初期征稿阶段便一波三折,随着创刊号出版时间的临近,情况日益明显,杂志创刊远比马克斯韦尔想象的困难。很快,《雅典娜神庙》(*Athenaeum*)杂志上就会刊登如下广告:"又一份新杂志? 为什么不呢! 世界如此广阔,每个人都能闯出一片天地。"[36]但是,原计划的头版故事不幸夭折,在问题解决前,马克斯韦尔不得不考虑推迟杂志的面世时间。《伦敦社会》(*London Society*)撰稿人约瑟夫·哈顿(Joseph Hatton)在其1888年的生活小品《布雷登小姐的家庭生活》("Miss Braddon at Home")中写到了这个故事:

> 到了必须做决定的前一天,布雷登小姐听说了其中的困难,并提出为杂志写一个故事。
>
> "即使你有足够强大的能力填补这个空缺,"出版商回答道,"也没有时间了。"
>
> "你能给我多少时间?"信心满满的女作家问道。
>
> "明天早上之前。"
>
> "明天早上什么时候?"
>
> "如果第一期能在明天早上我吃早饭的时候出现在餐桌上的话,"他回答道,从语气到神态都流露出完全不相信的态度,"那就刚好来得及。"第二天早上,这位出版商就在早餐桌上看到了《奥德利夫人的秘密》的开篇。[37]

1861年7月初,《罗宾·古德费洛》首发,刊登了后来玛丽·布雷登最著名作品的前几章,但杂志麻烦频出,马克斯韦尔已无招架之力,最终被迫停刊。幸运的是,随后《奥德利夫人的秘密》被转移到马克斯韦尔另一新杂志上继续连载，此杂志名为《六便士杂志》(*Sixpenny Magazine*)，发展前景更为广阔。在接下来的几个月里，整个伦敦都为玛丽笔下神秘莫测的女主角而疯狂。这位蓝眼睛美女从在突如其来的风暴中瑟瑟发抖，到捧着一围裙的鲜花回到家里，中间只做了一件事——把丈夫推入井中。[38]故事借鉴了现实生活中一起恶名远播的诉讼案件，案件的主人公是一位名叫康斯坦斯·肯特的年轻女子，这位出身高贵的夫人被指控（事实确实如此）用剃须刀片杀死了自己年仅三岁的同父异母的弟弟，刀片直切喉咙，手段堪称残忍。这样的现实题材让读者对《奥德利夫人的秘密》百看不厌。《六便士杂志》期期热销，马克斯韦尔办公室里的信件堆积如山，全是催促玛丽更新故事、揭开秘密的来信[演员 J. B. 巴克斯通(J. B. Buckstone)也给杂志写过信，后来他还亲切地叫自己蓝眼睛的女儿"奥德利"[39]]。甚至《法院杂志》(*Court Journal*)等其他报刊也纷纷公开表示深深沉醉于这个"非常刺激的故事"，并且很好奇"女主人公到底是不是令人发指的谋杀案的幕后黑手"。[40]次年夏天，《奥德利夫人的秘密》完结，威廉·廷斯利(William Tinsley)从马克斯韦尔处买下出版权，在三个月内接连发行了八版。

小说的精彩之处在于玛丽从当时的流行观念出发，塑造了神秘莫测又极富说服力的女主人公形象，并赋予了她完美的外表，这种女性形象后来成了惊悚小说的标配：满头金发的奥德利夫人是一个娇弱的家中天使，是最可爱的姑娘。她聪明伶俐，多才多艺，"温和亲切……无忧无虑，无论身处何时何地，都快乐而满足"[41]，一点也不野心勃勃或工于心计。但正是这样天真无邪的性格让她浑身充满了危险的气息，因为在成为维多利亚时代完美女性形象的过程中，她不断给自己灌输社会价值观念:她所在的这个社会从本质上看就需要各种秘密的行为来掩护。于是,奥德利夫人和康斯坦斯·肯特一样,变成了邪恶、狡诈的女魔鬼。[42]

但是,这部小说之所以扣人心弦、迷雾重重,就是因为它极力描绘了奥德利夫人的美好品质。因此,读者在一开始一定会坚定不移地认为,她从外表上看绝对是女性的典范:

> 人人都爱她,倾慕她,赞美她。有个男孩为她打开横在路上由五根栏杆组成的大门,然后飞奔回家,告诉母亲她的容颜多美丽,她为这点小事向自己道谢时,声音多甜美。教堂司事把她引到外科医生的座位上;牧师诵读平实的布道词时,看到她温柔的蓝眼睛抬起来望着他;火车站的搬运工有时给她送来一封信件或是一个包裹,却从来不求回报。无论是教堂司事、牧师、火车站搬运工,还是她的雇主、雇主的客人、她的学生、仆人,所有人,无论高低贵贱,无不交口称赞,露西·格雷厄姆是世上最温柔可爱的女子。[43]

他们不知道的是,"露西·格雷厄姆"只是奥德利夫人为掩盖自己的踪迹,使用的诸多化名之一。三年前,海伦——这才是她的真名——因丈夫要去澳大利亚淘金而惨遭抛弃(这和真实事件中女凶手康斯坦斯·肯特被刚刚再婚的父亲抛弃的经历如出一辙)。海伦的个性让她无法忍受这样的抛弃,于是她扔下年幼的孩子,制造自己死亡的假象,然后使用化名成了一位家庭女教师。没过多久,海伦非常幸运地得到了当地一个鳏夫的垂青,年迈的迈克尔·奥德利爵士被她"温柔惹人怜的蓝眼睛"和"微微下垂的脑袋,一头瀑布般的亚麻色卷发"深深吸引,她也可以不再担任家庭教师。⁴⁴两人开始恋爱,接着迈克尔求婚,海伦开心地接受了,全然不顾这是违法的重婚行为(不过,她清楚地意识到了自己即将拥有的巨额财富——"我不可能对这场婚姻带来的好处熟视无睹,"她欣喜若狂地说道,"我不能,我不能啊!"⁴⁵)。两人结婚后,我们的女主人公住进了奥德利爵士的贵族庄园。就在婚礼后不久,海伦的第一任丈夫乔治·塔尔博伊(George Talboys)突然现身奥德利庄园,随后葬身井底——他果真死了吗?

随后,奥德利爵士的侄子罗伯特·奥德利展开了漫长的调查。罗伯特这个形象与康斯坦斯·肯特案件中的侦探杰克·惠彻出奇地相似。奥德利夫人为了掩盖自己一开始犯下的错误,又接二连三犯下罪行,最终真相一点点浮出水面:他们都被这个洋娃娃似的女人欺骗了。一切都逃不过奥德利庄园那只伶俐的纽芬兰犬的眼睛,这是所有狗的天性;奥德利爵士已成年的女儿艾丽西亚从一开始就对海伦产生了怀疑,觉得她"是一个经验老到、技巧娴熟的轻浮女人……不会满足于用黄色的卷发和哈哈的傻笑去勾引埃塞克斯半数的男人"⁴⁶;而其他所有人都震惊万分。罗伯特·奥德利揭开一系列丑恶的罪行后,疲惫不堪,他在餐桌前发表了如下言辞激烈的仇女演说:

　　有谁曾听说哪个女人过着原本应该选择的生活?她们把生活当成了一场盛大的演出或是一次浩荡的游行,而不是无法逃避的麻烦事,幸而人生短暂才终得解脱。她们为此盛装打扮,满脸堆笑,拿腔作势。她们推搡着周围的人,奋力在这场可悲的游行中抢占一个好地方;她们架起胳膊,扭动身体,踏下双脚,趾高气扬地奔向终点,不愿错过悲剧的点点滴滴。她们起得早,睡得晚,大声喧哗,一刻不停;喋喋不休,毫无同情之心……她们热衷战斗,沉迷谋杀,身处绝境也不消停。如果不能把世界搅得天翻地覆,将地球玩弄于股掌之上,她们就会小题大做,从家庭琐事里挑起战端和烦恼,在茶杯里掀起社会风暴。如果不让她们就国家之自由及人类之谬误高谈阔论,她们就会因为一件斗篷的形状或是某个小女佣的品行和琼斯夫人吵个不停。把她们叫作弱势性别简直是天大的嘲讽。她们是强悍的性别,是更聒噪、更不依不饶、顶独断自信的性别。她们想要言论自由、职业多样化,对吧? 那就给她们吧。让她们去当律师、医生、传教士、教师、士兵、立法者——只要她们想做——只是别再让她们聒噪下去了——如果她们能做到的话。[47]

　　写到此处,玛丽·伊丽莎白·布雷登内心一定非常矛盾纠结,不知道应该怎么写下去。她可以杀死奥德利夫人,这种哥特式死亡本就是道德沦丧的奥德利夫人应得的报应,可她又是让玛丽和众多读者心存敬意的果敢自信的女性形象。她也可以让奥德利夫人继续逍遥法外,不过这便有了在众多读者面前美化杀人狂的嫌疑,玛丽可能会因此遭受谴责。而机智过人的玛丽最终选择了这样一种结局:她将一切归结于潜伏着的、有些说不清楚的"产褥期精神病",然后把奥德利夫人送到了精神病院,让她在那儿平静地度过余生。这是一个奇特的结局,玛丽借此跟读者开了一个玩笑,她抛出了全书最大的秘密:奥德利夫人实际上是清醒理智的。[48](在小说中,家庭医生不支持海伦精神失常的结论,认为她从不幸的家庭中逃离,借助重婚手段攫取财富,并"运用聪明的手段……实施阴谋的过程中需要冷静和谨慎思考",这些都不能说明她处于精神失常的状态。[49])

　　《奥德利夫人的秘密》并非惊悚小说开山之作，人们通常认为威尔基·柯林斯的《白衣女人》（*The Woman in White*）享有此项殊荣，玛丽在自己的作品中也借鉴了《白衣女人》的不少内容（甚至女主人公的外在特征也不例外）。① 不过，通过对小说中女性反派角色的塑造，《奥德利夫人的秘密》确是女性惊悚小说早期具有划时代意义的作品，因为在这部小说中，女性不再是对他人而言无关紧要的受害者。因此，小说也引起了舆论界的极大恐慌。《基督醒世报》（*Christian Remembrancer*）的评论家们因女性"彻底的放纵"而大跌眼镜，在这种毫无约束的条件下，奥德利夫人及其日益壮大、不再纯洁的女主人公队伍可以"自由谈论并尽情释放自己强烈、莽撞、狂热的个性"。50《笨拙》（*Punch*）杂志甚至将小说称为"不得体夫人的秘密"（"Lady Disorderly's Secret"）。还有些批评家错误地认为，惊悚小说家们令人担忧的道德观念是从低俗的法国小说中剽窃而来的，"与我们高贵体面的社会规范不相适应"51。虽然评论家提出了种种异议，但他们不能否认的是，《奥德利夫人的秘密》确实取得了难以估量的巨大成功。尽管书中存在不少缺陷（比如目中无人的智慧和仓促的对话），但它恰到好处地迎合了大众的需求。

　　约翰·马克斯韦尔、玛丽·伊丽莎白·布雷登及威廉·廷斯利都从这部小说获得了巨额收益，廷斯利还建了一座宅院，并将其命名为

---

① "我一直说，《奥德利夫人的秘密》的成功要感谢《白衣女人》这本书。威尔基·柯林斯的确是我的文学启蒙之父。我非常喜爱《白衣女人》，这种喜爱启发我创作了《奥德利夫人的秘密》，包括小说的架构和人物角色。在此之前，我的创作都是遵循布尔沃的教导进行的，使用了冗长的对话，调动了丰富的感情。"参见 Hatton，"Miss Braddon at Home," quoted in Carnell, *Literary Lives*, 154。

奥德利小屋(Audley Lodge)。然而,玛丽对创作连载作品的压力不以为意,她没有尝试其他节奏更轻松的文学形式,反而愈发快马加鞭地写作,为"多产"一词增加了新的注脚。玛丽忙着为《奥德利夫人》赶稿,"这部连载小说是现写现发的,发表时间快到了,我写到哪儿就算哪儿"。与此同时,她还创作了另外四本小说:《黑帮;又名神秘的午夜》(*The Black Band; or Mysteries of Midnight*)、《黑人混血儿;又名路易斯安那州的莉莉》(*The Octoroon; or Lily of Louisiana*)、《秃鹫船长》(*Captain of the Vulture*)以及《莱尔夫人》(*The Lady Lisle*)。这四部小说都在马克斯韦尔不断拓展的廉价出版物上连载,当年正是《奥德利夫人》风靡英国的时候。[52]除了这些作品之外——七个月里五本小说——玛丽还怀上了人生中的第一个孩子,并和母亲居住在一起。[①]幸运的是,马克斯韦尔的孩子们都在学校里读书,玛丽因此省去了不少额外的家庭职责。不过,这些事务还是分散了她的精力。但玛丽一生中绝大多数时候都保持着这种高产状态,这样看来更让人觉得不可思议。小说一部接着一部从玛丽笔下涌出,甚至在她不断怀孕生产期间也是如此[玛丽共诞下六个孩子:杰拉尔德、范妮、弗朗西斯(幼年早夭)、威廉·巴宾顿、威尼弗雷德·罗莎莉以及爱德华·亨利·哈林顿]。同时她还是马克斯韦尔几个孩子的继母,直到1915年去世前,玛丽和每个孩子都保持着亲密的关系。这些都没有妨碍她共创作了九十余部作品的高产人生。

《奥德利夫人的秘密》面世后不到一年,就在小杰拉尔德3月19日出生之前,玛丽发表了新小说《奥罗拉·弗洛伊德》——继《奥德利

---

① 或许母亲范妮·布雷登因为自己的不幸婚姻,非常赞成玛丽和约翰·马克斯韦尔之间的关系状态,在1868年去世前,她一直与两人和睦地住在一起。

夫人的秘密》之后又一部轰动一时的作品。这是一组天衣无缝的连环出击：《奥罗拉·弗洛伊德》在《圣吧杂志》（马克斯韦尔又一本新杂志）上连载的同时，《奥德利夫人的秘密》也开始以整本书的形式在全英国的借阅图书馆里流通。这样一来，玛丽两部最著名的作品——寡廉鲜耻的"重婚题材小说"——同时在市场上大卖。伦敦的其他出版商自然不会熟视无睹。玛丽·伊丽莎白·布雷登的作品均以自己的真名署名，而没有像简·奥斯汀以及其他女性作家那样署名"某夫人"，更有甚者连署名都没有，因此她成功躲避了众多女作家切身体会到的挫败感，不过以自己的真名大获成功后，玛丽也不可避免地遭到一系列指责，如兜售低俗的"废物"，或者野心太大等。她怎么能毫不顾忌地将自己公开商业化？她难道不是世上最无礼的女人吗？舆论界严厉斥责玛丽及其出版商，认为他们迫切地迎合公众口味，为了公然博取关注度，不惜抛弃"高雅"艺术，而如此为所欲为的庸俗行为在许多情况下不过落得声名狼藉，难登大雅之堂。文学难道不应该高于这些追求吗？显然《雅典娜神庙》杂志认为答案是肯定的：

> 有名望的大家从来不会诉诸如此吹嘘的手段；我们也要相信，不会有读者受此蒙骗……我们希望，出版业年轻的从业者们能够在公众面前展现完美无缺的礼节规范，因为这是他们德高望重的同行一向遵循的传统和兴趣所在。[53]

不过对于社会上的其他人来说，玛丽作品的真正问题在于其内容。《奥德利夫人》每一页都越过了得体的界限；《奥罗拉·弗洛伊德》几乎每一幕都弥漫着伤风败俗的气息。因此许多评论家认为，玛丽正宣告着现有生活方式的终结——她满足了读者内心不可言说的渴望，由此在他们心中播下了堕落和怀疑的种子，而且现在已经没有回头路可走了。"(惊悚小说作家)想要让人们相信，几乎每个邻居井井有条的家里，总有某个碗橱里藏着一副骷髅架；而他们亲切和善的邻居内心深处都有一个不可告人的故事。"1864年，约克大主教在哈德斯菲尔德教堂(Huddersfield Church Institute)布道时如是说道。[54]玛丽"把厨房文学变成了客厅里的流行读物"[55]，从而把犯罪带入寻常百姓家，降低了道德标准，公然挑衅阶级差异。

玛丽在作品中描绘了大量淫秽的两性关系，与传统婚姻大相径庭，因此她的作品也受到指责，被认为与色情小说无异。[①] 不过应当指出的是，玛丽的小说里没有一处写到了真正的性爱场景。但是，书中关于种种不道德行为的暗示已经激怒了主教佩吉特，他在《柳克丽霞》中声嘶力竭地控诉：

> 这些书煞费苦心地描写了一处处诱拐、勾引和私奔的情节，讲述了一个个虚假或秘密结婚的故事。为了轻松避开这类书籍中绝对不可以谈论的主题，所有违背第七诫("不可奸淫")的行为都被冠以可宽恕的理由：婚前性关系是不可避免的；通奸是社会的必然；重婚和多配偶制是最自然而然的婚姻状态，当然离婚就没有什么理由了，不过这还是更好的选择！
>
> 而这些书的作者，啊，他们当中最邪恶的人——这些作者交

---

① 玛丽不同意这种说法，事实上也确实如此，因为从她的作品中，人们感受到的更多是对一个充满条条框框的社会的含蓄批评，而不是有关性爱的内容。实际上，玛丽的小说获准进入维多利亚时代的学校图书馆，而乔治·艾略特的《弗洛斯河上的磨坊》则吃了闭门羹。参见 Showalter, *A Literature of Their Own*, 161 及 Amy Cruse, *The Victorians and Their Books* (London: G. Allen and Unwin, 1935), 326。

代了最恬不知耻的放荡行为,这些事恐怕只有彻头彻尾的恶棍才干得出来;他们还把女性的爱贬低成狂暴激烈的兽性,以妄称这样一种观点:仅仅以在地狱中万劫不复为代价,女性的爱便可轻易得到满足。这些作家,或是自我坦白,或是有内部证据证明(在匿名发表的情况下),都是女性,而且她们当中最不堪的人,是未婚女性![56]

佩吉特的愤怒和失望是否直指某一本小说,我们无从知晓。不过,他创作《柳克丽霞》时正值女性惊悚小说风靡之际,再加上玛丽作品极高的热度,佩吉特指的很可能是其中的一本,最有可能是《奥罗拉·弗洛伊德》。《奥罗拉·弗洛伊德》融合了行动、秘密、背叛和谋杀,绝对算得上惊悚小说的标准配置,不过,这本书与一般的惊悚小说仅有的几处显著差别却让评论界对其产生了异乎寻常的敌意。1863年,就在《奥德利夫人》问世一年之后,《奥罗拉·弗洛伊德》由廷斯利出版发行,在美国市场,两本书均由当时叫作哈珀兄弟出版公司(Harper and Brothers)的纽约出版商发行。此书内容屡屡触及边界,风格上也更为大胆,特别是其同名主人公的言谈举止。奥罗拉经常骑马,她谈论起狗的话题比谈论任何"女性"话题更加驾轻就熟;她性格大胆,行事鲁莽,往往不能透彻地思考问题。(奥德利夫人会放慢脚步,思考下一步要做什么,而遇到这种情况,奥罗拉则会以大无畏的精神直接跳过这些问题。)奥罗拉也有一头深色头发,"双目好似天上的星辰","两排洁白的牙齿",这些特征再放到像她这样性格轻浮之人的身上,难免让人想入非非。[57]尽管奥罗拉有许多不足,但她慷慨大方,坦率真诚(与维多利亚时代含糊不清的风格形成鲜明对比),对一切不公现象都愤愤不平:她是有血有肉的真实的人(就像萨拉·柯勒律治笔下的范塔斯敏一样)。奥罗拉之所以会遇到重重困难,是因为她始终坚持自己独立自主的信念,而不是像哥特式小说中传达的那样,是其魔鬼天性使然。

对于女性来说,骑马是非常不得体的行为,因为这种行为清楚地表明,她已经涉足了男性的领域。在奥罗拉的故事中,她的逾越行为更加严重,因为她非常喜欢狗。由于这种不得体的嗜好,奥罗拉可能会带着自己的狗,骑马狩猎,独自拜访年轻男子,在外迷路(不管是否有意为之),然后不得不在离家数英里的小旅馆过夜。[58]这个女孩拥有不符合自己身份的极强独立性,面对惯例传统,她一笑置之,衣服上沾满了稻草和木屑,不管走到哪里,总能挑起事端。更糟糕的是奥罗拉对色欲的露骨表达,这正是主教佩吉特和其他批评家厌恶到火冒三丈的原因(也很有可能是因为嫉妒这样的小说给玛丽·布雷登带来了巨额财富)。再次强调,《奥罗拉·弗洛伊德》中没有真正的性爱场景,不过其女主人公确实是个性感迷人的尤物——她拥有的可不仅仅是明眸皓齿。奥罗拉一头浓密的"深色"秀发,不管是编成粗粗的辫子盘在前额上——"仿佛头戴王冠的东方公主……美丽的眼睛和头发是她的统治工具"[59]——还是"如瀑布般垂落在枕头上"[60],总是让人挪不开眼。后面描写到她懒洋洋地躺在沙发上,"裹着一件宽松的白色睡衣,一头乌黑的秀发披散开来,一缕缕卷发慵懒地垂在肩上。……一只纤纤玉手枕在头下,微蜷在卷曲茂密的秀发间"[61]。奥罗拉还承认,自己之所以同第一任丈夫结婚,有一部分原因是丈夫帅气英俊,这赤裸裸地揭露了其性欲和一个粗俗的事实——在挑选伴侣时,外在魅力发挥着重要作用,人们对于这一事实虽一直有或多或少的暗示,但依照维多利亚时代的风俗,绝对不应该明目张胆地表达出来。

但是,这些错误也都可以原谅,只要这么想:奥罗拉最大的罪过不过是在年少时把一个坏男人当成了好人,看看她为了向第二任丈夫证明自己值得被爱,付出了多少努力。她本可以挽回声誉——如果鞭打这一幕没有发生的话。对于批评家来说,这几段已经远远不是露骨、不知廉耻的性挑逗那么简单了。

> 奥罗拉像只迷人的母老虎一般跳到他身上,用细长的双手一把抓住他亚麻(深色斜纹)外套上的衣领,把他硬生生地钉在原地。纤细的手指因为愤怒而颤抖,即便如此,想要从这双手下逃脱也没那么容易……奥罗拉骑在他身上,她气得脸发白,眼睛喷着火,帽子掉了下来,一头黑发落到肩膀上,愤怒到了极点……
>
> "你怎么敢!"奥罗拉大吼一声,"你怎么敢打它?我可怜的小狗!我可怜的、瘸腿的、虚弱的小狗!你怎么敢这样对它?你这个欺软怕硬的懦夫!你——"
>
> 奥罗拉把右手从他的衣领上松开,然后挥舞起细长的鞭子,鞭子如雨点般重重地落在他壮实的肩膀上。这鞭子不过是个小玩意儿,金色的鞭头上镶着绿宝石,但她小手一挥,仿佛一根柔韧的铁条落在皮肤上一样刺痛。
>
> "你怎么敢!"她重复着,重复着,一手抓着这个男人,双颊从煞白涨到通红。此时她蓬乱的长发直垂到腰际,鞭子也碎成了六段。[62]

这绝非"家中天使"的形象——奥罗拉总是随心所欲地表达自己的感情,有时甚至激情澎湃,她的字典里根本没有"慎重"二字或"得体"二字(哪怕这意味着多处裸体的情欲场景)。奥罗拉缺点百出,因此这一人物形象及其创作者很快便遭到一些评论家的非议,被指责公然蔑视社会规则。尽管如此,还有些评论家沉醉其中,他们怎么会不沉醉其中呢?"奥罗拉是一位女性,"杰拉尔丁·朱斯伯里写道(此人是凯瑟琳·克罗的极端自由女性小分队成员),"她不是恶魔,也不是疯子,而是一个热心肠、慷慨大方又满怀爱意的女人,总是迫不及待地去做高尚的事……因此,她比之前的奥德利夫人还要可爱得多;不管我们的理智和判断力如何,我们都会无法自拔地爱上她,并与她产生共情。"[63]亨利·詹姆斯也赞同这种说法,他在《国家》(*The Nation*)杂志上写道:"奥德利夫人邪恶透顶,而她的继任者奥罗拉·弗洛伊德不过是呆呆傻傻的,或者说行为不够慎重,举止不够得体——或者其他你想用来描述同马夫私奔的年轻女人的词语。"[64]黛娜·马洛克·克雷克的朋友玛格丽特·奥利芬特曾在一篇文章中批评玛丽赋予了女性角色过多的性魅力,但同时她也不得不承认《奥罗拉·弗洛伊德》是一部精彩的小说:

> 尽管《奥罗拉·弗洛伊德》中有不雅的内容(虽然我们不会怀疑这些不雅的内容实际上是其成功原因之所在),但它确实是一个绝妙的故事。整个故事布局严谨,情节紧凑,趣味盎然,充满生机。它没有美化生活,而是有着自己独特的真实;但凡有小说品鉴力的人,都很难抗拒这样一个精妙的故事。[65]

实际上,没有人能抗拒。《奥德利夫人的秘密》和《奥罗拉·弗洛伊德》让玛丽·伊丽莎白·布雷登取得了无与伦比的成功。连载两部小说的杂志印刷量屡创新高;以此改编的数个剧目在伦敦各大剧院上演;两大借阅图书馆——米迪图书馆(Mudie's)和图书馆公司(the Library Company)你追我赶,竞相购买小说;译本及翻印本也远销海外,传到了欧洲大陆及殖民地。不到两年的时间,玛丽几乎占领了整个伦敦市场,她也因此获得了巨额财富,足以让她买下萨里郡的利奇菲尔德别墅,并装修成乔治王时代风格的牧师住宅,以供自己和马克斯韦尔以及两人接二连三出生的孩子居住(1863 年,两人生下了第二个孩子弗朗西斯)。不过,在玛丽名利双收的同时,公众对其私人生活的兴趣也与日俱增。1864 年,玛丽仍处于未婚状态并再次怀孕,她与马克斯韦尔反常的虚假婚姻关系(再加上马克斯韦尔处理问题草率的方式)已经无法躲避公众的审视。

对婚姻问题处理方式的不当似乎给玛丽带来了更多困扰。她的名字已经家喻户晓。《奥罗拉·弗洛伊德》出版后,她也没有放慢创作速度[1862 年至 1863 年间,玛丽创作了《女子复仇记;又名护卫长》(*Woman's Revenge; or, the Captain of the Guard*)、《白色幽灵》(*The White Phantom*)、《约翰·玛什蒙特的遗产》(*John Marchmont's Legacy*)、《工厂女孩;又名不是所有发光的都是金子》(*The Factory Girl; or All Is Not Gold That Glitters*)、《埃莉诺的胜利》(*Eleanor's Victory*)以及《弃儿》(*The Outcasts*)共计六部作品,如此高产令人瞠目结舌]。同时,关于玛丽日渐富有的故事也四处流传。在这种情况下,舆论界自然不会放过任何能把这位借阅图书馆女王拉下神坛的风言风语。一时间,各大报刊上含沙射影的文章你方唱罢我登场(正如一位评论家所说,暗讽其赤裸裸的堕落,以及与"极其低俗的女性"的交往),但玛丽大多时候表现出不以为然的态度。[66]不过,当《雅典娜神庙》杂志称,从其作品可以看出她对婚礼宣誓的礼仪一无所知,玛丽却闪烁其词,于是人们把矛头指向她本人。在谈论《约翰·玛什蒙特的遗产》一书时——此书稿酬高达 4000 英镑(大约相当于今天的 330000

英镑)——批评家直截了当地抨击道："如果布雷登小姐对结婚仪式多些了解的话,她就会知道这些话是新郎而不是新娘说的。"[67](这里谈到的问题是"奉与你我被赐予的所有之物"这句话,在《约翰·玛什蒙特的遗产》里,玛丽把这句话写成了女性要在婚礼上说出的誓言。而在维多利亚时代传统的结婚仪式上,这句话是由新郎说的。)

两个月后,为了粉碎谣言,马克斯韦尔在伦敦的两份报纸上刊登启事,宣布自己刚刚与玛丽·布雷登结婚[68],这是一个缺乏考虑、粗暴强硬的举动。玛丽·安·克劳利的姐夫立刻提出了反对意见,紧接着关于两人关系的猜测日益白热化,两人陷入风暴中心。玛丽结婚了吗?她的孩子是合法婚生的吗?玛丽的公众形象、她的惊悚小说、她的巨额财富以及鲜为人知的家庭生活——这是文学的未来吗?到1864年春天,整个评论界几乎到了异常兴奋的状态:玛丽·伊丽莎白·布雷登及其色情小说"显示了普遍存在的堕落现象,从某种程度上说,它们不仅是这种现象造成的结果,也是引发这些现象的原因;它们的出现满足了人们病态的渴望,然后进一步加剧了这种病态,并刺激了人们对此的渴望"[69];只有"没有头脑的大众"才会支持这样的作品,"(因为)没有哪个精明的读者放下这些书时,不会后悔自己拿起来读过"[70]。

玛丽摇摆不定的婚姻状况被曝光后,在婚姻问题上持保守态度的玛格丽特·奥利芬特细细研究了作品中不堪的内容:

> 偶尔也有些好故事,精巧的布局,甚至对性格的暗示。她是现代小说中金发恶魔的创造者。很久很久之前,坏女人都是深褐色头发,现在她们成了最优雅、最温和、最美丽的金发尤物;这一变化的幕后推手就是奥德利夫人及其对当代小说产生的影响。

> 她把频频发生的重婚变成了一桩有趣又时髦的罪行,当然在一定
> 程度上也显示了对英国法律和秩序的尊重。无须怀疑,重婚违反
> 了第七诫,不过它却是以比较合法的方式进行的,这只有既意识
> 到不当行为的吸引力,又希望得到法律庇护的英国女性才能
> 做到。[71]

接下来的十年内,谣言不断发酵,在此期间,玛丽又生下四个孩子,熬过了母亲和姐姐去世的难关,并成长为一代文学大师。1874年情况发生了变化,这一年玛丽·安·克劳利去世。至此,玛丽已经出版了三十余本小说,当时她正在编辑马克斯韦尔的杂志《贝尔格莱维亚》(*Belgravia*),同时还在尝试戏剧创作。当玛丽·安的死讯传到利奇菲尔德别墅,玛丽和马克斯韦尔遭到大批媒体围追堵截,前所未有的疯狂局面让他们措手不及。马克斯韦尔采取了非常糟糕的处理方式,一开始他试图说服克劳利一家不要在报纸上公布玛丽·安的死讯(徒劳无功),后来又在邻居和朋友间散发小册子,上面写着:"马克斯韦尔夫妇致以亲切问候——并表示对有关本月5日用意险恶的讣告毫不知情。"[72]克劳利一家截获了其中一本小册子,并以一本涵盖马克斯韦尔婚史全部细节的小册子作为回应,这本小册子中提供了确凿的证据,并为人们广泛阅读。秘密公布于众,玛丽自己衣橱里的骷髅也现身了,而且这是一个惊天动地的大秘密。

很快,文学女王玛丽·布雷登的桃色丑闻传遍世界。朋友走了,知心密友疏远了——甚至利奇菲尔德别墅的员工也抛弃了他们,马克斯韦尔和玛丽不得不带着十一个孩子搬到切尔西住了一年,等着闲言碎语慢慢消失。1864年的传言竟是真的:玛丽的孩子确是非婚所生!"和她许多故事的女主人公一样,她也犯了重婚罪,而且最后还是被发

现了。"《纽约时报》在头版如此报道——这实在是个吸引眼球的故事。[73]
虽然玛丽·安的去世带来了不少麻烦,但马克斯韦尔和玛丽一定也感
到些许暗喜,两人终于摆脱了马克斯韦尔第一次婚姻的束缚,因为不久
之后,马克斯韦尔和玛丽就在弗利特街(Fleet Street)的圣布里奇教堂
(St. Bride's Church)正式结为合法夫妻。[74]随后,玛丽继续从事创作,马
克斯韦尔也回归了自己的出版事业。最终,所有问题都平静地解决了,
丑闻渐渐为人们所遗忘,两人又回到了位于利奇菲尔德的住所。

玛丽·伊丽莎白·布雷登一生创作了数量惊人的作品,包括多首
诗歌、数部戏剧、一部歌剧、四首歌曲、数篇短篇小说(既有被收录的也
有未被收录的),还有近百部风格各异的长篇小说。经历过 19 世纪 60
年代的争议风暴后,玛丽的写作重心渐渐从惊悚小说转向更为平和、
细腻的小说[如《埃莉诺的胜利》《医生之妻》(The Doctor's Wife)、《仕
女一英里》(The Lady's Mile)]。她逐渐形成了娴熟的激进主义风格,
这种风格与维多利亚时代晚期的礼仪规范交织在一起,使得玛丽在弘
扬中产阶级价值观的同时,也巧妙传达了对其的讽刺之情。比如《陌
生人和朝圣者》(Strangers and Pilgrims)和《因爱而失》(Lost for
Love)两本作品运用这种模式,探讨了教会中的伪善问题;而《维克森》
(Vixen)、《和我一样》(Just as I Am)、《杰勒德》(Gerard)及《草率审
判》(Rough Justice)则采用这种模式抨击了无所事事的旧世界贵族。
在玛丽的晚年,其早期作品依旧活跃在市场上(实际上,《奥德利夫人
的秘密》在玛丽去世后仍在出版发行),即使她身体日渐衰弱、疾病缠
身之时,她还在发挥自己创作生涯的余热。玛丽始终与时俱进,紧跟
社会潮流,晚年创作出了更多的作品[其晚期作品包括《失落的伊甸
园》(A Lost Eden)、《逝爱有锁链》(Dead Love Has Chains)和《绿幕》

(*The Green Curtain*)]。第一次世界大战爆发后，她还打开了利奇菲尔德别墅的家门，留宿比利时难民。玛丽去世时已是八十岁高龄，那时她已经成了文化界的中流砥柱，"英国的一部分"——1900 年，《学会》(*The Academy*)杂志在她的小说《异教徒》(*The Infidel*)发行时，曾给出此番评价。"她把自己与英国紧密地编织在一起；没有她英国会大不相同……她的名字是百科全书中的词条；她也应该被收录到字典里，成为一个普通名词，因为她所代表的含义，只有对孩子们才需要解释。"[75]

# 后　记


　　玛丽·伊丽莎白·布雷登与英国文学史上许多更具盛名的女作家相比，有很大不同，这些作家包括范妮·伯尼，其女主人公卡米拉"总是陷入新的麻烦之中"[1]，而玛丽从来都不想让被动参与的主人公遭受过多的麻烦，因为她觉得社会要求女性表现出脆弱的一面让人难以忍受，实际上也是极其令人恼火的[2]。为什么每一位女性都要被外部势力击倒？玛丽在给友人、畅销小说家爱德华·布尔沃-利顿爵士的信中，试着解释了为何其塑造的人物缺乏深沉、悲剧的情感，并对这种情感的意义提出了质疑，同时她还引出了新的话题，自己产生对内心活动重要性的疑虑，是不是因为缺乏"对强烈情感的感知能力"。玛丽写道，正是由于缺乏情感描写，众多批评家才认为其作品"语气轻率"，用她自己的话说，这种特征"与艺术的高贵格格不入"[3]。从信中后面的内容可以愈发清楚地看出，玛丽的态度一反常规，她这样做的目的仅仅是想巧妙地躲避一种事实[4]：实际上，她就是受不了眼睁睁地看着笔下的主人公遭受折磨，"因为我的脑海里总会浮现自己经历的无谓的痛苦"[5]。

　　玛丽·伊丽莎白·布雷登以及本书中其他六位女性的故事,展现了 18—19 世纪女性被迫扮演的复杂、狂暴、常常作茧自缚的角色,这些女作家则毫不犹豫地将自己的经历付诸笔端。

　　对于夏洛特·特纳·史密斯来说(实际上,对于这七位女性中的大多数来说也是如此),婚姻是一个几乎无法躲避的圈套(不过正如我们所看到的,也不是毫无办法),她在作品中对婚姻的真实描绘恰恰显示了这种无力感。海伦·玛丽亚·威廉斯代表了那些想要以平等身份参与政治的女性形象,她们无所顾忌,这种大胆无畏也往往让这群人无法得到宽恕,甚至从历史中被彻底抹去,如此她们便无法发声。玛丽·鲁滨逊别无选择,只能借助身体在僵化的男权社会体系中占据一席之地,自此,她投入了一场旷日持久的鏖战,与那些意图通过贬低其才能、诋毁其品格,来控制并最终歪曲其成就的人做斗争(她在这场战斗中败下阵来)。可怜的凯瑟琳·克罗眼睁睁看着造谣之人瞄准她脆弱的时刻,大肆宣扬她精神失常,致使其文学生涯分崩离析。亲爱的萨拉·柯勒律治长期药物成瘾(玛丽·鲁滨逊也沉迷于药物,不过程度稍轻),尽管体弱多病的状态给原本死气沉沉的生活带来一阵微风,但无疑也浪费了其过人的才华。而亲爱的黛娜·克雷克,直到中年才摆脱独身状态的她,不可能写出让女性从中获得力量的作品,因为于她而言,独身状态日日告诫她作为女性的缺陷,夜夜提醒她一成不变的空虚生活。最后一位女作家玛丽·伊丽莎白·布雷登因创作道德标准模糊的小说而赚得盆满钵满,但也为此付出了代价(虽然不是经济上的代价)。

　　不管其职业发展如何有限,也不论她们曾经历多少艰难险阻,这七位女作家都选择了直面时代现实,因而改变了英国的文学传统。她们通过自身的努力,突破了一个个重大障碍,或创造了新的文学体裁

266

（比如萨拉和凯瑟琳）；或在蓬勃发展的报刊市场发掘了新机遇，改变了人们的阅读方式；或谋篇布局，精心组织叙述结构，艰难地穿越阶级分化的阻碍，揭示女性困境的症结所在，突出强调社会现状的不公平之处。这些女作家有的通过毫不掩饰、直击要害的自画像（如《梵森泽》以及《埃米琳》中抑郁的斯塔福德夫人），有的通过颠覆性地灌输具有争议性的价值观念（如克雷克的《奥丽芙》、柯勒律治的《范塔斯敏》以及威廉斯的全部作品），有的则通过谴责——或微妙或露骨——她们所描绘的世界（如《自然的夜界》《奥德利夫人的秘密》《奥罗拉·弗洛伊德》），完成了安妮·勃朗特在其作品中同样试图达到的目的：描绘一个真实的英国，揭露其种种缺陷和矛盾。

　　不仅在阅读这七位女作家的作品之时，在探究其生平的过程中，我也体会到了其中的美丽。我最先去了爱丁堡，站在凯瑟琳·克罗位于达纳威街2号的住宅前。这座典雅的四层小楼上下均是推拉窗，是凯瑟琳自己花钱买下的，她在这里开始了全新的生活，也是在这里，"另一个"世界的轮廓和魅影蹑手蹑脚地从墙上走下，走进了《自然的夜界》里。一周之后，在湖区我又一次发现了美之所在。我从凯西克徒步出发，登上了刮着大风的斯基道峰峰顶，就像当年十三岁的萨拉·柯勒律治与罗伯特·骚塞、威廉·华兹华斯及各自的家人一样（还有一大群仆人，带着一车野餐烹饪用的牛肉和葡萄干布丁）——范塔斯敏也是这样游历棕榈地的群山，找寻自己在世间的容身之处。接着，在布莱顿的肯特大学，经过数日苦苦挖掘杰弗里·拉肯关于凯瑟琳·克罗的珍贵史料，我再次发现了美丽动人之处：在一个狂风大作的周日早晨，我望着英吉利海峡，想象当年夏洛特·特纳·史密斯和海伦·玛丽亚·威廉斯站在这里，准备前往法国时的内心活动——一个饱受折磨（就像她塑造的许多人物一样），另一个满怀希望（从她随后的政治信仰可以看出），面对即将到来的重大变革，两人都镇定自若。

在梅克伦堡广场漫步时，我也发现了这种美。这里是玛丽·伊丽莎白·布雷登和约翰·马克斯韦尔最早的住所，可以推断也是在这里，玛丽第一次萌发了创作《奥德利夫人的秘密》的构想。我痴痴地望向幽深的德鲁里巷，又一次发现了这种美，当年玛丽·鲁滨逊就在此地厚积薄发，成名，恋爱，为其大获成功的作品《梵森泽》积累素材。沿着肖特兰路散步时，我同样发现了这种美，黛娜·马洛克·克雷克在这里建起自己引以为傲的家园，最终找到了如其作品《奥丽芙》中同名女主人公般的爱情：温暖、可靠、让人欢喜的爱恋，这让所有人都感到大吃一惊（极可能不止她一人）。在与这七位非比寻常的女性接触的过程中，我和她们的视角相融，看到了这动荡的一百五十年间英国的现实生活，对于英国社会及文学史的理解和认知产生了翻天覆地的变化：过去变得生动起来，渐渐丰满立体，萦绕着长期被遗忘的声音。

简去世之后才出名；夏洛蒂凭借伊丽莎白·盖斯凯尔的著名传记《夏洛蒂·勃朗特的生平》才备受推崇，这部传记让这位古怪、不合群的女作家摇身一变，成了维多利亚时代"责任""孤寂""情感细腻"的代名词[6]；而近期安妮也引发了人们海啸般的关注和赞赏。从这些女作家的遭遇可以看出，仅需一群崇拜者便能让一位女作家及其作品获得重生，吸引人们重新阅读其作品；点亮代代相传的火把，让我们在今天、明天，乃至未来都能继续翻阅，一遍遍重读她们的作品，研究她们所处的时代，感叹英国的独特之处。那么，如果想让夏洛特和海伦·玛丽亚、玛丽和凯瑟琳、萨拉和黛娜，以及玛丽·伊丽莎白的文学天赋和鼓舞人心的人生经历重见天日，让她们也能在今天、明天，乃至未来为人们所欣赏,需要什么呢?

　　那就是你,亲爱的读者,真正需要的只有你。你以及你对故事、书籍的无尽喜爱,或许最重要的还有对反抗时代传统、勇于发声的女性的无限热爱。历史有赖于此,文学的未来有赖于此,因为今日之言离不开往日之语(因为现在是对过去的反映——在当今的数字时代,创作和发行方式不断发展变化,这与过去的状况如出一辙)。这场旅程给我带来了许多精妙绝伦的体验,其中最精彩的则发生在最后,我站在书架前,望着满架的新书,每一本都向我展现了一位位新女性、一个个新世界和一扇扇通向英国历史的新窗户。这些宝贵的财富正是我在这最后一刻希望你关注的东西。找找她们的作品吧,不管是在旧书店,还是在慷慨开放这些资源的诸多网站〔互联网档案馆(Archive.org)、古腾堡计划以及谷歌图书很有用处〕,然后去阅读吧。张开双臂拥抱这些女作家,就像你拥抱(并且会继续拥抱)简、夏洛蒂、艾米莉以及玛丽·安(乔治·艾略特)以及弗吉尼亚·伍尔夫一样。慢慢爱上这些女作家吧,就像我一样。尽全力去拥抱包罗万象的女性文学成就吧。让这些女作家慢慢靠近,把你的想象力带到一个崭新的地方。比英国文学更好的只有更多的英国文学作品,所以,去吧,亲爱的读者,去重新发现它们吧。

# 致　谢

　　我要向在本书的创作过程中,为我提供慷慨支持和帮助的人致以诚挚的谢意,如果没有他们,我就无法顺利完成这本书。

　　首先,我要感谢哈珀出版社的编辑汉纳·伍德,在本书的创作过程中,她不仅耐心细致、友好亲切,更展现出了无与伦比的专业技能:感谢您所付出的一切,您是每位作家梦寐以求的编辑。我还要感谢柯蒂斯·布朗文稿代理机构的代理诺厄·巴拉德,感谢他对此项目的关注、始终如一的热情和自始至终的鼓励。

　　感谢在英国给我提供指导和帮助的人:感谢叶罗尼姆·帕尔默在一个晴朗的夏日,带我前往萨拉·柯勒律治位于凯西克的住所(还给我做了沙拉三明治),为揭开这个地方的神秘之处做出了巨大贡献;感谢伊尔切斯特当地的历史爱好者格里·马斯特斯,感谢他细致的分析和一封封热情洋溢的邮件。我想起了肯特大学坦普尔曼图书馆特色馆藏区好心的工作人员(感谢你们加班工作!),还有大英图书馆阅读室里无名的读者们,我非常喜爱与你们相伴的那段漫长岁月。我还要特别鸣谢哈利法克斯圣玛丽大学的德博拉·肯尼迪博士,奥克兰大学的乔安妮·威尔克斯博士,乔顿大宅图书馆的吉利恩·安德顿、阿

271

里·乔达、珍妮弗·索普、西蒙·埃利奥特、艾米莉·瓦豪特以及达伦·贝文,还有唐娜·安斯沃思和布里安娜·克瑞格,感谢他们对我的研究给予的帮助。

向 Austenprose.com 网站的劳雷尔·安·纳特里斯致以谢意:感谢您数年前将我带入简·奥斯汀的崇拜者之中,也感谢您对我工作的不懈支持。认识您很幸运!

向我的家人表示感谢——特别要感谢我的双胞胎姐妹科琳——感谢我的父母,谢谢你们陪我共度风雨,在我喋喋不休地说起对这七位女作家的迷恋之时,你们依旧极其耐心地倾听。谢谢你们把蒙大拿留在我心中。

最后,我最想要感谢的人是我的丈夫 AJ,他所给予的无尽的耐心和爱始终让我感激不已。AJ 是这个项目的无冕之王,因为三年里,在两个国家、四处公寓间来回奔走,哪怕历经波折,他也一直与我并肩战斗。此刻,我们只有九天大的儿子正安睡在我胸前,我的内心充满了感动。谢谢你所做的一切。

# 资料来源

　　如果读者想要进一步探究本书的主题,虽然有关女性创作与英国社会之间惊人联系的资源有限,但仍有不少有价值的资料供参考。不妨从桑德拉·M. 吉尔伯特(Sandra M. Gilbert)与苏珊·古芭(Susan Gubar)开拓性的研究《阁楼上的疯女人:女性作家与 19 世纪文学想象》(*The Madwoman in the Attic: The Woman Writer and the Nineteenth-Century Imagination*)、伊莱恩·肖沃尔特(Elaine Showalter)的《她们自己的文学:从勃朗特到莱辛的英国女性小说家》(*A Literature of Their Own: British Women Novelists from Brontë to Lessing*)以及伊娃·菲格斯(Eva Figes)的《性别与诡计:1850 年以前的女作家》(*Sex and Subterfuge: Women Writers to 1850*)开始看起;弗吉尼亚·伍尔夫的宣言《一间自己的房间》(*A Room of One's Own*)为人们津津乐道,当然也值得一读。萨莉·米切尔(Sally Mitchell)的《堕落天使:1835—1880 年间的贞洁、阶级和女性读物》(*The Fallen Angel: Chastity, Class and Women's Reading, 1835 – 1880*)以及玛丽·普维(Mary Poovey)的《淑女和女作家:玛丽·沃斯通克拉夫特、玛丽·雪莱和简·奥斯汀作品中的意识形态特征》(*The Proper Lady and the*

Woman Writer: Ideology as Style in the Works of Mary Wollstone-craft, Mary Shelley, and Jane Austen）也是两本有用的书。此外，朱迪思·弗兰德斯的《维多利亚时代的家居内景：维多利亚时代的英国家庭生活写实》（Inside the Victorian Home: A Portrait of Domestic Life in Victorian England）和罗伊（Roy）与莱斯利·阿德金斯（Leslie Adkins)的《简·奥斯汀的英国：乔治王及摄政时期的日常生活》（Jane Austen's England: Daily Life in the Georgian and Regency Periods）同样也是非常好的入门历史研究著作。

如今，这七位女作家现存的出版作品寥寥无几，但其中三位的还可以找到：朱迪思·菲利普斯·斯坦顿（Judith Phillips Stanton）编辑的《夏洛特·史密斯书信集》（The Collected Letters of Charlotte Smith）、《已故鲁滨逊夫人回忆录》（Memoirs of the Late Mrs. Robinson）和《萨拉·柯勒律治回忆录和书信》（Memoir and Letters of Sara Coleridge）（后两部作品可从互联网档案馆在线获取）。还有以原稿形式收藏的作品，萨拉·柯勒律治及玛丽·伊丽莎白·布雷登的手稿收藏于得克萨斯大学哈里·兰塞姆中心（Harry Ransom Center)，黛娜·马洛克·克雷克的手稿收藏于加州大学洛杉矶分校查尔斯·E. 扬研究图书馆。还有杰弗里·拉肯（Geoffrey Larken）关于凯瑟琳·克罗的大量论文——这是有关凯瑟琳现存最完整的资料（无疑也是本书至关重要的资源）——收藏于坎特伯雷肯特大学的特色馆藏区。

如果读者想要深入了解某位女作家，也可以阅读关于她的可靠的传记作品（尽管不是每位作家都有）。学术出版社出版的作品有洛兰·弗莱彻（Loraine Fletcher）的《夏洛特·史密斯评传》（Charlotte Smith: A Critical Biography）、德博拉·肯尼迪（Deborah

Kennedy)的《海伦·玛丽亚·威廉斯和革命时代》(*Helen Maria Williams and the Age of Revolution*)、布拉德福德·凯斯·马奇(Bradford Keyes Mudge)的《萨拉·柯勒律治：维多利亚时代的女儿》(*Sara Coleridge, A Victorian Daughter*,其中收录了萨拉本人的书信体自传和很难找到的精选散文),以及珍妮弗·卡内尔(Jennifer Carnell)的《玛丽·伊丽莎白·布雷登的文学生涯》(*The Literary Lives of Mary Elizabeth Braddon*)。市面上更容易找到的是葆拉·伯恩(Paula Byrne)2004年的研究《珀迪塔：玛丽·鲁滨逊的文学、戏剧生涯和丑闻》(*Perdita: The Literary, Theatrical, Scandalous Life of Mary Robinson*)。

# 文献目录

**CHARLOTTE TURNER SMITH**

*Elegiac Sonnets, and Other Essays.* London: Dodsley, 1784.

*Emmeline, The Orphan of the Castle.* London: Cadell, 1788.

*Ethelinde; or The Recluse of the Lake.* London: Cadell, 1789.

*Celestina.* London: Cadell, 1791.

*Desmond.* London: G. G. and J. Robinson, 1792.

*The Old Manor House.* London: J. Bell, 1793.

*Rural Walks: in dialogues intended for the use of young persons.* London: Cadell, 1795.

*Rambles Farther: a Continuation of Rural Walks, in dialogues intended for the use of young persons.* London: Cadell, 1796.

*The Letters of a Solitary Wanderer.* London: Sampson Low, 1801.

*A History of England, from the earliest records, to the peace of Amiens in a series of letters to a young lady at school.* London: Phillips, 1806.

*A Natural History of Birds, intended chiefly for young persons.*

London: J. Johnson, 1807.

*Beachy Head, Fables, and Other Poems.* London: J. Johnson, 1807.

### HELEN MARIA WILLIAMS

*Edwin and Eltruda, A Legendary Tale.* London: Cadell, 1782.

*An Ode on the Peace.* London: Cadell, 1783.

*Peru, A Poem.* London: Cadell, 1784.

*A Poem on the Bill Lately Passed for Regulating the Slave Trade.* London: Cadell, 1788.

*Poems in Two Volumes.* Includes "An American Tale" and "Part of an Irregular Fragment, Found in a Dark Passage of the Tower." London: Cadell, 1786.

*Letters Written in France in the Summer 1790, to a friend in England: containing various anecdotes relative to the French Revolution; and Memoirs of Mons. and Madame du Fossé.* London: Cadell, 1790.

*Julia, A Novel.* London: Cadell, 1790.

*A Farewell, for Two Years, To England.* London: Cadell, 1791.

*A Tour in Switzerland; or, A View of the Present State of the Governments and Manners of those Cantons: with Comparative Sketches of the Present State of Paris.* London: G. G. and J. Robinson, 1798.

Personal *Narrative of Travels to Equinoctial Regions of the New Continent.* Trans. *Researches Concerning the Institutions and Monuments of the Ancient Inhabitants of America, with De-*

*scriptions and Views of Some of the Most Striking Scenes in the Cordilleras!*, by Alexander von Humboldt. London: Longman: 1814.

*A Narrative of the Events Which Have Taken Place in France from the Landing of Napoleon Bonaparte to the Restoration of Louis XVIII*. London: Murray, 1815.

*Letters on the Events Which Have Passed in France Since the Restoration in* 1815.

London: Baldwin, 1819.

*Souvenirs de la Révolution française*. Paris: Dondey-Dupré, 1827.


## MARY ROBINSON

*Poems by Mrs. Robinson*. London: C. Parker, 1775.

*Captivity, A Poem; And Celedon and Lydia, a Tale*. London: T. Becket, 1777.

*Ainsi va le Monde*. London: John Bell, 1790.

*Impartial Reflections on the Present Situation of the Queen of France*. London: John Bell, 1791.

*Poems by Mrs. Robinson*. Includes "The Maniac." Vol. 1, London: J. Bell, 1791. Vol. 2, London: T. Spilsbury, 1793.

*Vancenza; or the Dangers of Credulity*. London: J. Bell, 1792.

*The Widow, or a Picture of Modern Times: A Novel in a Series of Letters*. London: Hookham and Carpenter, 1794.

*Angelina, A Novel*. London: Hookham and Carpenter, 1796.

*Hubert de Sevrac: A Romance of the Eighteenth Century*. London:

Hookham and Carpenter, 1796.

*Walsingham; or, the Pupil of Nature.* London: Longman, 1797.

*The False Friend.* London: Longman, 1799.

*The Natural Daughter.* London: Longman, 1799.

*A Letter to the Women of England, on the Injustice of Mental Subordination.* London: Longman, 1799.

*Memoirs of the Late Mrs. Robinson.* London: R. Phillips, 1801.


**CATHERINE CROWE**

*Aristodemus:* A Tragedy. Edinburgh: Tait, 1838.

*The Adventures of Susan Hopley; or, Circumstantial Evidence.* Edinburgh: Tait, 1842.

*Men and Women; or, Manorial Rights.* London: Saunders and Otley, 1844.

*The Story of Lilly Dawson.* London: Colburn, 1847.

*Pippie's Warning; or, Mind Your Temper.* London: Arthur Hall & Co., 1848.

*The Night-Side of Nature: Or, Ghosts and Ghost Seers.* London: Newby, 1848.

*The Juvenile Uncle Tom's Cabin, arranged for young readers.* London: Routledge & Co., 1853.

*Linny Lockwood, A Novel.* London: Routledge & Co., 1854.

*The Story of Arthur Hunter and His First Shilling.* London: James Hogg and Sons, 1861.

*The Adventures of a Monkey.* London: Dean and Son, 1862.

## SARA COLERIDGE

*An Account of the Abiphones, an Equestrian People of Paraguay.* London: Murray, 1822.

*The Right Joyous and Pleasant History of the Facts, Tests, and Prowesses of the Chevalier Bayard, the Good Knight Without Fear and Without Reproach.* London: Murray, 1825.

*Pretty Lessons in Verse for Good Children; With Some Lessons in Latin in Easy Rhyme.* London: Parker and Son, 1834.

*Specimens of the Table Talk to the Late Samuel Taylor Coleridge.* (unattributed)London: Murray, 1835.

*Phantasmion.* London: William Pickering, 1837.

*The Literary Remains of Samuel Taylor Coleridge.* (unattributed) London: William Pickering, 1836 – 1839.

*Aids to Reflection in the Formation of a Manly Character.* Ed. Sara Coleridge. Includes her long essay "On Rationalism." London: William Pickering, 1843.

*Biographia Literaria.* Ed. Sara Coleridge. London: William Pickering, 1847.

*Notes and Lectures Upon Shakespeare.* Ed. Sara Coleridge. London: William Pickering, 1849.

*Essays on His Own Times, forming a Second Series of The Friend.* Ed. Sara Coleridge. London: William Pickering, 1850.

*The Poems of Samuel Taylor Coleridge.* Ed. Sara Coleridge. London: Edward Moxon, 1852.

## DINAH MULOCK CRAIK

### Short Stories:

"Good Seed," *Chambers's Edinburgh Journal*, 1845.

"The Motherless Children," *Chambers's Edinburgh Journal*, 1845.

"Minor Trials," *Chambers's Edinburgh Journal*, 1846.

"All For the Best," *Chambers's Edinburgh Journal*, 1847.

"The Half-Caste: An Old Governess's Tale," *Chambers's Papers for the People*, 1851.

### Books And Collected Tales:

*Michael the Miner*. London: Religious Tract Society, 1846.

*How to Win Love, or Rhoda's Lesson*. London: 1848.

*Cola Monti*. London: 1849.

*The Ogilvies*. London: Chapman and Hall, 1849.

*Olive, A Novel*. London: Chapman and Hall, 1850.

*Head of the Family*. London: Chapman and Hall, 1852.

*Agatha's Husband*. London: Chapman and Hall, 1853.

*Avillion and Other Tales*. Includes "The Self-Seer," "The Wife of King Tolv," "Hyas the Athenian," and "Miss Letty's Experiences," originally published in *Bentley's Miscellany* and *Fraser's*. London: Smith, Elder, & Co., 1853.

*John Halifax, Gentleman*. London: Hurst and Blackett, 1856.

*A Woman's Thoughts About Women*. Originally published in *Chambers's Edinburgh Journal*, 1857. London: Hurst and Blackett, 1858.

*A Life for a Life*. London: Hurst and Blackett, 1859.

*Mistress and Maid.* Originally published in *Good Words,* 1862. London: Hurst and Blackett, 1863.

*Christian's Mistake.* London: Hurst and Blackett, 1865.

*A Noble Life.* London: Hurst and Blackett, 1866.

*Two Marriages.* London: Hurst and Blackett, 1867.

*The Woman's Kingdom.* Originally published in *Good Words,* 1868. London: Hurst and Blackett, 1869.

*A Brave Lady.* Originally published in *Macmillan's Magazine,* 1870. London: Hurst and Blackett, 1870.

*Fair France: Impressions of a Traveller.* London: Hurst and Blackett, 1871.

*Hannah.* Originally published in *Saint Pauls,* 1871. London: Hurst and Blackett, 1872.

*The Little Lame Prince and His Traveling Cloak.* London: Daldy, Isbister, & Co., 1875.

*Young Mrs. Jardine.* Originally published in *Good Words,* 1879. London: Hurst and Blackett, 1879.

*An Unsentimental Journey Through Cornwall. Originally* published in *English Illustrated Magazine,* 1884. London: Macmillan, 1884.

*King Arthur: Not a Love Story.* New York: Harper, 1886.

**MARY ELIZABETH BRADDON**

Essays And Uncollected Serialized Stories:

"London on Four Feet," *Welcome Guest,* 1860.

"How the Romans Supped," *Welcome Guest,* 1860.

*The Octoroon; or, The Lily of Louisiana, The Halfpenny Journal,*
 1861 – 1862.

*The Woman's Revenge; or, The Captain of the Guard, The Halfpen-*
 *ny Journal,* 1862.

*The White Phantom, The Halfpenny Journal,* 1862 – 1863.

*The Factory Girl; or, All is Not Gold That Glitters, The Halfpenny*
 *Journal,* 1863.

**Books and Collected Tales:**

*Three Times Dead. Beverley: Empson,* 1860. Republished as *The*
 *Trail of the Serpent* by W. &.M. Clark, 1861.

*Ralph the Bailiff and Other Stories.* Includes "Captain Thomas,"
 "The Cold Embrace," "My Daughters," "My First Happy Christ-
 mas," "Samuel Lowgood's Revenge," and "The Lawyer's
 Secret," all originally published in *The Welcome Guest,* 1860 –
 1861. London: Ward, Lock, &. Tyler, 1862.

*Garibaldi and Other Poems.* London: Bosworth &. Harrison, 1861.

*Captain of the Vulture.* Originally published in *The Sixpenny*
 *Journal,* 1861. London: Ward, Lock, &. Tyler, 1863.

*John Marchmont's Legacy.* Originally published in *Temple Bar,*
 1861. London: Tinsley, 1863.

*Lady Audley's Secret.* Originally published in *Robin Goodfellow,*
 1861, before moving to *Sixpenny Magazine.* London:
 Tinsley, 1862.

*The Black Band; or, The Mysteries of Midnight.* Originally

published in *The Halfpenny Journal*, 1861 – 1862. London: Vickers, 1877.

*The Lady Lisle*. London: Ward, Lock, Tyler, 1862.

*Aurora Floyd*. Originally published in *Temple Bar*, 1862. London: Tinsley, 1863.

*Eleanor's Victory*. Originally published in *Once a Week*, 1863. London: Tinsley, 1863.

*The Outcasts*. Originally published in *London Journal*, 1863 – 1864. Republished as *Henry Dunbar* by John Maxwell, 1864.

*The Doctor's Wife*. Originally published in *Temple Bar*, 1864. London: Maxwell, 1864.

*The Lady's Mile*. Originally published in *St. James's Magazine*, 1865 – 1866. London: Ward, Lock, & Tyler, 1866.

*Strangers and Pilgrims*. Originally published in *Belgravia*, 1872 – 1873. London: Maxwell, 1873.

*Lost for Love*. Originally published in Belgravia, 1873 – 1874. London: Chatto & Windus, 1874.

*Vixen*. Originally published in *All the Year Round*, 1878 – 1879. London: Maxwell, 1879.

*Just as I Am*. Originally published in *Bolton Weekly Journal*, 1880. London: Maxwell, 1880.

*The World, the Flesh, and the Devil*. Originally published in *Sheffield Weekly Telegraph*. Republished as *Gerard* by Simpkin & Marshall, 1891.

*A Shadowed Life*. Originally published in *Sheffield Weekly Tele-*

*graph*, 1897. Republished as *Rough Justice* by Simpkin &. Marshall, 1898.

*The Infidel.* London: Simpkin &. Marshall, 1900.

*A Lost Eden.* London: Hutchinson, 1904.

*Alias Jane Brown.* Originally published in *Northern Newspaper Syndicate*, 1906. Republished as *Dead Love Has Chains* by Hurst and Blackett, 1907.

*The Green Curtain.* London: Hutchinson, 1911.

# 注　释

**序言**

1. Charlotte Brontë, *Letters of Charlotte Brontë*, ed. Margaret Smith (New York: Oxford University Press, 1995), 2: 10.

2. Francis Lye, *The Single Married and the Married Happy, Being a Series of Wholesome Advice Designed to Promote the Discreet Union of the Sexes, and Their Mutual Happiness When United* (Cheltenham: E. Matthews, 1828), 22, quoted in Hazel Jones, *Jane Austen and Marriage* (London: Continuum, 2009), 121.

3. Elizabeth Gaskell, *The Life of Charlotte Brontë* (New York: Harper, 1900), 357.

4. Thomas Gisborne, *An Enquiry into the Duties of the Female Sex* (London: Cadell, 1796). 256. 吉斯伯恩建议女性仅仅把友谊当作"获得安慰、展现美德和有利可图的工具",因此那些贪恋"浮华和绚丽"、苦于寻夫的女性根本没有机会发展友谊。

5. Philip Stanhope, Earl of Chesterfield, *Letters to His Son and Others* (London: Dent, 1984), 66, quoted in Robert W. Uphaus, "Jane

Austen and Female Reading," *Studies in the Novel* 19，no. 3 (1987)：340.

6. Diary entry，Jan. 27，1793，in *English Diaries: A Review of English Diaries from the Sixteenth to the Twentieth Century* (London：Methuen，1923)，247. 1797 年,伊丽莎白的丈夫以妻子不忠为由要求与其离婚。两天之后,离婚文件生效,伊丽莎白和自己多年的情人霍兰勋爵(Lord Holland)结婚,两人住在一起,直到 1840 年霍兰勋爵去世。两人共育有七个孩子。

7. Hans Eichner，"The Eternal Feminine：An Aspect of Goethe's Ethics," in Johann Wolfgang von Goethe，*Faust*，trans. Walter Arndt，ed. Cyrus Hamlin (New York：W. W. Norton，1976)，620，quoted in Sandra M. Gilbert and Susan Gubar，*The Madwoman in the Attic: The Woman Writer and the Nineteenth-Century Literary Imagination* (New Haven，CT：Yale University Press，1979)，22.

8. Gilbert and Gubar，*Madwoman in the Attic*，25.

9. Eva Figes，*Sex and Subterfuge: Women Writers to 1850* (New York：Persea，1982)，9.

10. Thomas Hodgson，*An Essay on the Origin and Progress of Stereotype Printing; Including a Description of the Various Processes* (Newcastle：Hodgson，1820)，77. 在法国大革命期间,刻板印刷术曾用于发行一种纸币,但是由于此项印刷技术的种种缺陷,特别是它只能印出近似而非一模一样的图像,流通的纸币极易伪造。后来法国人民通过采用更洁净、易于切割的刻板模具以及更高效的机械装置,克服了这一缺陷,推动刻板印刷术取得长足进步。

11. Edward Jacobs，"Circulating Libraries," in David Scott Kastan，

*ed.*, *Oxford Encyclopedia of British Literature* (Oxford: Oxford University Press, 2006), 2: 5.

12. Anne Finch, *The Poems of Anne Countess of Winchilsea*, ed. Myra Reynolds (Chicago: University of Chicago Press, 1903), 5. 芬奇的原版诗歌于 1713 年出版。

13. Lucy Sussex, "The Detective Maidservant: Catherine Crowe's *Susan Hopley*," in *Silent Voices: Forgotten Novels by Victorian Women Writers*, ed. Brenda Ayres (Westport, CT: Praeger, 2003).

14. Matthew David Surridge, "Worlds Within Worlds: The First Heroic Fantasy, Part Ⅳ," *Black Gate: Adventures in Fantasy Literature*, 2010. http://www.blackgate.com/2010/09/19/worldswithin-worlds-the-first-heroic-fantasy-part-iv/.

15. "Mrs. Craik," *Academy*, Oct. 1887.

16. Sally Mitchell, *Dinah Mulock Craik* (Boston: Twayne, 1983), 51.

17. B. C. Southam, introduction, in B. C. Southam, ed., *Jane Austen: The Critical Heritage* (Routledge: London, 1979), 1: 2.

18. Claire Harman, *Jane's Fame: How Jane Austen Conquered the World* (New York: Picador, 2009), 155–159.

19. Beulah Maud Devaney, "Anne Brontë: the unsung sister, who turned the gaze on men," *Guardian*.com, January 17, 2014. http://www.theguardian.com/books/booksblog/2014/jan/17/an-nebronte-sister-men-charlotte-emily.

20. Sally Shuttleworth, "Jane Eyre and the 19th-century woman," The

British Library. http://www. bl. uk/romantics-and-victorians/articles/jane-eyre-and-the-19th-century-woman.

21. Arthur Boyars, "Ebury Street and Cinderella," *The Spectator*, July 16, 1959, p. 30.

22. Devaney, "Anne Brontë."

23. Paula Marantz Cohen, "Why Read George Eliot?" *The American Scholar*, March 1, 2006 https://theamericanscholar.org/why-read-george-eliot.

24. *British Women Writers: A Critical Reference Guide*, ed. Janet Todd (New York: Continuum, 1989), 576.

## 第一章

1. "On the Cause of the Popularity of Novels," *The Universal Magazine of Knowledge and Pleasure*, 1798.

2. Jane Austen, *Northanger Abbey* (London: Murray, 1818).

3. Thomas Gisborne, *An Enquiry into the Duties of the Female Sex* (London: Cadell, 1796), 32.

4. Charlotte Turner Smith to Sarah Rose, June 15, 1804.

5. George Savile, Marquis of Halifax, *The Ladys New-years Gift: or, Advice to a Daughter* (London, 1688), 25.

6. Mary Astell, *Some Reflections upon Marriage* (London, 1700), 12.

7. Lady Mary Wortley Montagu, *Complete Letters*, ed. Robert Halsband (New York: Oxford University Press, 1965), 1: 122. 沃特利·蒙塔古和蓝袜社的领导人伊丽莎白·蒙塔古是姻亲。

8. Loraine Fletcher, *Charlotte Smith: A Critical Biography* (Basingstoke, UK: Palgrave, 2001), 27 – 28.

9. Charlotte Smith to "an early friend," c. 1765 – 1766, *Collected Letters*, ed. Judith Phillips Stanton (Bloomington, IN: Indiana University Press, 2003), 2.

10. Smith to an unnamed recipient, c. 1768 – 1770, Stanton, ed., *Collected Letters*.

11. Fletcher, *Charlotte Smith*, 36.

12. Jane Austen to her sister, Cassandra Austen, Jan. 5, 1801, *Jane Austen's Letters*, ed. Deirdre Le Faye (Oxford: Oxford University Press, 2011), 71.

13. Austen to Fanny Knight, Feb. 21, 1817, *Jane Austen's Letters*, 344.

14. S. Ryan Johansson, "Medics, Monarchs and Mortality, 1600 – 1800: Origins of the Knowledge-Driven Health Transition in Europe," *University of Oxford Discussion Papers in Economic and Social History*, No. 85 (2010): 1, http://www.nuff.ox.ac.uk/economics/history/Paper85/johansson85.pdf. 18 世纪后半叶,人的平均寿命在四十岁左右。

15. Mary Hays, *British Public Characters of* 1800 – 1801 (Dublin, 1801), 3: 37.

16. Charlotte Turner Smith to the Earl of Egremont, quoted in Fletcher, *Charlotte Smith*, 59.

17. Fletcher, *Charlotte Smith*, 63.

18. Charlotte Smith, *Ethelinde; or the Recluse of the Lake* (London:

Cadell, 1789), 5：31, quoted in Fletcher, *Charlotte Smith*, 63 - 64. 这幅场景是那个冬天夏洛特在王座法庭监狱习以为常的经历，监狱里"他人的争吵声,昏暗的灯光下四周显现的人影,让人一次次震颤不已……周围的人带着好奇的目光盯着她的脸,使她胆战心惊"。

19. Fletcher, *Charlotte Smith*, 64. 弗莱彻推测,鉴于夏洛特热爱写作又急需用钱,她进入王座法庭监狱后的第一个想法很可能就是利用自己的写作才能出版作品《十四行诗》。

20. Charlotte Turner Smith, *The Poems of Charlotte Smith*, ed. Stuart Curran (Oxford：Oxford University Press, 1993), 15.

21. Smith to an unnamed recipient, c. July 1784, Stanton, ed., *Collected Letters*, 5 - 6.

22. Fletcher, *Charlotte Smith*, 6.

23. Ibid., 77.

24. Roy and Lesley Adkins, *Jane Austen's England* (New York：Viking, 2013), 16.

25. Smith to Thomas Cadell, Jan. 3, 1787, Gillian M. Anderton, *An Analysis of the Preston Manor Letters: An Unpublished Collection of Letters by Charlotte Turner Smith to Her Publishers Cadell and Davies*, 1786 to 1794 (2008), 7, http://www.charlotte-smithpmletters.co.uk/pdfdocs/an_analysis_of_the_preston_manor_letters.pdf.

26. Sir Walter Scott, in a note to Catherine Ann Dorset's "Charlotte Smith," in *Miscellaneous Prose Works of Sir Walter Scott* (London：Longman, 1827), 4：33.

27. Loraine Fletcher, introduction to *Emmeline* (Peterborough, ON: Broadview, 2003), 17.

28. Charlotte Smith, *Emmeline, The Orphan of the Castle* (London: Cadell, 1788), 1: 68 – 69.

29. Ibid., 1: 61.

30. Ibid., 2: 180.

31. Ibid., 2: 147.

32. Ibid.

33. Ibid., 1: 107.

34. Ibid., 1: 109.

35. Jacqueline Labbe, *Charlotte Smith: Romanticism, Poetry, and the Culture of Gender* (Manchester, UK: Manchester University Press, 2003), 9.

36. Fletcher, *Charlotte Smith*, 123.

37. Charles Dickens, *Bleak House* (London: Bradbury and Evans, 1853), 3. 查尔斯·狄更斯小说的核心情节是否取材于真实生活中的事件,我们不得而知,但有人提出,夏洛特的公公理查德·史密斯的遗产诉讼案很可能是其灵感来源,同时小说也可能借鉴了长达117年的詹内斯告詹内斯案。参见 William Dunstan, "The Real Jarndyce and Jarndyce," *The Dickensenian* 93 (1997)。

38. Dorset, "Charlotte Smith," *Miscellaneous Prose Works*, 4: 23.

39. Charlotte Smith, *Desmond*, ed. Antje Blank and Janet Todd (Peterborough, ON: Broadview Press, 2001), 171.

40. Ibid., 45.

41. Smith to Lucy Hill Lowe, Nov. 27, 1791, *Letters*, 39. 这封信的结

尾出现了一段唐突的评论，明显出自洛夫人的丈夫托马斯・洛之手，此番评论显示了其对夏洛特在法国大革命演变为大屠杀后表现出的政治立场的憎恶之情。"从现在开始，"他写道，"我不想再见到夏洛特这个人。"

42. Dorset, "Charlotte Smith," 4：39.

43. David V. Erdman, *Commerce des Lumières: John Oswald and the British in Paris*, 1790 - 1793 (Columbia：University of Missouri Press，1986)，230.

44. Deborah Kennedy, *Helen Maria Williams and the Age of Revolution* (Lewisburg, PA：Bucknell University Press，2002)，27.

45. Austen to Cassandra, Dec. 18，1798, *Jane Austen's Letters*，26.

46. Evenlyn Morchard Bishop, *Blake's Hayley: The Life, Works, and Friendships of William Hayley* (London：Gollancz，1951) 165.

47. Charlotte Smith, *The Old Manor House*, ed. Jacqueline Labbe (Peterborough, ONH：Broadview，2002)，263.

48. Ibid.，155.

49. Loraine Fletcher, "Emblematic Castles," *Critical Survey* 4，no. 1 (1992)：7，http://www.jstor.org/stable/41555617.

50. Fletcher, *Charlotte Smith*，167.

51. Florence May Anna Hilbish, "Charlotte Smith, Poet and Novelist, 1749 - 1806," PhD diss., University of Pennsylvania，1941，227.

52. Fletcher, *Charlotte Smith*，174.

53. Smith, *Old Manor House*，463.

54. Ibid.，462 - 463.

55. Ibid.，520.

56. Sarah M. Zimmerman, "Charlotte Smith," in *Oxford Dictionary of National Biography*, ed. H. C. G. Matthew and Brian Harrison (Oxford: Oxford University Press, 2004); online edition, ed. Lawrence Goldman, Oct. 2007, http://www.oxforddnb.com/view/article/25790.

57. Smith, *Poems*, 5 - 6.

58. Ticklepitcher, "Ode to Charlotte Smith," *Morning Post* and *Daily Advertiser* (London), Dec. 14, 1789, quoted in David Hall Radcliffe, "Charlotte Smith," *Spenser and the Tradition: English Poetry 1579 - 1830*, http://spenserians.cath.vt.edu/CommentRecord.php?action=GET&cmmtid=6783.

59. Thomas James Mathias, *The Pursuits of Literature: A Satirical Poem in Four Dialogues* (London: Becket, 1798), 58.

60. Anna Seward to Miss Weston, 20 July 1786, *Letters of Anna Seward: Written Between the Years 1784 and 1807* (Edinburgh: Archibald Constable and Co., 1811), 1: 163.

61. Dorset, "Charlotte Smith," 4: 25.

62. Stuart Curran, "Charlotte Smith and British Romanticism," *South Central Review* 11, no. 2 (1994): 67, http://www.jstor.org/stable/3189989.

63. *Gentlemen's Magazine*, March 1806.

64. Curran, "Charlotte Smith and British Romanticism," 71.

65. Robert Southey, *Selections from the Letters of Robert Southey*, ed. John Wood Warter (London: Longman, 1856), 1: 184.

66. Charlotte Brontë, *Letters of Charlotte Brontë*, ed. Margaret Smith

(New York: Oxford University Press, 1995), 1: 166 – 167.

68. Sir Walter Scott, in a note to Dorset's "Charlotte Smith," 4: 37.

68. William Wordsworth, in a note to his "Stanzas Suggested in a Steamboat off Saint Bees' Heads," *Poetical Works* (London: Macmillan, 1898), 843.

69. Jane Austen, *Jane Austen's Manuscript Works*, ed. Linda Bree, Peter Sabor, and Janet Todd (Peterborough, ON: Broadview Press, 2013), 170.

## 第二章

1. *European Magazine*, March 1787.

2. William Wordsworth, *The Letters of Williams and Dorothy Wordsworth*, ed. Ernest de Selincourt (New York: Oxford University Press, 2004), 1: 66.

3. Ibid.

4. Richard Gravil, *Wordsworth and Helen Maria Williams; or, the Perils of Sensibility* (Penrith, UK: Humanities-Ebooks LLP, 2010), 15.

5. Helen Maria Williams, *Poems on Various Subjects: With Introductory Remarks on the Present State of Science and Literature in France* (London: Whittaker, 1823), poem ix. 德博拉·肯尼迪还解读道,这节诗歌反映了海伦·玛丽亚沉郁的性格特征。参见 *Helen Maria Williams*, 22n11。

6. Kennedy, *Helen Maria Williams*, 23.

7. Helen Maria Williams, *Poems in Two Volumes* (London: Cadell,

1786），preface.

8. Percival Stockdale，*The Memoirs of the Life, and Writings of Percival Stockdale; Containing Many Interesting Anecdotes of the Illustrious Men with Whom he Was Connected*（London：Longman, Hurst, Rees, and Orne, 1809），2：218.

9. Helen Maria Williams，*Edwin and Eltruda*（London：Cadell, 1782），i–iii.

10. Ibid.，2–3.

11. Ibid.，6.

12. Ibid.，31.

13. Charlotte Burney，*The Early Diary of Frances Burney 1768–1778 with a Selection from Her Correspondence, and from the Journals of Her Sisters Susan and Charlotte Burney*，ed. Annie Raine Ellis（London：George Bell and Sons, 1889），2：301–305.

14. William Hayley，*Memoirs of the Life and Writings of William Hayley, Esq*，ed. John Johnson（London：Colburn, 1823），1：294.

15. Ibid.，289–293.

16. Ibid.

17. Helen Maria Williams，*Peru*，ed. Paula R. Feldman（Peterborough, ON：Broadview, 2015），25.

18. Ibid.，49.

19. Jane Austen，*The History of England*（Chapel Hill：Algonquin, 1994），iv.

20. Ibid.，229.

21. Angela Keane, *Revolutionary Women Writers* (Horndon, Devon: Northcote, 2013), 71.

22. *The Critical Review*, 1790.

23. Andrew Kippis, *The New Annual Register... for the Year 1783* (London: Robinson, 1784), 275.

24. Anna Seward, "Sonnet to Miss Williams, on her epic poem PE-RU," *London Magazine*, Feb. 1785.

25. Elizabeth Ogilvy Benger, *The Female Geniad: A Poem* (London: Hookham and Carpenter, 1791), 20.

26. Horace Walpole, *Horace Walpole's Correspondence with the Countess of Ossory*, ed. W. S. Lewis and A. Doyle Wallace (New Haven, CT: Yale University Press, 1965), 33: 533.

27. Mark Ledden, "Perishable Goods: Feminine Virtue, Selfhood and History in the Early Writings of Helen Maria Williams," *Michigan Feminist Studies* 9 (1994 – 1995): 37.

28. Pat Rogers, "Samuel Johnson," in *Oxford Dictionary of National Biography*, Oxford University Press, 2004; online ed., May 2009, http://www.oxforddnb.com/view/article/14918.

29. James Boswell, *The Life of Samuel Johnson* (Dublin: R. Cross, et al., 1792), 3: 428 – 429.

30. *Monthly Review*, 1786.

31. Helen Maria Williams, *Poems in Two Volumes* (London: Cadell, 1786).

32. Helen Maria Williams, *Letters Written in France in the Summer 1790, to a Friend in England: Containing Various Anecdotes Rel-*

*ative to the French Revolution; and Memoirs of Mons. and Mada-me du Fossé* (London：Cadell，1790)，195. 这部作品后来成为《法国来信》(1790—1793)第一系列中的第一卷。

33. Ibid.，123，

34. Ibid.，124.

35. Ibid.，129.

36. Ibid.，135.

37. Ibid.，195.

38. Ibid.，9.

39. Ibid.

40. Ibid.，14－15.

41. Introduction，in Helen Maria Williams，*Letters Written in France*，ed. Neil Fraistat and Susan S. Lanser (Peterborough，ON：Broadview，2002)，11.

42. Ibid.，12.

43. Ibid.

44. Hannah More，*Remarks on the Speech of M. Dupont* (London：Cadell，1793)，7.

45. Samuel Romilly，*Memoirs of The Life of Sir Samuel Romilly* (London：Murray，1840)，1：356. 此番独到的见解参见德博拉·肯尼迪的《海伦·玛丽亚·威廉斯》第53页。

46. Williams，*Letters...Summer of 1790*，14.

47. Ibid.，13－14.

48. Ibid.，23.

49. Deborah Kennedy，"Responding to the French Revolution：

Williams's *Julia* and Burney's *The Wanderer*," in *Jane Austen and Mary Shelley, and their sisters*, ed. Laura Dabundo（UPA, 2000），6，quoted in Stephanie Mathilde Hilger, *Women Write Back: Strategies of Response and the Dynamics of European Literary Culture, 1790 –1805*（Amsterdam：Rodopi，2009），51.

50. *Monthly Review*，Dec. 1790.

51. Deborah Kennedy，"Spectacle of the Guillotine：Helen Maria Williams and the Reign of Terror," *Philological Quarterly* 73，no. 1 （1994），96.

52. *The Analytical Review*，Dec. 1790.

53. *The English Review; or, an Abstract of English and Foreign Literature*，Jan. 1791.

54. Edmund Burke, *Reflections of the Revolution in France, and on the Proceedings in Certain Societies in London Relative to That Event, in a Letter Intended to Have Been Sent to a Gentleman in Paris*（London：J. Dodsley，1790），49.

55. Ibid.，50.

56. Ibid.，56 – 57.

57. Ibid.，112.

58. Helen Maria Williams, *Letters from France: Containing Many New Anecdotes Relative to the French Revolution, and the Present State of French Manners*（1792），4. 这部作品后来成为《法国来信》(1790—1793)第一系列中的第二卷。

59. Williams, *Letters from France*，ed. Fraistat and Lanser，225. 这封赞扬信及海伦·玛丽亚的回应的译文参见 Lionel D. Woodward，

*Une Anglaise, amie de la révolution française, Helene-Maria Williams, et ses amis* (Paris: onoré Champion, 1930), 43 – 46。

60. Ibid.

61. Kennedy, *Helen Maria Williams*, 81.

62. Williams, *Letters...Summer of 1790*, 21.

63. Mark Ledden, "Perishable Goods," 41.

64. Helen Maria Williams, *Letters on the Events in France Since the Restoration in 1815* (London: Baldwin, Cradock and Joy, 1819), 3 – 4.

65. *Spectator*, June 1711.

66. Steven Blakemore, "Revolution and the French Disease: Laetitia Matilda Hawkins's Letter to Helen Maria Williams," *Studies in English Literature, 1500 – 1900* 36, no. 3 (1996): 676.

67. *The Gentleman's Magazine*, 1795.

68. Lewis Goldsmith, *Female Revolutionary Plutarch, Containing Biographical, Historical, and Revolutionary Sketches, Characters, and Anecdotes* (London: John Murray, 1806), 3: 404. 德博拉·肯尼迪在《断头台闹剧》("Spectacle of the Guillotine",第 101 页)中巧妙地将两者联系在一起。

69. Laetitia Matilda Hawkins, *Letters on the Female Mind, Its Powers and Pursuits. Addressed to Miss H. M. Williams, with Particular Reference to Her "Letters" from France* (London: Hookham and Carpenter, 1793), 185.

70. Ibid., 6 – 8.

71. Ibid., 33 – 34.

72. Stockdale，*Memoirs*，2：220.

73. Anna Seward，*Letters of Anna Seward: Written Between the Year 1784 and 1807*（Edinburgh：George Ramsay and Co.，1811），3：209.

74. Helen Maria Williams，*A Tour in Switzerland; or, a View of the Present State of the Governments and Manners of those Cantons: with Comparative Sketches of the Present State of Paris*（London：G. G. and J. Robinson，1798），1：ii.

75. Catherine Wilmot，*An Irish Peer on the Continent（1801－1803）: Being a Narrative of the Tour of Stephen, 2nd Earl Mount Cashell, Through France, Italy, etc., as Related by Catherine Wilmot*，ed. Thomas U. Sadleir（London：Williams and Norgate，1920），38－39.

76. Williams，*Letters...Summer of 1790*，218.

77. William Beloe，*The Sexagenarian; or The Recollections of a Literary Life*（London：Rivington，1818），1：356－358.

## 第三章

1. 衷心感谢威廉·斯塔福德，其作品《18世纪90年代的英国女权主义者及其反对者》（*English Feminists and Their Opponents in the 1790s*）对本章的研究提供了不可估量的帮助。

2. Mary Tattlewell and Joanne Hit-him-Home，*The Women's Sharp Revenge*（London：Beckett，1640）. 本文及以下三个珍贵文本的重印版参见 *Half Humankind: Contexts and Texts of the Controversy About Women in England, 1540－1640*，ed. Katherine

Usher Herderson and Barbara F. McManus (Chicago：University of Illinois Press，1985)。

3. Anonymous，*Hic Mulier; or, The Man-Woman* (London，1620).

4. John Taylor，*A Juniper Lecture, with the Description of All Sorts of Women, Good and Bad* (London：William Ley，1639).

5. Anonymous，*Haec Vir; or, The Womanish Man* (London，1620).

6. Quoted in Virginia Woolf，*A Room of One's Own* (New York：Fountain，1929)，63. 奥斯本本人是一位很有才华的书信作家，她曾与自己未来的丈夫威廉·坦普尔(William Temple)书信传情数年之久，但是奥斯本强烈反对女性著书立说——实际上，此番评论针对的是玛格丽特·卡文迪什1653年新出版的作品《诗歌和幻想》(*Poems and Fancies*)。为方便读者理解，本文改用了现代的词语和标点。

7. Richard Polwhele，*The Unsex'd Females, A Poem* (London：Cadell，1798).

8. Ibid.

9. *The British Critic*，Aug. 1793.

10. Polwhele，*Unsex'd Females*.

11. *Anti-Jacobin Review*，Aug. 1798；and *British Critic*，Nov. 1795.

12. *Monthly Review*，Aug. 1799；and *Anti-Jacobin Review*，Feb. 1800.

13. *Anti-Jacobin Review*，May 1799 and Aug. 1798.

14. Mary Robinson，*Thoughts on the Condition of Women, and on the Injustice of Mental Subordination* (London：Longman and Rees，1799)，8 - 9.

15. Mary Robinson, *Memoirs of the Late Mrs. Robinson, Written by Herself, from the Edition Edited by Her Daughter* (London: Hunt and Clarke, 1827), 12.

16. Ibid., 14.

17. Ibid., 19 – 20.

18. Ibid., 26.

19. Ibid., 30 – 31.

20. Ibid., 27.

21. Ibid., 31.

22. Ibid., 34 – 35.

23. Ibid.

24. Ibid., 45

25. Ibid.

26. Ibid., 58.

27. Ibid., 59.

28. Ibid., 61.

29. Ibid., 71.

30. *The Monthly Review*, Sept. 1775.

31. *The Critical Review*, July 1775.

32. Mary Robinson, *Selected Poems*, ed. Judith Pascoe (Peterborough: Broadview, 2000), 67.

33. Ibid., 72.

34. Robinson, *Memoirs*, 76.

35. Mary Robinson, *Captivity, A Poem and Celadon and Lydia, a Tale. Dedicated, by Permission, to Her Grace the Du chess of*

*Devonshire* (London：Beckett，1777)，3.

36. Ibid.，9 - 10.

37. Robinson，*Memoirs*，77.

38. Ibid.，83 - 84.

39. 1779 年 12 月 11 日各大出版物上的评论。

40. Robert D. Bass，*The Green Dragoon: The Lives of Banastre Tar-leton and Mary Robinson* （ Orangeburg， SC： Sandlapper，1973)，65.

41. Robinson，*Memoirs*，85.

42. *Morning Post*，May 1，1778，quoted in Bass，*Green Dragoon*，66.

43. Robinson，*Memoirs*，95 - 96.

44. Ibid.，98.

45. Paula Byrne，*Perdita: The Literary, Theatrical, Scandalous Life of Mary Robinson* (New York：Random House, 2004)，99.

46. Robinson，*Memoirs*，99.

47. Anson Papers，folder 2，Prince of Wales to Mary Hamilton，letter 74，quoted in *Byrne*，*Perdita*，101.

48. Robinson，*Memoirs*，102.

49. Ibid.，105.

50. Ibid.，112.

51. Byrne，*Perdita*，113. 两人疯狂、浓情蜜意的结合本该发生在伊尔派岛(Eel Pie Island)上的酒店里,这个浪漫的地点是玛丽和乔治第一次私会的地方,后来两人又多次前往,不过玛丽称,在酒店里他们总是被朋友们包围,所以不能偷偷溜走。参见 Byrne,

*Perdita*，113－114。

52. Ibid.，110.

53. *Morning Post*，20 and 22 July 1780.

54. Robinson，*Memoirs*，112.

55. Ibid.，111.

56. *Morning Post*，Sept. 27，1780.

57. Byrne，*Perdita*，124.

58. *Morning Post*，Oct. 7，1780.

59. Byrne，*Perdita*，124.

60. Robinson，*Memoirs*，113.

61. Byrne，*Perdita*，128.

62. Byrne，*Perdita*，217. 账簿收藏在温莎的皇家档案馆里。

63. *Rambler's Magazine*，18 March 1783，quoted in Byrne，*Perdita*，208.

64. *Morning Herald*，Jan. 9，1782.

65. Byrne，*Perdita*，190. 除了批判玛丽·安托瓦内特的失礼之外，人们还认为她显示了一种反法情绪：她身着进口平纹细布制成的礼服，是对法国本土丝绸业的否定。

66. Ibid.

67. *Morning Herald*，Jan. 18，1781.

68. Robinson，*Memoirs*，123.

69. Byrne，*Perdita*，213. Martin J. Levy，"Mary Robinson，" in *Oxford Dictionary of National Biography*，Oxford University Press，2004；online ed.，Jan. 2008，http://www.oxforddnb.com/view/article/23857. 葆拉·伯恩认为，流产最有可能是玛丽瘫痪的

原因,不过她也没有排除体温过低的可能性,尽管这是在温暖的夏季。马丁·利维(Martin Levy)将此病症描述为"突发性的瘫痪,可能是流产引起的"。

70. Byrne，*Perdita*，214.

71. Robinson，*Memoirs*，129.

72. Ibid.，123.

73. Ibid.，136.

74. *The Monthly Review*，April 1791.

75. *General Magazine*，Dec. 1790.

76. Mary Robinson，*Ainsi va le monde: A Poem*（London：Bell，1790），13 – 16.

77. Robinson，*Memoirs*，137.

78. *British Women Writers: A Critical Reference Guide*，ed. Janet Todd（New York：Continuum，1989），576. Dawn M. Vernooy-Epp，introduction to *The Works of Mary Robinson*，ed. Daniel Robinson and Dawn M. Vernooy-Epp（London：Pickering，2011），2：225.

79. Robinson，*Works*，2：256.

80. Ibid.，331.

81. Stephanie Russo，"'Where Virtue Struggles Midst a Maze of Snares'：Mary Robinson's *Vancenza*（1792）and the Gothic Novel，"*Women's Writing* 20，no. 4（2014）：586.

82. Ibid.，591.

83. Robinson，*Works*，2：305.

84. *European Magazine*，May 1792；*The Monthly Review*，March

1792；*The English Review*，1792.

85. *Analytical Review*，Feb. 1796.

86. Byrne，*Perdita*，357.

87. Samuel Taylor Coleridge，*Collected Letters of Samuel Taylor Coleridge*，ed. Earl Leslie Griggs（Oxford：Clarendon，2000），1：562 - 563.

88. Ibid.，576.

89. Robinson，*Selected Poems*，122.

90. Coleridge，*Letters*，589.

91. Robinson，*Memoirs*，150.

92. Ibid.，151.

93. Pierce Egan，*The Mistress of Royalty; or, the Loves of Florizel and Perdita*（London，1814），124 - 142，quoted in Byrne，*Perdita*，393.

94. Saul David，*Prince of Pleasure: The Prince of Wales and the Making of the Regency*（New York：Grove，1998），364. Carolly Erickson，*Our Tempestuous Day: A History of Regency England*（New York：Harper，2011），235.

95. Claire Harman，*Jane's Fame: How Jane Austen Conquered the World*（New York：Picador，2009），52.

96. Byrne，*Perdita*，396. 伯恩为支持自己的说法，援引了查尔斯·詹姆斯·福克斯给玛丽·本韦尔的一封鲜为人知的信件，信中描述了"一个奇怪的文件，证实他（乔治）对鲁滨逊夫人情有独钟"，参见 Walter Sichel，*Sheridan*（New York：Houghton Mifflin，1909），2：52。

97. *Ladies Magazine*，July 1787.

98. *Ladies Magazine*，April - Dec. 1783. 感谢葆拉·伯恩发现玛丽·鲁滨逊对时尚界的影响。

99. Robinson，*Memoirs*，97.

100. Levy，*Oxford Dictionary of National Biography*，"Mary Robinson."

**第四章**

1. Harriet Martineau，*Autobiography*，ed. Maria Weston Chapman (Boston：Houghton，Mifflin and Co.，19TK)，23.

2. Anne Thackeray Ritchie，*Chapters from Some Memoirs* (London：Macmillan，1894)，62.

3. Ibid.，60.

4. Ibid.

5. Charles and Frances Brookfield，*Mrs. Brookfield and Her Circle* (New York：Scribner，1905)，2：305.

6. Thackeray Ritchie，*Memoirs*，63.

7. Ibid.，61.

8. Ibid.，64.

9. G. H. Lewes (aka "Vivian")，"Flight of the Authoresses," *Leader*，June 15，1850.

10. Ibid.

11. Ibid.

12. G. H. Lewes (aka "Vivian")，"A Gentle Hint to Writing-Women," *Leader*，May 18，1850. 尽管此处刘易斯使用了赞美之

词，但他始终不支持女性从事创作："她们正在破坏我们的职业。无论在何地，只要我们拿起灵巧的笔，就会发现女性已经占领了我们的地盘……如果不阻止这样的较量，我还能做什么——我的同行还能做什么？"不过，刘易斯反对女性从事创作极有可能只是出于职业上的考虑，因为后来他和乔治·艾略特维持了长达二十四年的浪漫关系。

13. 感谢肯特大学向我开放杰弗里·拉肯的凯瑟琳·克罗资料合集［以下简称"拉肯资料"（"Larken Papers"）］。这些资料是 1970 年至 1990 年间，拉肯在进行传记研究时收集到的。在本章中，我利用这些资料，才得以将关于凯瑟琳·克罗的碎片式记录拼凑成她完整的一生。

14. Rees Howell Gronow，*Reminiscences of Captain Gronow, Formerly of the Grenadier Guards, and M.P. for Stafford: Being Anecdotes of the Camp, the Court, and the Clubs, at the Close of the War with France* (London：Smith, Elder and Co., 1862)，75.

15. Larken Papers. 拉肯认为，约翰·克罗是一名功勋卓越的老兵，1825 年突如其来的退役一定让这位正直、敬业的军人陷入极大的恐慌。

16. A. B. Granville，*The Spas of England and Principle Sea-Bathing Places* (London：Colburn, 1841)，359.

17. Lord Macaulay to his father, Zachary Macaulay, July 21, 1826, in *The Life and Letters of Lord Macaulay*, ed. George Otto Trevelyan (London：Longmans, Green, and Co., 1881)，103.

18. Larken Papers.

19. Ibid.

20. Lucy Sussex，"The Detective Maidservant：Catherine Crowe's *Su-san Hopley*，" in *Silent Voices: Forgotten Novels by Victorian Women Writers*， ed. Brenda Ayres （Westport：Praeger， 2003），60.

21. Catherine Crowe，*Aristodemus: A Tragedy* （Edinburgh：Tait， 1838），25－26.

22. Kenneth Silverman，*Edgar A. Poe: A Mournful and Never-Ending Remembrance* （New York：Harper，1992），171.

23. Sussex，"Detective Maidservant，" 57.

24. *Examiner*，Feb. 28，1841.

25. Catherine Crowe，*Susan Hopley; or, the Adventures of a Maid-Servant* （Edinburgh：Tait，1842），1. 小说的这个版本及以后印刷的版本标题有改动，1841 年由伦敦桑德斯和奥特利出版公司（Saunders and Otley）发行的原版标题为《苏珊·霍普利；又名旁证》（*Susan Hopely; or, Circumstantial Evidence*）。

26. Ibid.

27. Ibid.，22.

28. Ibid.，24.

29. Ibid.，30.

30. Ibid.，279.

31. Sussex，"Detective Maidservant，" 62.

32. *Examiner*，Feb. 28，1841.

33. *Athenaeum*，Jan. 1841.

34. Elizabeth Gaskell to Catherine Winkworth，Nov. 2，1848. *Letters of Mrs. Gaskell*，ed. J. A. V. Chapple and Arthur Pollard （Man-

chester：Mandolin，1997），60；*Letters and Memorials of Catherine Winkworth*（Clifton，UK：E. *Austin and Son*，1883），1：160.

35. Sydney Smith to Mrs. Crowe，Jan. 31，1841，in Saba Smith Holland，*A Memoir of the Reverend Sydney Smith, by His Daughter Lady Holland, with a Selection from His Letters*（London：Longman，et al.，1855），1：442.

36. *Cumberland's Minor Theatre*，8，quoted in Sussex，"Detective Maidservant，" 63.

37. Kevin Hillstrom and Laurie Collier Hillstrom，*The Industrial Revolution in America: Steam Shipping*（Santa Barbara，CA：ABC-CLIO，2005），7.

38. P. Quin Keegan，"Mrs. Crowe's and Mrs. Gaskell's Novels，" *Victoria Magazine* 33，1879.

39. Alexander Ireland，introduction to Robert Chambers，*Vestiges of the Natural History of Creation*（London：W and R Chambers，1884），xx.

40. Ibid.，xx‐xxi. 艾尔兰没有直接点名克罗夫人，但后来詹姆斯·西科德(James Secord)在为《维多利亚时代的惊悚小说:〈自然创造史的遗迹〉非凡的出版、反响及神秘的作者》(*Victorian Sensation: The Extraordinary Publication, Reception, and Secret Authorship of Vestiges of the Natural History of Creation*，Chicago：University of Chicago Press，2000）一书收集资料时,确认了这一点。参见Sussex，"Detective Maidservant"。

41. Arthur Conan Doyle，*The History of Spiritualism*（London：Cas-

sell and Co., 1926), 1：59.

42. Ibid.

43. Catherine Crowe，*The Night-Side of Nature: Or, Ghosts and Ghost Seers* (London：Newby，1848). 本书的引用选自科茨公司 (Coates and Co)1901 年于费城发行的版本。

44. Aug. 17，1847，in Elias Bredsdorff，*Hans Christian Andersen: The Story of His Life and Work, 1805 -75* (New York：Scribner，1975)，194.

45. Robert F. Geary，"The Corpse in the Dung Cart：*The Night-Side of Nature* and the Victorian Supernatural Tale，" in *Functions of the Fantastic: Selected Essays from the Thirteenth International Conference on the Fantastic in the Arts*，ed. Joe Sanders (Westport，CT：Greenwood，1995)，50.

46. Crowe，*Night-Side of Nature*，9.

47. Ibid.，46.

48. Ibid.，47.

49. Ibid. 此处莎士比亚"口口相传的名言"出自《哈姆雷特》。

50. *New Monthly Magazine*，Dec. 1852.

51. Geary，"Corpse in the Dung Cart，" 51.

52. Bram Stoker，*Dracula* (New York：Bantam，1981)，339.

53. Charles Dickens to W. H. Wills，Feb. 28，1850，*Letters of Charles Dickens*，ed. M. House，G. Storey，and K. Tillotson (Oxford：Clarendon，1988)，6：50. 感谢基尔大学的德博拉·温（Deborah Wynne)对狄更斯及凯瑟琳·克罗两人关系的独到解读，参见 "Dickens's Changing Responses to Hereditary Insanity in

*Household Words and All the Year Round*," *Notes and Queries* 46, no. 1 (March 1999)。

54. Larken Papers.

55. Catherine Crowe to James Thomas Fields, Jan. 30, 1854, on file with Special Collections at the University of Kent, Canterbury.

56. Robert Chambers to Alexander Ireland, March 4, 1854, on file with the National Library of Scotland.

57. Francis Ann Kemble, *Records of Later Life* (New York: Holt, 1883), 233.

58. Charles Dickens to Rev. James White, March 7, 1854, Dickens, *Letters*, 7: 285 – 286.

59. Larken Papers.

60. "Hysteria," *Encyclopedia of Gender and Society*, ed. Jodi O'Brien (Thousand Oaks, CA: SAGE, 2009), 2: 448.

61. Sussex, "Detective Maidservant," 64.

62. Charles Dickens to Emile de la Rue, March 9, 1854, Dickens, *Letters*, 7: 288.

63. *Examiner*, Feb. 1848.

64. Charles Dickens to Emile de la Rue, March 9, 1854, Dickens, *Letters*, 7: 288.

65. Diana Basham, *The Trial of Woman: Feminism and the Occult Sciences in Victorian Literature and Society* (London: Macmillan, 1992), 154.

66. W. M. Thackeray to John Brown, Dec. 31, 1854, *Letters of Dr. John Brown*, ed. D. W. Forrest (London: Black,

1907)，323.

67. Gaskell，*Letters*，778 – 779.

68. *Examiner*，Feb. 28，1841.

69. Joanne Wilkes，"Catherine Crowe，" in *Oxford Dictionary of National Biography*，Oxford University Press，2004；online ed.，May 2008，http：//www.oxforddnb.com/view/article/6822.

70. Adeline Sergeant et al.，*Women Novelists of Queen Victoria's Reign: A Book of Appreciations* (London：Hurst and Blackett，1897)，156 – 160.


## 第五章

1. Mrs. Coleridge to her sister-in law Mrs. George Coleridge，July 1800，on file with the Harry Ransom Humanities Research Center at the University of Texas，Austin (hereafter "Harry Ransom Center").

2. *Collected Letters of Samuel Taylor Coleridge*，ed. E. L. Griggs (Oxford：Clarendon，1971)，quoted in Kathleen Jones，*A Passionate Sisterhood: Women of the Wordsworth* Circle ( New York：St. Martin's，2000)，103. 塞缪尔·泰勒·柯勒律治信件的在线资源，请访问 http：//inamidst.com/coleridge/letters/。

3. Bradford Keyes Mudge，*Sara Coleridge, A Victorian Daughter: Her Life and Essays* (New Haven，CT：Yale University Press，1989)，14.

4. Sara Coleridge，*Memoir and Letters of Sara Coleridge*，ed. Edith Coleridge (New York：Harper，1874)，35. 此书有多个版本，包括

1873 年和 1874 年的两个版本（分别由伦敦的金出版公司和纽约的哈珀出版公司发行），第三个版本是删节版，于 1875 年面世。因为第三个版本的《回忆录和书信》最方便获取（感谢互联网档案馆慷慨的工作人员），在本书中，除非特别说明，大多数引用均选自此版本。此处萨拉引用了父亲 1803 年 10 月给家族世交托马斯·普尔（Thomas Poole）的一封信，参见 Griggs，*Collected Letters*，2：1014。

5. Dennis Low，*Literary Protégées of the Lake Poets*（Burlington，VT：Ashgate，2006），103.

6. Samuel Taylor Coleridge，*Collected Letters*，3：902，quoted in Mudge，*Sara Coleridge*，19.

7. Sara Coleridge，*Memoir and Letters*，2.

8. Ibid.，25.

9. Robert Southey to John Prior Estlin，March 17，1815，*New Letters of Robert Southey*，ed. Kenneth Curran（New York：Columbia University Press，1965），2：119. 获取罗伯特·骚塞信件的在线资源，请访问 http://www.rc.umd.edu/editions/southey_letters。

10. Sara Coleridge，*Memoir and Letters*，18. 萨拉也在书中提到了自己大胆的童年——她"总是喜欢走陡峭的山路，爬树的时候也比我的伙伴们勇敢得多"。

11. Jones，*Passionate Sisterhood*，171.

12. Ibid.

13. Claire Harman，*Jane's Fame: How Jane Austen Conquered the World*（New York：Picador，2009），50 – 51.

14. Charles Lamb to Robert Southey，Aug. 10，1825，*The Works of*

*Charles and Mary Lamb*，ed. Edward Verrall Lucas（London，
Methuen and Co.，1905），7：692.

15. Charles Lamb to Bernard Barton，Feb. 17，1823，*The Works of
Charles and Mary Lamb*，599.

16. "Dobrizhoffer," *Specimens of the Table Talk of the Late Samuel
Taylor Coleridge*，ed. Henry Nelson Coleridge（London：John
Murray，1835），2：81. 本文写于 1832 年 8 月 4 日，距离《阿比坡
尼族的历史》出版已有十年零七个月之久。

17. Sally Mitchell，*The Fallen Angel: Chastity, Class and Women's
Reading, 1835 - 1880*（Bowling Green，OH：Bowling Green Uni-
versity Press，1981），xii. Mitchell is quoting Cecil Willett Cun-
nington，*Feminine Attitudes in the Nineteenth Century*（New
York：Haskell，1973），214.

18. Mrs. Coleridge to Thomas Poole，in Stephen Potter，ed.，*Minnow
Among Tritons: Mrs. S. T. Coleridge's Letters to Thomas Poole*
（Bloomsbury：Nonesuch Press，1934），111，quoted in
Mudge，*Sara Coleridge*，34.

19. Robert Southey，*New Letters*，2：280，quoted in Mudge，*Sara
Coleridge*，38.

20. Sara Coleridge to Elizabeth Crumpe，Feb. 2，1828，on file with the
Wordsworth Trust at Dove Cottage. 朗德尔夫人的《居家烹饪新
法》在 19 世纪上半叶大获成功，约翰·默里用这本书的收入买下
了其在伦敦的梅费尔住宅。丹尼斯·洛（Dennis Low）指出，这本
书是默里的第二大畅销书，仅次于拜伦的《恰尔德·哈罗尔德游
记》（*Childe Harolde's Pilgrimage*）。参见 *Literary Protégées of*

*the Lake Poets*，118。

21. Sara Coleridge to Derwent Coleridge，June 6，1825，Harry Ransom Center.

22. Sara Coleridge to Elizabeth Crumpe，Feb. 2，1828，Wordsworth Trust，Dove Cottage，Ambleside，Cumbria，UK.

23. Sara Coleridge，*Memoir and Letters*（1874），58，quoted in Mudge，*Sara Coleridge*，53.

24. Robert Southey to John Rickman，April 24，1807，*New Letters*，1：451.

25. Sara Coleridge to Derwent Coleridge，Nov. 5，1825，Harry Ransom Center. 亨里埃塔・博伊尔・奥尼尔的这首诗最早发表于夏洛特・特纳・史密斯的《德斯蒙德》上，题为《罂粟颂》（"Ode to the Poppy"）。史密斯和奥尼尔是密友，次年即1793年，奥尼尔去世，史密斯悲痛不已。她在《哀挽十四行诗》第二卷中悼念逝去的挚友，叙述了早前的经历："致尊敬的奥尼尔夫人，献上手绘之花。"

26. Mudge，*Sara Coleridge*，37.

27. Alethea Hayter，*Opium and the Romantic Imagination*（Berkeley：University of California Press，1968），31.

28. Mudge，*Sara Coleridge*，57 - 58.

29. Sara Coleridge to Emily Trevenen，Dec. 1830，quoted in Mudge，*Sara Coleridge*，55.

30. Ibid.，58.

31. Sara Coleridge to Henry Nelson Coleridge，Feb. 9，1827，Harry Ransom Center.

32. Quoted in Earl Leslie Griggs，*Coleridge Fille*（Oxford：Oxford U-

niversity Press, 1940), 66.

33. Mrs. Coleridge to Thomas Poole, July 1829, in Potter, ed., *Minnow Among Tritons*, 147, quoted in Mudge, *Sara Coleridge*, 54.

34. Potter, ed., *Minnow Among Tritons*, 170, quoted in Mudge, *Sara Coleridge*, 56.

35. Sara Coleridge to Emily Trevenen, Aug. 3, 1834, Harry Ransom Center.

36. Sara Coleridge to Henry Coleridge, Oct. 1833, Sara Coleridge, *Memoir and Letters*, 74.

37. Sara Coleridge, *Pretty Lessons in Verse for Good Children; with Some Lessons in Latin in Easy Rhyme* (London: Parker and Son, 1834), 43.

38. Ibid., 42.

39. Ibid., 99.

40. Sara Coleridge, "The Melancholy Prince," *Sara Coleridge: Collected Poems*, ed. Peter Swaab (Manchester: Carcanet, 2007), 183.

41. Sara Coleridge to Thomas Poole, Sept. 5, 1834, Mrs. Henry Sanford, *Thomas Poole and His Friends* (London: Macmillan, 1888), 297.

42. Sara Coleridge to Henry Nelson Coleridge, Sept. 30, 1834, Harry Ransom Center.

43. Quoted in Griggs, *Coleridge Fille*, 107.

44. Sara Coleridge, diary entry, Oct. 28, 1848, Harry Ransom Center.

45. Mudge，*Sara Coleridge*，88.

46. Sara Coleridge to Henry Nelson Coleridge，Oct. 16，1836，Harry Ransom Center.

47. Mudge，*Sara Coleridge*，90.

48. Sara Coleridge to Henry Nelson Coleridge，Oct. 17，Nov. 10，and Nov. 6，respectively，1836，Harry Ransom Center.

49. Sara Coleridge，diary entry，1836，Harry Ransom Center. "奇幻故事"（wondertale）一词起源参见 Vladimir Propp，*Theory and History of Folklore*（Minneapolis：University of Minnesota Press，1984），quoted in Mudge，*Sara Coleridge*，95。

50. Lord John Coleridge，preface to Sara Coleridge，*Phantasmion*（Boston：Roberts Brothers，1874），iii.

51. *Quarterly Review*，Sept. 1840.

52. Sara Coleridge，*Memoir and Letters*，82.

53. D. L. Ashliman，*Greenwood Encyclopedia*，331－332. 阿什里曼参考了托尔金的文章《论童话》（"On Fairy Stories"），托尔金在其中试图区分刚刚诞生的奇幻文学体裁与其他体裁。

54. Sara Coleridge，*Phantasmion*，347－348.

55. Ibid.，295.

56. Ibid.，37.

57. Matthew David Surridge，"Worlds Within Worlds：The First Heroic Fantasy，Part Ⅳ，" *Black Gate: Adventures in Fantasy Literature*，2010，http://www.blackgate.com/2010/09/19/worldswithin-worlds-the-first-heroic-fantasy-part-iv/.

58. Sara Coleridge，*Phantasmion*，25.

59. Sara Coleridge to Derwent Coleridge, Aug. 16, 1837, quoted in Mudge, *Sara Coleridge*, 96.

60. Sara Coleridge, *Memoir and Letters*, 82.

61. Henry Crabb Robinson, *Henry Crabb Robinson on Books and Their Writers* (London: J. M. Dent, 1938), 2: 538.

62. Jeffrey W. Barbeau, *Sara Coleridge: Her Life and Thought* (New York: Palgrave, 2014), 67 – 68.

63. *Boston Quarterly Review*, Jan. 1840.

64. Mudge, *Sara Coleridge*, 93.

65. Bradford K. Mudge, "Sara Coleridge," in *Oxford Dictionary of National Biography*, Oxford University Press, 2004; online ed., Oct. 2007, http://www.oxforddnb.com/view/article/5889.

66. Sara Coleridge to Mrs. Joshua Stanger, Aug. 10, 1840, Sara Coleridge, *Memoir and Letters*, 117.

67. Mudge, *Sara Coleridge*, 107.

68. Sara Coleridge to Mrs. Gillman, Feb. 1843, Sara Coleridge, *Memoir and Letters*, 131.

69. Sara Coleridge to Mrs. Henry Jones, Oct. 13, 1843, Coleridge, *Memoir and Letters*, 146.

70. Mudge, "Sara Coleridge," in *Oxford Dictionary of National Biography*.

71. Virginia Woolf, "Sara Coleridge," in *The Death of the Moth* (London: Hogarth, 1942), 98 – 103.

## 第六章

1. Mary Heber, *Dear Miss Heber: An Eighteenth Century Correspondence*, ed. Francis Bamford (London: Constable, 1936), 120.

2. Lawrence Stone, *The Family, Sex, and Marriage in England 1500 – 1800* (London: Harper and Row, 1977), 380; Hazel Jones, *Jane Austen and Marriage* (New York: Continuum, 2009), 179.

3. Mary Poovey, *Uneven Developments: The Ideological Work of Gender in Mid-Victorian England* (Chicago: Chicago University Press, 1988), 4; and Elizabeth K. Helsinger, Robin Lauterbach Sheets, and William Veeder, *The Woman Question: Society and Literature in Britain and America, 1837 – 1883* (New York: Garland, 1983), 2: 135.

4. William Rathbone Greg, *Why Are Women Redundant?* (London: N. Trübner and Co., 1869), 5.

5. Stone, *Family, Sex, and Marriage*, 381. 若要了解英国移民及其背后多样的个人原因,参见 C. E. Snow, "Emigration from Great Britain," in *International Migrations: Interpretations*, ed. Walter F. Wilcox (Washington, DC: National Bureau of Economic Research, 1931), 237 – 260, http://www.nber.org/chapters/c5111.pdf。

6. Judith Flanders, *Inside the Victorian Home: A Portrait of Domestic Life in Victorian England* (New York: W. W. Norton, 2004), 285.

7. Ibid., 5 – 6.

8. Robert Kemp Philp, *The Practical Housewife, Forming a*

*Complete Encyclopaedia of Domestic Economy* (London: Ward and Lock, 1855), 2, quoted in Flanders, *Victorian Home*, 18.

9. Elaine Showalter, "Dinah Mulock Craik and the Tactics of Sentiment: A Case Study in Victorian Female Authorship," *Feminist Studies* 2, no. 2/3 (1975): 12.

10. John Stuart Mill, "Early Essays on Marriage and Divorce," in *Essays on Sex Equality*, ed. Alice Rossi (Chicago: Chicago University Press, 1970), 72. 穆勒是早期争取性别平等斗争的中坚力量。他在《女性的从属地位》(*The Subjection of Women*)中主张女性应拥有个人权利,并呼吁公众改变对婚姻在女性生活中所发挥作用的看法。(在他看来,丈夫本质上与奴隶主无异。)

11. *The Lady's Monthly Museum*, 1798, quoted in Stone, *Family, Sex, and Marriage*, 381.

12. Samuel Butler, *The Way of All Flesh* (New York: E. P. Dutton and Co., 1917), 49.

13. *Good Words*, 1861.

14. Anne Judith Penny, *The Afternoon of Unmarried Life* (New York: Rudd and Carleton, 1859), 340 – 341.

15. Janet C. Myers, "Performing the Voyage Out: Victorian Female Emigration and the Class Dynamics of Displacement," *Victorian Literature and Culture* 29, no. 1 (2001): 129 – 146.

16. Miss Weeton, *Journal of a Governess 1811 – 1825*, ed. Edward Hall (1939), 1: 178, quoted in Stone, *Family, Sex, and Marriage*, 386.

17. Jane Austen, *Pride and Prejudice* (London: T. Egerton, 1813).

18. Greg, *Why Are Women Redundant?*, 6.

19. Dinah Mulock Craik, *A Woman's Thoughts About Women* (London: Hurst and Blackett), 34.

20. Ibid., 267.

21. Ibid., 236.

22. Ibid., 344 – 345.

23. Penny, *Afternoon of Unmarried Life*, xii.

24. Dinah Mulock Craik, "Going Out to Play," *Chambers Edinburgh Journal*, March 6, 1858.

25. Dinah Mulock Craik, "Want Something to Read," *Chambers Edinburgh Journal*, May 8, 1858.

26. Sally Mitchell, *Dinah Mulock Craik* (Boston: Twayne, 1983), 4.

27. Dinah Mulock Craik to Rebecca Hallam, 1843, in Aleyn Lyell Reade, *The Mellards and Their Descendants, Including the Bibbys of Liverpool, with Memoirs of Dinah Maria Mulock and Thomas Mellard Reade* (London: Reade, 1915), 66.

28. Dinah Mulock Craik to Rebecca Hellam, 1841, in Reade, *The Mellards and Their Descendants*, 61.

29. Reade, *The Mellards and Their Descendants*, 70.

30. Craik, *A Woman's Thoughts*, 50.

31. Mitchell, *Dinah Mulock Craik*, 8. 黛娜姓名的首字母"D. M. M."包括其中间名玛丽亚(Maria)。

32. Ibid., 9.

33. 萨莉·米切尔在1983年出版的《黛娜·马洛克·克雷克》中得出结论,黛娜有意识地为不同杂志撰写了不同风格的故事,在此感谢萨莉的绝妙发现。

34. Mitchell，*Dinah Mulock Craik*，21.

35. Ibid.，21－23.

36. Reade，*Mellards*，59.

37. Margaret Oliphant，*Autobiography and Letters of Mrs. M. O. W. Oliphant*，ed. Mrs. Harry Coghill（New York：Dodd，Meade，and Co.，1899），38.

38. *Memorials of Two Sisters: Susanna and Catherine Winkworth*，ed. Margaret J. Shaen（London：Longmans，Green，and Co.，1908），64. 据凯瑟琳・温克沃思的记录,伊丽莎白・盖斯凯尔曾与黛娜和弗朗西斯在伦敦有过来往。女工学院成立于 1864 年,是工人学院(the Working Men's College)的姊妹机构,1966 年两校合并。

39. Mrs. E. M. Ward，*Memories of Ninety Years*（New York：H. Holt and Company，1925），107. 黛娜喜欢和其他职业女性交往。她总是把每年 60 英镑的皇室服务人员年金赠送给困苦的女性,在人生后期,她还以写游记为由,同需要休假的女性出游。但值得一提的是,黛娜反对有组织的女权运动,包括争取普选权的运动,提倡增强女性的个人能力和内在力量。参见 Mitchell，*Dinah Mulock Craik* 以及 Showalter，"Dinah Mulock Craik and the Tactics of Sentiment"。

40. Mitchell，*Dinah Mulock Craik*，22.

41. Ibid.，28.

42. Dinah Mulock Craik，*Olive*（Leipzig：Bernhard Tauchnitz，1866），11.《奥丽芙》第一版由爱德华・查普曼于 1850 年出版发行。

43. Ibid., 118.

44. 参见 Emily Brontë, *Wuthering Heights* (London: Newby, 1847); George Eliot, *The Mill on the Floss* (London: Blackwood, 1860) 以及 Charlotte Brontë, *Jane Eyre* (London: Smith, Elder, and Co., 1847)。

45. Craik, *Olive*, 303.

46. Mitchell, *Dinah Mulock Craik*, 30‑31.

47. *Colburn's New Monthly Magazine*, 1852.

48. Dinah Mulock Craik to Frederic Chapman, Jan. 23, no year, on file with the Morgan Library, New York, quoted in Bourrier, "Rereading Dinah Mulock Craik," 289.

49. Bourrier, "Rereading Dinah Mulock Craik," 289.

50. Dinah Mulock Craik to Frederic Chapman, n.d., on file with the Morris L. Parrish collection at Princeton University, quoted in Elaine Showalter, *A Literature of Their Own: British Women Novelists from Brontë to Lessing* (Princeton, NJ: Princeton University Press, 1977), 50.

51. Dinah Mulock Craik to Alexander Macmillan, June 26, 1856, on file with the Berg Collection at the New York Public Library.

52. Mitchell, *Dinah Mulock Craik*, 8.

53. *At Home: A Short History of Private Life* (New York: Anchor, 2010), 9.

54. Jeffrey A. Auerbach, *The Great Exhibition of 1851: A Nation on Display* (New Haven, CT: Yale University Press, 1999), 2.

55. Dinah Mulock Craik, *John Halifax, Gentleman* (Leipzig:

Bernhard Tauchnitz，1857），3. 此书第一版由赫斯特与布莱克特出版公司于 1856 年发行。

56. Ibid.，5.

57. Ibid.，26.

58. Mitchell，*Dinah Mulock Craik*，51.

59. Ibid.

60. "Mrs. Craik，" *Academy*，Oct. 1887.

61. *Athenaeum*，April 26，1856.

62. Henry James，*Notes and Reviews*（Cambridge，UK：Dunster，1921），167 – 168.

63. Margaret Oliphant，*Autobiography*，85.

64. Margaret Oliphant，*Macmillan's Magazine*，Dec. 1887.

65. Reade，*Mellards*，84.

66. Ibid.，84 – 85.

67. Mitchell，*Dinah Mulock Craik*，9.

68. Ibid.，14.

69. Dinah Mulock Craik to Ben Mulock，Sept. 20（no year），Mulock Family Papers，UCLA.

70. Reade，*Mellards*，87.

71. Ibid.，88.

72. Dinah Mulock Craik to Miss Rawkin，n.d.，on file with the Morris L. Parrish collection at Princeton University，quoted in Showalter，"Dinah Mulock Craik and the Tactics of Sentiment，" 19.

73. Craik，*Woman's Thoughts*，63.

74. Mitchell，*Dinah Mulock Craik*，16.

75. Dinah Mulock Craik to her cousin Thomas Mellard Reade, Dec. 29, 1868, quoted in Reade, *Mellards*, 92.

76. *Life and Letters of J. H. Shorthouse*, ed. Mrs. Shorthouse (London: Macmillan, 1905), 118 - 119.

77. Craik, *Woman's Thoughts*, 63.

78. Dinah Mulock Craik to Mrs. Jolly, Jan. 24, 1869, quoted in Reade, *Mellards*, 93.

79. Ibid.

80. Dinah Mulock Craik, "Young Mrs. Jardine," *Good Words*, 1879.

81. Dinah Mulock Craik, "To Novelists—and a Novelist," *Macmillan's Magazine*, 1861.

## 第七章

1. *British Quarterly Review*, 1869, quoted in Elaine Showalter, *A Literature of Their Own* (Princeton, NJ: Princeton University Press, 1977), 153.

2. George Eliot, *Daniel Deronda* (Boston: Little, Brown, and Co., 1900), 1: 134.

3. Unnamed fashion magazine cited in Cecil Willett Cunnington, *A Perfect Lady* (London: Parrish, 1948), 42, quoted in Judith Flanders, *Inside the Victorian Home* (New York: W. W. Norton, 2003), 309.

4. Sarah Stickney Ellis, *The Daughters of England: Their Position in Society, Character, and Responsibilities* (London: Fisher, Son, and Co., 1845), 133.

5. Margaret Oliphant, "Novels," *Blackwoods*, 1867.

6. "Recent Novels: Their Moral and Religious Teaching," *London Quarterly*, 1866.

7. Alvar Ellegård, "The Readership of the Periodical Press in Mid-Victorian Britain," *Victorian Periodicals Newsletter* 13 (1971): 18.

8. Arthur Austin, "Art and Democracy," *Cornhill*, 1879.

9. Henry Mansel, "Sensation Novels," *The Quarterly Review*, 1863. 曼塞尔的评论符合老牌杂志之一《季刊评论》的立场,该杂志售价较高(六先令),年均发行量约为八千份,不过与新兴的一便士或半便士廉价报纸相比,其发行量不值一提。参见 Ellegård, "Readership of the Periodical Press," 13。

10. Showalter, *A Literature of Their Own*, 155.

11. Ibid., 158.

12. Mary Elizabeth Braddon, *The Doctor's Wife* (London: Maxwell, 1864), 3: 49.

13. "Homicidal Heroines," *Saturday Review*, April 7, 1866.

14. "Recent Novels," *London Quarterly*, 1866.

15. George Black, *The Young Wife's Advice Book: A Guide for Mothers on Health and Self-Management* (London: Ward, Lock and Co., 1888), 5, quoted in Showalter, *A Literature of Their Own*, 160.

16. Showalter, *A Literature of Their Own*, 160.

17. Francis Paget, *Lucretia; or, the Heroine of the Nineteenth Century* (London: Masters, 1868), 304 – 305.

18. Jennifer Carnell, *The Literary Lives of Mary Elizabeth Braddon: A Study of Her Life and Work* (Hastings: Sensation Press,

2000），7.

19. Mary Elizabeth Braddon，"Before the Knowledge of Evil"（c. 1914），171，unpublished autobiographical manuscript included in the Robert Lee Wolff Collection，Harry Ransom Center，quoted in Carnell，*Literary Lives*，88.

20. Mary Elizabeth Braddon，"My First Novel，" *Idler*，1893.

21. Ibid.

22. 19 世纪 40 年代，范妮·布雷登曾为《本特利氏杂志》撰稿，在与丈夫分居前，还为他在《运动杂志》（*Sporting Magazine*）的专栏代笔。参见 Carnell，*Literary Lives*，89 - 90。

23. Valerie Pedlar，"Behind the Scenes，Before the Gaze：Mary Braddon's Theatrical World，" in *Popular Victorian Women Writers*，ed. Kay Boardman and Shirley Jones（Manchester：Manchester University Press，2004），189. 若要了解玛丽·布雷登演员生涯出演角色的更多记录，参见 Carnell，*Literary Lives*。

24. *Cumberland's Minor Theatre*，7，quoted in Lucy Sussex，"The Detective Maidservant：Catherine Crowe's *Susan Hopley*，" in *Silent Voices：Forgotten Novels by Victorian Women Writers*，ed. Brenda Ayres（Westport，CT：Praeger，2003），63.

25. Mary Elizabeth Braddon to George Augustus Sala，1861，quoted in Robert Lee Wolff，*Sensational Victorian：The Life and Fiction of Mary Elizabeth Braddon*（New York：Garland，1979）and in Sussex，"Detective Maidservant，" 63.

26. Richard Foulkes，*The Calverts：Actors of Some Importance*（London：Society for Theatrical Research，1992），8，quoted in Pedlar，

"Behind the Scenes, Before the Gaze."

27. Carnell, *Literary Lives*, 71.

28. Ibid., 143.

29. Emily Brontë, *Wuthering Heights* (London: Newby, 1847).

30. Sally Mitchell, *The Fallen Angel: Chastity, Class and Women's Reading, 1835 - 1880* (Bowling Green, OH: Bowling Green University Press, 1981), 92.

31. Mary Elizabeth Braddon, "Captain Thomas," in *Ralph the Bailiff and Other Tales* (London: Ward, Lock and Tyler, 1862), 63. 首刊于 1860 年 9 月 1 日的《迎宾》上。

32. Ibid., 56.

33. Mary Elizabeth Braddon, "My Daughters," in *Ralph the Bailiff*, 83. 首刊于 1860 年 10 月 20 日的《迎宾》。

34. Saverio Tomaiuolo, *In Lady Audley's Shadow: Mary Elizabeth Braddon and Victorian Literary Genres* (Edinburgh: Edinburgh University Press, 2010), 11.

35. Carnell, *Literary Lives*, 143 - 144.

36. *Athenaeum*, July 13, 1861.

37. Joseph Hatton, "Miss Braddon at Home: A Sketch and an Interview," *London Society Magazine*, Jan. 1888, quoted in Carnell, *Literary Lives*, 143 - 144.

38. Mitchell, *Fallen Angel*, 82.

39. J. B. Buckstone to Mary Elizabeth Braddon, March 12, 1866, quoted in Carnell, *Literary Lives*, 144.

40. *Court Journal*, July 5, 1862, quoted in Carnell, *Literary*

Lives，146.

41. Mary Elizabeth Braddon，*Lady Audley's Secret*（Oxford：Oxford University Press，2009），5.

42. Showalter，*A Literature of Their Own*，165.

43. Braddon，*Lady Audley*，6.

44. Ibid.

45. Ibid.，11.

46. Ibid.，102.

47. Ibid.，206 - 207.

48. Showalter，*A Literature of Their Own*，167. 肖沃尔特认为，布雷登以模棱两可的方式展现了奥德利夫人的精神状态，引发读者思考这种"疯狂"是不是真的，进而激发他们对这位冷血又强大的女杀手的倾慕之情，达到颠覆性的效果。

49. Braddon，*Lady Audley*，377.

50. Christian Remembrancer，n.d.，quoted in Showalter *A Literature of Their Own*，and in Walter C. Phillips，*Dickens, Reade, and Collins: Sensation Novelists*（New York：Columbia University Press，1919），26.

51. *The Reader*，Jan. 3，1863.

52. Clive Holland，"Fifty Years of Novel Writing：Miss Braddon at Home." *Pall Mall*，Nov. 1911，quoted in Carnell，*Literary Lives*，144. 卡内尔还确定，在这个时期，玛丽·布雷登的另一部作品《白色幽灵》也在酝酿阶段，次年发表于马克斯韦尔的《半便士杂志》（*Halfpenny Journal*）。

53. *Athenaeum*，May 28，1864. 此番批评矛头直指马克斯韦尔，因为他常常虚报出版物首印的销量,以此制造作品大获成功的表象。在《雅典娜神庙》杂志的批评家看来,他的做法似乎不够专业,不过报纸杂志若想持续经营,总是需要迎合公众的口味,《雅典娜神庙》也不例外:1866 年,《雅典娜神庙》杂志开辟整版为玛丽·布雷登的小说做广告。珍妮弗·卡内尔指出,玛丽·布雷登是唯一以这种方式宣传作品的作家。参见 Carnell, *Literary Lives*, 149。

54. W. Fraser Rae, "Sensation Novelists: Miss Braddon," *North British Review*, 1865.

55. Ibid.

56. Paget, *Lucretia*, 304 – 305.

57. Mary Elizabeth Braddon, *Aurora Floyd* (New York: Harper, 1863), 10.

58. Mitchell, *Fallen Angel*, 74 – 75. "除了为小说故事提供新题材外,"米切尔进一步解释道,"女性骑马的形象清晰地表明了对新生社会现象的保守式反抗。当女性学会了骑马——更为恐怖的是在狩猎场上——我们几乎可以断定,麻烦和出格的行为就会接踵而至。"

59. Braddon, *Aurora Floyd*, 18.

60. Ibid., 41.

61. Ibid., 100.

62. Ibid., 52.

63. *Athenaeum*, Jan. 31, 1863.

64. *Nation*, Nov. 9, 1865. 也可参见 Henry James, *Notes and Reviews* (Cambridge, UK: Dunster, 1921), 108 – 116。

65. Oliphant, "Novels," *Blackwoods*, 1867.

66. W. Fraser Rae, " Miss Braddon," *North British Review*, September 1865.

67. *Athenaeum*, Dec. 12, 1863.

68. Wolff, *Sensational Victorian*, 104.

69. H. L. Manse, " Sensation Novels," *Quarterly Review*, April 1863.

70. Fraser Rae, "Miss Braddon."

71. Oliphant, "Novels," *Blackwoods*, 1867.

72. Carnell, *Literary Lives*, 182. 由衷感谢珍妮弗·卡内尔发掘出关于此段历史的罕见资料,特别是 1874 年 9 月 28 日克劳利一家由理查德·布林斯利·诺尔斯(Richard Brinsley Knowles)所写的私人通告。

73. "Miss Braddon as a Bigamist," *New York Times*, Nov. 22, 1874.

74. Carnell, *Literary Lives*, 183.

75. *Academy*, Aug. 25, 1900.

## 后记

1. Robert Lee Wolff, " Devoted Disciple: The Letters of Mary Elizabeth Braddon to Sir Edward Bulwer-Lytton 1862 – 1873," *Harvard Library Bulletin* 12 (1974), 150, quoted in Elaine Showalter, *A Literature of Their Own: British Women Novelists from Brontë to Lessing* (Princeton, NJ: Princeton University Press, 1977), 164.

2. Showalter, *A Literature of Their Own*, 164.

3. Wolff, "Devoted Disciple," 15 – 16, quoted in ibid.

4. Showalter, *A Literature of Their Own*, 164.

5. Wolff, "Devoted Disciple," 15 – 16, quoted in ibid.

6. Catherine Malone, "'We Have Learnt to Love Her More Than Her Books': The Critical Reception of Brontë's *Professor*," *The Review of English Studies* 47, no. 186 (1996): 175 – 187.

# 英汉名称对照表

| | |
|---|---|
| *A Memoir of Jane Austen* | 《简·奥斯汀回忆录》 |
| Ainsworth, Harrison | 安斯沃思，哈里森 |
| Alcott, Louisa May | 奥尔科特，路易莎·梅 |
| Andersen, Hans Christian | 安徒生，汉斯·克里斯蒂安 |
| Antoinette, Marie | 安托瓦内特，玛丽 |
| Arkwright, Richard | 阿克赖特，理查德 |
| Armistead, Elizabeth | 阿米斯特德，伊丽莎白 |
| Astell, Mary | 阿斯特尔，玛丽 |
| Audley, Robert | 奥德利，罗伯特 |
| Austen, Jane | 奥斯汀，简 |
| *Catharine, or the Bower* | 《凯瑟琳;又名凉亭》 |
| *History of England, The* | 《英格兰历史》 |
| *Mansfield Park* | 《曼斯菲尔德庄园》 |
| *Northanger Abbey* | 《诺桑觉寺》 |
| *Persuasion* | 《劝导》 |
| *Sense and Sensibility* | 《理智与情感》 |

| | |
|---|---|
| Baillie，Joanna | 贝利，乔安娜 |
| Barbauld，Anna | 巴鲍德，安娜 |
| Barlow，Joel | 巴洛，乔尔 |
| Beaton，Kate | 比顿，凯特 |
| Behn，Aphra | 贝恩，阿芙拉 |
| *Oroonoko* | 《奥鲁诺克》 |
| Bell，Acton | 贝尔，阿克顿 |
| *Agnes Grey* | 《阿格尼斯·格雷》 |
| *Tenant of Wildfell Hall，The* | 《荒野庄园的房客》 |
| Bell，John | 贝尔，约翰 |
| Beloe，William | 贝洛，威廉 |
| Benger，Elizabeth Ogilvy | 本杰，伊丽莎白·奥格尔维 |
| Blower，Elizabeth | 布洛尔，伊丽莎白 |
| Bodichon，Barbara | 博迪雄，巴巴拉 |
| Boswell，James | 博斯韦尔，詹姆斯 |
| *Life of Samuel Johnson* | 《约翰逊传》 |
| Bowes，Mary Eleanor | 鲍斯，玛丽·埃莉诺 |
| Braddon，Mary Elizabeth | 布雷登，玛丽·伊丽莎白 |
| *A Lost Eden* | 《失落的伊甸园》 |
| *Aurora Floyd* | 《奥罗拉·弗洛伊德》 |
| *Black Band; or Mysteries of Midnight，The* | 《黑帮；又名神秘的午夜》 |
| *Captain of the Vulture* | 《秃鹫船长》 |
| *Dead Love Has Chains* | 《逝爱有锁链》 |
| *Doctor's Wife，The* | 《医生之妻》 |

| | |
|---|---|
| *Eleanor's Victory* | 《埃莉诺的胜利》 |
| *Factory Girl; or All Is Not Gold That Glitters, The* | 《工厂女孩；又名不是所有发光的都是金子》 |
| *Garibaldi and Other Poems* | 《加里博尔迪和其他诗歌》 |
| *Gerard* | 《杰勒德》 |
| *Green Curtain, The* | 《绿幕》 |
| *Infidel, The* | 《异教徒》 |
| *John Marchmont's Legacy* | 《约翰·玛什蒙特的遗产》 |
| *Just as I Am* | 《和我一样》 |
| *Lady Audley's Secret* | 《奥德利夫人的秘密》 |
| *Lady Lisle, The* | 《莱尔夫人》 |
| *Lady's Mile, The* | 《仕女一英里》 |
| *Lost for Love* | 《因爱而失》 |
| *Loves of Arcadia* | 《阿卡迪亚爱情故事》 |
| *Octoroon; or Lily of Louisiana, The* | 《黑人混血儿；又名路易斯安那州的莉莉》 |
| *Outcasts, The* | 《弃儿》 |
| *Rough Justice* | 《草率审判》 |
| *Strangers and Pilgrims* | 《陌生人和朝圣者》 |
| *Three Times Dead* | 《死亡三次》 |
| *Trail of the Serpent, The* | 《毒蛇踪迹》 |
| *Vixen* | 《维克森》 |
| *White Phantom, The* | 《白色幽灵》 |
| *Woman's Revenge; or, the Captain of the Guard* | 《女子复仇记；又名护卫长》 |
| Bromley，Eliza | 布罗姆利，伊莱扎 |

| | |
|---|---|
| Corelli，Marie | 科雷利，玛丽 |
| Cowper，William | 考珀，威廉 |
| Craik，Dinah Mulock | 克雷克，黛娜·马洛克 |
| A Brave Lady | 《勇敢的女人》 |
| A Life for a Life | 《以命偿命》 |
| A Noble Life | 《贵族生活》 |
| A Woman's Thoughts About Women | 《一个女人关于女性的思考》 |
| Agatha's Husband | 《阿加莎的丈夫》 |
| An Unsentimental Journey Through Cornwall | 《康沃尔旅行实录》 |
| Christian's Mistake | 《克里斯蒂安的错误》 |
| Cola Monti | 《科拉·蒙蒂》 |
| Fair France | 《美丽法国》 |
| Hannah | 《汉纳》 |
| Head of the Family | 《一家之主》 |
| How to Win Love, or Rhoda's Lesson | 《如何赢得爱；又名罗达的教训》 |
| John Halifax, Gentleman | 《模范绅士约翰·哈里法克斯》 |
| King Arthur: Not a Love Story | 《亚瑟王：与爱无关》 |
| Little Lame Prince, The | 《瘸腿小王子》 |
| Michael the Miner | 《矿工迈克尔》 |
| Mistress and Maid | 《女主人和女佣》 |
| Ogilvies, The | 《奥格尔维一家》 |
| Olive | 《奥丽芙》 |
| Two Marriages | 《两个婚姻》 |

| | |
|---|---|
| Men and Women; or, Mano-<br>rial Rights | 《男人和女人;又名庄园的权利》 |
| Night-Side of Nature; or,<br>Ghosts and Ghost Se-<br>ers, The | 《自然的夜界;又名鬼魂和鬼魂<br>预言家》 |
| Pippie's Warning | 《皮皮的警告》 |
| Story of Arthur Hunter<br>and His First Shil-<br>ling, The | 《阿瑟·亨特和一先令的故事》 |
| Story of Lilly Dawson,<br>The | 《莉莉·道森的故事》 |
| Crowe, John | 克罗,约翰 |
| Crowe, John William | 克罗,约翰·威廉 |
| Crowley, Mary Ann | 克劳利,玛丽·安 |
| Crumpe, Elizabeth | 克伦普,伊丽莎白 |
| Cunard, Samuel | 丘纳德,塞缪尔 |
| | |
| Darby, Nicholas | 达比,尼古拉斯 |
| De Quincey, Thomas | 德·昆西,托马斯 |
| Confessions of an English<br>Opium-Eater | 《英国鸦片瘾君子的自白》 |
| de Vere, Aubrey | 德·维尔,奥布里 |
| DeWitte, Sharon N. | 德威特,沙伦·N. |
| Dickens, Charles | 狄更斯,查尔斯 |
| Bleak House | 《荒凉山庄》 |
| Nicholas Nickleby | 《尼古拉斯·尼克贝》 |
| Pickwick Papers, The | 《匹克威克外传》 |
| Dickinson, Emily | 狄金森,艾米莉 |

Fox, Vassall Elizabeth　　　　　　福克斯，伊丽莎白·瓦萨尔

Garrick, David　　　　　　　　　加里克，大卫

Gaskell, Elizabeth　　　　　　　　盖斯凯尔，伊丽莎白

　　*Cranford*　　　　　　　　　　《克兰福德》

　　*Life of Charlotte Brontë*　　　　《夏洛蒂·勃朗特的生平》

　　*Mr. Harrison's Confessions*　　　《哈里森先生的自白》

　　*My Lady Ludlow*　　　　　　　《勒德洛夫人》

　　*North and South*　　　　　　　《南方与北方》

Geary, William　　　　　　　　　吉尔里，威廉

Ged, William　　　　　　　　　　格德，威廉

Gilby, John　　　　　　　　　　　吉尔比，约翰

Gisborne, Thomas　　　　　　　　吉斯伯恩，托马斯

　　*Enquiry into the Duties of*　　　《论女性之职责》
　　*the Female Sex*

Gladstone, William Ewart　　　　　格拉德斯通，威廉·尤尔特

Godwin, William　　　　　　　　　戈德温，威廉

　　*Richmond; or, the Adven-*　　　《里士满:鲍街跑探的生活》
　　*tures of a Bow Street*
　　*Runner*

　　*Things as They Are; or,*　　　　《确是如此;又名凯莱布·威廉
　　*The Adventures of*　　　　　　　斯历险记》
　　*Caleb Williams*

Goethe　　　　　　　　　　　　　歌德

　　*Wilhelm Meister's Travels*　　　《威廉·迈斯特的漫游时代》

Gravil, Richard　　　　　　　　　格拉维尔，理查德

Graville, A. B.　　　　　　　　　格拉维尔，A. B.

　　*Spas of England*　　　　　　　《英国的温泉疗养》

| | |
|---|---|
| *Personal Narrative of Travels to Equinoctial Regions of the New Continent* | 《新大陆赤道区个人游记》 |
| Hunt，William Holman | 亨特，威廉·霍尔曼 |
| Hutchinson，Sara | 哈钦森，萨拉 |
| Ireland，Alexander | 艾尔兰，亚历山大 |
| Iremonger | 艾尔芒格 |
| *Dear Miss Heber* | 《亲爱的希伯小姐》 |
| James，E. L. | 詹姆斯，E. L. |
| Jameson，Anna | 詹姆森，安娜 |
| *Jane Austen: The Critical Heritage* | 《简·奥斯汀:文学遗产批评》 |
| Jeffrey，Francis | 杰弗里，弗朗西斯 |
| Jenner，Edward | 詹纳，爱德华 |
| Jewsbury，Geraldine | 朱斯伯里，杰拉尔丁 |
| Johnson，Joseph | 约翰逊，约瑟夫 |
| Johnson，Samuel | 约翰逊，塞缪尔 |
| Jones，Kathleen | 琼斯，凯思琳 |
| *A Passionate Sisterhood* | 《激情澎湃的女性们》 |
| Kemble，Fanny | 肯布尔，范妮 |
| Kerner，Justinus Andreas Christian | 克纳，尤斯蒂努斯·安德烈亚斯·克里斯蒂安 |

| | |
|---|---|
| Martin, Frances | 马丁，弗朗西丝 |
| Martineau, Harriet | 马蒂诺，哈丽雅特 |
| Maxwell, John | 马克斯韦尔，约翰 |
| McCormick, Cyrus | 麦考密克，赛勒斯 |
| Menzies, Phemie | 孟席斯，菲米 |
| Meteyard, Eliza | 梅特亚德，伊莱扎 |
| *Life of Josiah Wedgwood* | 《乔赛亚·韦奇伍德的一生》 |
| Meyer, Stephanie | 迈耶，斯蒂芬妮 |
| Mill, John Stuart | 穆勒，约翰·斯图尔特 |
| Mitford, Mary Russell | 米特福德，玛丽·拉塞尔 |
| Montagu, Elizabeth | 蒙塔古，伊丽莎白 |
| Montagu, Mary Wortley | 蒙塔古，玛丽·沃特利 |
| Moore, George | 穆尔，乔治 |
| *Conversations on Ebury Street* | 《埃伯利街谈话录》 |
| More, Hannah | 莫尔，汉纳 |
| Moxon, Joseph | 莫克森，约瑟夫 |
| *Mechanick Exercises on the Whole Art of Printing* | 《全面印刷技术机械训练》 |
| Mulock, Dinah Mellard | 马洛克，黛娜·梅拉德 |
| Mulock, Thomas | 马洛克，托马斯 |
| Murray, John | 默里，约翰 |
| | |
| Newcomen, Thomas | 纽科门，托马斯 |
| Nightingale, Florence | 南丁格尔，弗洛伦斯 |
| | |
| Oliphant, Margaret | 奥利芬特，玛格丽特 |

| | |
|---|---|
| Robinson，Henry Crabb | 鲁滨逊，亨利·克拉布 |
| Robinson，Mary | 鲁滨逊，玛丽 |
| A Letter to the Women of England, on the Injustice of Mental Subordination | 《致英国女性的一封信:论思想从属的不公》 |
| Ainsi va le monde | 《去吧世界》 |
| Angelina | 《安杰利娜》 |
| Captivity | 《囚禁》 |
| False Friend，The | 《假朋友》 |
| Gamester，The | 《赌徒》 |
| Hubert de Sevrac | 《休伯特·德·塞拉克》 |
| Impartial Reflections on the Present Situation of the Queen of France | 《法国王后现状的公正反思》 |
| Ingredients Which Compose Modern Love，The | 《当代爱情的构成要素》 |
| Lucky Escape，The | 《侥幸逃脱》 |
| Lyrical Tales | 《抒情故事集》 |
| Modern Male Fashions | 《当代男性时尚》 |
| Natural Daughter，The | 《私生女》 |
| Nobody | 《无名小卒》 |
| Poems by Mrs. Robinson | 《玛丽·鲁滨逊的诗》 |
| Vancenza; or the Dangers of Credulity | 《梵森泽;又名轻信的危害》 |
| Walsingham; or, the Pupil of Nature | 《沃尔辛厄姆;又名自然的学生》 |

| | |
|---|---|
| *Emmeline, the Orphan of the Castle* | 《古堡孤女埃米琳》 |
| *Ethelinde, or the Recluse of the Lake* | 《艾思林达;又名湖边隐士》 |
| *Les causes célèbres et intéressantes* | 《著名趣味案件》 |
| *Letters of a Solitary Wanderer, The* | 《孤独流浪者的信件》 |
| *Manon Lescaut* | 《曼侬·莱斯科》 |
| *Natural History of Birds, Intended Chiefly for Young Persons, The* | 《青少年鸟类自然史》 |
| *Old Manor House, The* | 《老宅》 |
| *Rambles Further* | 《再漫步》 |
| *Romance of Real Life, The* | 《现实生活传奇》 |
| *Rural Walks* | 《乡间漫步》 |
| *What Is She?* | 《她是什么?》 |
| Smith, Junius | 史密斯,朱尼厄斯 |
| Smith, Sydney | 史密斯,西德尼 |
| *A Letter on the Subject of Catholics* | 《关于天主教徒的一封信》 |
| *A Letter to the Electors upon the Catholic Question* | 《就天主教问题致选民的一封信》 |
| Sotheby, William | 索思比,威廉 |
| Southey, Edith Fricker | 骚塞,伊迪丝·弗里克 |
| Southey, Robert | 骚塞,罗伯特 |
| *Doctor, The* | 《医生》 |
| Spenser, Edmund | 斯宾塞,埃德蒙 |

Watt，James      瓦特，詹姆斯

Weeton，Nelly      维顿，内利

Williams，Charles      威廉斯，查尔斯

Williams，Helen Maria      威廉斯，海伦·玛丽亚

    *A Narrative of the Events Which Have Taken Place in France from the Landing of Napoleon Bonaparte to the Restoration of Louis XVIII*      《拿破仑·波拿巴登陆至路易十八复辟期间法国大事记》

    *A Poem on the Bill Lately Passed for Regulating the Slave Trade*      《关于为限制奴隶贸易而通过的法案》

    *A Tour in Switzerland*      《瑞士之行》

    *Edwin and Eltruda: A Legendary Tale*      《埃德温与艾楚达：一部传奇》

    *Julia*      《朱莉娅》

    *Letters from France*      《法国来信》

    *Letters of the Events Which Have Passed in France Since the Restoration in 1815*      《1815 年复辟以来法国大事件通信》

    *Letters Written in France in the Summer 1790*      《法国来信，1790 年夏》

    *Ode on the Peace*      《和平颂》

    *Peru*      《秘鲁》

    *Poems in Two Volumes*      《双卷诗》

# 译后记

    一场机缘巧合的演出,让谢莉·德威斯开始寻访一群被遗忘的女作家,于是有了这本为之正名的传记。同样是机缘巧合,在导师但汉松的建议下,我参加了2017年南京大学出版社举办的翻译比赛,有幸获得了翻译这本书的机会,与作者谢莉共赴这场惊喜不断的探寻之旅。

    一本书,七个人物。在一年多的翻译中,我好像陪她们一起走过了不同凡响的人生:夏洛特·特纳·史密斯匠心独运,不仅写书暗讽自己不幸的婚姻生活,更是大胆突破了以简·奥斯汀为代表的浪漫主义风格;海伦·玛丽亚·威廉斯在战乱的法国四处奔走,为法国大革命留下一手史料;玛丽·鲁滨逊不仅是当时家喻户晓的明星,更是首屈一指的畅销书作家;大器晚成的凯瑟琳·克罗是侦探小说的开山鼻祖;萨拉·柯勒律治一生致力于整修父亲的"文学殿堂",还创作了英语世界的第一部奇幻小说;黛娜·马洛克·克雷克为单身女性发声,其小说是"继狄更斯的作品之后得到最广泛阅读的作品";玛丽·伊丽莎白·布雷登是惊悚小说的先驱,其获得的收益在当时的出版市场无人能及……作为一名英语专业的学生,我读完这本书后,也产生了同作者谢莉一样的疑问：为什么这些名噪一时的女作家如今却鲜为人知，甚至在英语专业的文学课程中都找不到她们的踪迹？

毫无疑问，这七位女作家值得被尊重、被纪念，而这本传记就是让更多读者看到她们、读到她们作品的一扇窗口。为此，作者谢莉四处奔走，探访故居，去各大图书馆查阅尘封的文献……翻译这本书的时候，打动我的不仅是七位女作家不囿于传统的反抗精神、独立意识，还有作者为让她们"重见天日"而付出的心血和努力。不知不觉中，我也受到感染，迫切地想要把这些英国女作家介绍给中国读者，让中国读者了解她们的人生经历、成就作品，更重要的是，从中汲取面对苦难、追逐梦想的力量。

不得不承认，翻译这本书对我来说是个不小的挑战，能于翻译硕士在读期间翻译这本书，我也感到非常荣幸。翻译过程中，我阅读了女性主义文学的相关文献和作品，肖沃尔特《她们自己的文学》给了我很大的启发；旁听了南京大学外国语学院方红教授的女性主义文学课程，受益匪浅。对于本书翻译中遇到的主要问题，我做出了如下处理。首先，传记中出现了大量人名、地名及作品名称，其中人名、地名的翻译，除惯用译法外，均采用辛华编商务印书馆出版的外国人名、地名译名手册中的译法；对于尚无中文译名的作品，皆通过查阅作品介绍或通览原作译出（这些女作家的作品现存资料相当之少，这也成了翻译作品名称的一大障碍），具体可参见书后译名对照表。其次，书中引用了七位女作家的不少作品及同时代人物的评论，部分内容上下文语境缺失，不易理解，我在翻译的过程中，尽力调用了图书馆及互联网资源，找到具体出处，结合上下文进行翻译，未尽之处，读者可通过书后对应的出处查阅原文。

在本书翻译过程中，我要特别感谢中国社会科学院外文所研究员黄梅老师的指导。黄老师在百忙中翻阅译稿,就其中的专有名词翻译给出了宝贵的建议,并指出了译稿中存在的问题。黄老师的耐心细致和高度的责任感让我既敬佩又感动。正是有了黄老师的建议,我才能在后期的校改中不断打磨译文,提高可读性。此外,黄老师还为本书倾情作序,从文学研究者的角度,与读者分享了自己阅读本书的感受。感谢黄老师的支持和帮助!本书的顺利出版,也离不开责编顾舜若的付出,从前期翻译到后期校对出版,她专业尽责,给予第一次独立翻译图书的我以很大的帮助。

本人翻译水平有限,若译文中存在不妥之处,欢迎读者批评指正。

史　敏

2019 年 3 月于南京